辽宁省社会科学规划基金项目
"毒品犯罪司法认定争议问题研究" L19BFX014

毒品犯罪
认定研究

RESEARCH ON THE IDENTIFICATION OF DRUG CRIMES

张汝铮 著

辽宁人民出版社

图书在版编目（CIP）数据

毒品犯罪认定研究 / 张汝铮著 . —沈阳：辽宁人民出版社，2021.7

ISBN 978-7-205-10077-3

Ⅰ . ①毒… Ⅱ . ①张… Ⅲ . ①毒品－刑事犯罪－定罪－研究－中国 Ⅳ . ①D924.364

中国版本图书馆CIP数据核字（2020）第263628号

出版发行：辽宁人民出版社
　　　　　　地址：沈阳市和平区十一纬路25号　邮编：110003
　　　　　　http://www.lnpph.com.cn
印　　刷：辽宁鼎籍数码科技有限公司
幅面尺寸：170mm×240mm
印　　张：14.75
字　　数：250千字
出版时间：2021年7月第1版
印刷时间：2021年7月第1次印刷
责任编辑：张天恒
装帧设计：众擎设计
责任校对：吴艳杰
书　　号：ISBN 978-7-205-10077-3

定　　价：58.00元

序 言

　　作为世界性公害，毒品犯罪在当今法治国家均作为重罪予以严惩。从国家依法管制毒品并将部分涉毒行为入罪化的事实来看，毒品管控是国家行使公权力的体现。同时，对毒品的管制应当科学化，对涉毒行为的定性应当确定化，让刑法真正发挥"大宪章"之功能。近年来，随着禁毒工作卓有成效地开展，关于毒品犯罪研究的论文、专著频频面世，成果日渐多元化，刑法学、犯罪学、侦查学、心理学、化学、社会学等诸多学科均为学者纳入研究范畴。研究方向具体可分为三大类和三小类，其中三大类包括刑法学研究、犯罪学研究和侦查学研究，而三小类为心理学研究、医学研究和化学研究。笔者认为，毒品犯罪研究工作整体顺应时代变化，呈现阶段性特征和地域性特征，并且在各领域均取得丰硕成果。

　　在刑法学下研究毒品犯罪，其内容涉及刑法理论的方方面面。如毒品犯罪的立法与刑事政策、犯罪构成、未完成形态、共同犯罪、罪数、量刑情节、死刑问题、毒品犯罪的累犯与再犯问题、各种具体毒品犯罪行为认定，均在学者的研究范畴下。在犯罪学领域，有学者基于不同犯罪主体开展毒品犯罪研究，如研究女性涉毒问题、青少年（包括未成年人）涉毒问题以及特殊人群涉毒问题等。也有学者侧重于研究不同地域的毒品犯罪问题，如西北地区毒品犯罪研究、东南沿海地区毒品犯罪特点与防范对策、中外禁毒警务合作机制研究、某地（市）毒品违法犯罪态势与对策等。在侦查学领域研究毒品犯罪，侦查方法或程序规则为多数学者所偏爱，研究的问题主要有走私、贩卖、运输、制造毒品犯罪案件的查处方法、毒品犯罪中诱惑侦查研究、控制下交付研究、毒品犯罪案件的管辖及争议处理。同时，有些研究者立足证据法学，研究毒品犯罪的证明标准、证据审查、举证责任、事实推定，等等。

尽管如此，笔者认为对毒品犯罪的研究仍存在诸多需拓展的空间，特别是在刑法学领域存在着诸多实践问题需要予以关注与回应。在刑法学研究范式下，研究者通常围绕毒品犯罪罪名的诠释和认定、罪与非罪、此罪与彼罪关系的认定，特殊的犯罪形态等问题展开研究。多数成果是以现行法律规定为蓝本，对毒品犯罪进行"静态"研究。这种研究方式注重从规范层面解释法律，无差别地研究刑法规定中的每一个条文，而且基本沿袭了犯罪构成、此罪与彼罪关系、量刑处理这样的公式化编写。这种固定化的研究模式使得刑法学研究范式具有极大的重复性，在微观比较方面缺乏深入的法理性研究，而且这种程式化特征使得研究成果对实践工作的指导意义不强。当前，毒品危害依然严峻，禁毒斗争向来是党和国家的工作重心，是社会关注的热点问题。然而，毒品犯罪在整个刑法的罪名体系中仅"偏占一隅"，且罪状描述简单，一些认为放之四海皆准的规定在现实面前往往捉襟见肘、相形见绌。由于毒品犯罪属法定犯，某些司法工作者认为以毒品犯罪刑事政策作为司法活动之导向足矣，欠缺对法律规定的法理与伦理性思考，而这种认识误区最终导致毒品犯罪研究，亦未能呈现良性循环。规范法律适用，准确认定犯罪行为，厘清涉毒行为罪与非罪、此罪与彼罪、重罪与轻罪的界限，是中国法治进步的应有之义。

针对上述提出的问题，笔者选择从刑法学视角开展研究，探求毒品犯罪司法认定背后的法理基础。

研究毒品犯罪，须从研究毒品定义入手，这是研究毒品犯罪的逻辑起点，不可谓不重要。毒品作为一个刑法信条学概念，源自自然科学对毒品物质特性深入研究基础上的规范认识，立法者警惕毒品对公众健康的巨大危害，故对其予以法律控制。但国家应当为管控毒品提供依据与理由，以此作为公民违法性认识的前提，保障公民对惩戒具有预测性。对毒品定义要素的揭示，也为研究毒品犯罪行为人"明知"的内容奠下基础。通常，"海洛因""冰毒"等概念作为"毒品"的下位概念存在，刑法根据涉案的毒品种类不同规定了不同的入罪数量标准，设置了不同的法定刑，这意味着"毒品"与具体的"海洛因""冰毒"等种类概念具有不同的社会意义与规范意义。从这一角度看，"海洛因""冰毒"可视作记述的构成要件要素，但"毒品"属于规范的构成要件要素。当规范的构成要件要素作为"明知"的内容时，毒品就已不再是一种具有客观标准的物质，而是一种有赖于价值评判和规范认识的物质。认为明知是毒品毋须具体至毒品种类的观点，难免有形式化认识毒品之虞，忽视规范构成要件要素中不同种类要素的社会意义指向功能。

研究毒品犯罪的本质特征，指出毒品犯罪不仅是一种侵害国家管理秩序的行为，其法益侵害性还表现为严重危害或威胁了社会公众的身心健康。这是毒品犯罪本质特征的总结，也是认定犯罪既遂问题的依据。

刑法理论应立足于实证研究，只有在研判了一定数量的司法案例后，通过对司法实践中较为疑难的认定明知问题、毒品数量计算以及毒品犯罪特殊形态认定等问题予以归纳总结，才能提出既符合刑法规定又符合实践需求的解决问题新思路。

在认定毒品犯罪嫌疑人、被告人的明知时，司法工作者偏爱适用刑事推定。推定的确为解决证明困境之良方，但它亦是司法实践中一把"双刃剑"，稍有不慎就会沦为侵犯犯罪嫌疑人、被告人合法权益的工具。因此，慎用推定不仅意味着司法工作者要对其保持最大限度的戒备心，即使有法律规定，也要注意适用条件，当且仅当证明困难无法克服时不得已而为之。同时，适用推定应当遵循严格的程序限制，充分赋予当事人反驳的权利。这些规则犹如一把合适的"剑鞘"，让其锋芒有的放矢，避免因运用不当导致司法擅断。

毒品数量认定并非刑法教义学内容，但它却关系着毒品犯罪的定罪与量刑。当现有的认定数量方法不能满足实践需要时，应当另辟蹊径解决难题，保障量刑的实质公平。毒品犯罪的未完成形态、共犯形态与罪数形态既是重要的理论问题，也是司法工作者经常面临的实践难题。犯罪的实质在于法益侵害性，而这种侵害性总是与一定的危害结果相关。以"实质客观说之危险结果说"作为既遂标准，既体现了犯罪完成的标志，也更好地说明刑法处罚犯罪未完成形态的内在缘由，"作为结果的危险"才具有刑事可罚性。由于我国刑法对犯罪未遂的功能定位并非为了划分处罚范围，犯罪未遂与既遂的差别仅在于违法程度不同，因此也可以采取不同以往的认定思路，以"实质标准"判断犯罪的完成形态。在确认行为人主客观方面均符合构成要件基础上，根据行为的法益侵害程度确定犯罪形态，进而确定量刑，达到罪刑责相适应。从共同犯罪的本质出发，指出共同犯罪意志是毒品犯罪共犯成立的内在依据，与他人实施的毒品犯罪客观上具有因果关系或者起到促进作用的行为，才能认定共同犯罪行为。司法认定时刻以公平公正为要义，不枉不纵、罚当其罪，在最大限度打击毒品犯罪的同时兼顾人权保障，实现刑法的形式正义与实质正义相融合。如英国学者彼得·斯坦指出："如果国家强制力所支持的法律不要求大多数人的尊敬，如果相当一部分人准备违反法律并情愿接受惩罚，那么国家权力也就不起什么作用了。"①法律应当树立让每一位公民都尊重它、认同它的权威，法律可信意味着遵照它作出的每一项裁断都是公平的，是正义的。司法裁判需要有理论支持，在现行法制体系下认定的每一项罪名均应有恰当合理的解释。实践也是理论发展的原动力，在解决实务难题的同时发展刑法学理论，让理论与实践共同发展、相得益彰，这是研究毒品犯罪问题应致力的目的与导向。

法律的真实生命应当而且永远存续于实际的司法运行之中。诚然，在毒品犯罪司法实践中，呈现的问题千千万万。本书中所呈现和研讨的问题可能仅是一排树木，而非一片森林。但笔者依然希望研究成果能够为我国当前毒品犯罪理论大厦再增添片瓦，将刑法基础理论与司法实践相结合，并能够起到抛砖引玉之效，引发更多研究者乐于对毒品犯罪认定问题展开思考。

---

① 高巍著：《贩卖毒品罪研究》，中国人民公安大学出版社2007年版，第331页。

[目 录

绪　论

　　毒品问题是当今人类社会面临的一项严峻挑战，毒品犯罪已然是全球性严重犯罪，威胁整个国际社会的安全稳定与发展。据联合国毒品与犯罪问题办公室（UNODC）发布的《2019年世界毒品问题报告》①显示，无论是传统的海洛因、大麻类毒品、冰毒等新型合成毒品，还是作为第三代毒品的新精神活性物质，其滥用规模皆呈逐年上升态势。截至2019年6月26日，全球滥用毒品人数高达3500万人。在庞大的毒品消费人群背后，必然隐藏着猖獗的毒品制造、走私与贩运等犯罪活动。《2019年世界毒品问题报告》指出，如今非洲和亚洲正在成为可卡因贩运和消费中心，每年截获的毒品数量均以百分之十几的幅度上升。在连接毒品供应与消费的贩运环节，带有跨国性质的犯罪集团参与毒品犯罪在全球形成趋势。全球性贩毒网络遍布各大洲，这意味着巨额财产遭受损失、国家安全及公民健康受到威胁。据《中国毒品形势报告》②显示，从2016年至今，我国每年破获毒品刑事案件均在10万起以上，每年缴获各类毒品60余吨，缴获制毒物品1000余吨。这些触目惊心的数据充分说明了当前我国毒品违法犯罪的严峻态势，我们有必要投入更多的精力去研究和总结司法实践部门在预防、打击和惩处毒品犯罪中积累的经验与面临的难题，以更好应对全球共同之毒品危害。

---

　　① "联合国发布《2019年世界毒品问题报告》"，搜狐网：https://www.so-hu.com/a/323324556_114731.最后访问日期：2019年11月1日。

　　② 参见《2018年中国毒品形势报告》，百度网：https://baijiahao.baidu.com/s?id=16366707222216844198.最后访问日期：2019年11月1日。

一、研究意义

自雍正年间清廷已开始诏令禁毒，[①]厉行禁毒一直是我国禁毒工作的主旋律。特别是中华人民共和国成立后，我国逐步修订立法，对毒品犯罪课以重刑，"从严治理"是禁毒刑事政策的主导思想。从每年审结的毒品犯罪案件数量来看，毒品案件数量占全部刑事案件总数的3%左右，但重刑率却非常高。仅2018年全国人民法院审理的毒品案件中，走私、贩卖、运输、制造毒品案件占全部毒品案件的66.5%，其中1/4案件中的被告人被判处有期徒刑五年以上、无期徒刑甚至死刑，重刑率比同期其他刑事案件高出十几个百分点，死刑判决比例相对居高。[②]在强调打击毒品犯罪的同时，毒品管制的法治化问题亦值得思索与探讨。

在法治时代，国家将何种物质作为"毒品"管制，应当明示管制的依据。《中华人民共和国刑法》（以下简称《刑法》）将毒品定义为"国家规定管制的、能使人形成瘾癖的麻醉药品和精神药品"。我国在《中华人民共和国禁毒法》（以下简称《禁毒法》）起草过程中，卫生部门和药监部门从药理学角度给出的毒品概念是："本法所称的毒品，是指基于非医疗和非科学目的的走私、贩卖、运输、制造、持有使用的麻醉药品和精神药品。"[③]但是在国外语言中并没有严格对应"毒品"的专业术语，[④]具有同等含义的词汇往往也指"药品和麻醉品"。联合国的国际禁毒公约及规定性文件中提到的均为"受管制的麻醉品和精神物质"。毒品因其被非法使用或存在较高的滥用风险而被国家运用公权加以管制，相应地，一些与毒品发生关系的行为

---

① 褚宸舸著：《中国禁毒法治论》，中国民主法制出版社2016年版，第24页。

② "今年前五个月上万毒品犯罪分子被判重刑，重刑率达26.38%，高出同期全部刑事案件十几个百分点"，搜狐网：http://www.sohu.com/a/323019006_120025148.最后访问日期：2019年10月15日。

③ 于志刚：《毒品定义应否包含违法性》，《检察日报》2007年5月8日第3版。

④ 国内文献中通常使用"Drug"作为"毒品"一词的翻译，但"Drug"一词除了可以译成"毒品"外，还可以翻译为"药品、麻醉剂"。参见《最新高级英汉词典》，商务印书馆国际有限公司1995年版。

入罪化，由司法机关根据法定程序施以刑罚。可见，毒品犯罪的法定犯属性让公民对其评价明显区别于其他自然犯。特别是国家出于行政管控目的，让一些生活中随处可见的处方药、化学品也变成禁毒工作的管控对象，势必与民众的价值观发生冲突。只有对毒品与毒品犯罪的概念进行实质性分析，为法律管制该类物质的必要性寻找依据，同时对国家的管控施以程序化监督，才能为司法机关启动刑罚权提供正当性理由，切实保障并实现犯罪嫌疑人和刑事被告人的诉讼权利。

与毒品犯罪高发态势不相称的是刑法条文对毒品犯罪的相关规定过于概括与简练。《刑法》中有关毒品犯罪的罪名设置在分则第六章"妨害社会管理秩序罪"的"走私、贩卖、运输、制造毒品罪"一节中，该节共列举了11个罪名，将实践中出现的需要运用刑罚予以惩治的涉毒行为几乎尽数纳入法网。由于毒品犯罪的行为特征较为简单，易于被人理解和把握，因此毒品犯罪的各罪名在刑法条文中仅做简单罪状表述。诚然，立法者本意在于简练法律条文，避免烦琐，然而，无论是从法学理论研究还是实践中的法律适用来看，毒品犯罪各罪的构成特征并未达到众所周知且无须描述的程度，而且恰恰由于罪名表述过于简洁，使得司法实践中法官对法条的理解往往存在歧义。虽然司法机关通过出台司法解释或者发布工作座谈会纪要，对毒品犯罪认定中的部分争议问题加以明确，但这种"存在即合理"的法律规范仍然需要有刑法研究的理论成果作为支撑。否则，法律适用失当不仅与当前的法治社会、人权至上理论相悖，还可能会出现案情相同而裁判不同的遗憾情形。

如今世界各国均十分重视并加强禁毒立法[1]，或者出台单行的禁毒法，其中设置关于毒品犯罪的规定[2]；或者在刑法典中设置专章或

---

① Patrick Gallahue and Rick Lines, *The Death Penalty for Drug Offences: Global Overview* 2010, The International Harm Reduction Assiociation, 13(2010).

② 《Федеральный закон от 08.01.1998 N 3-ФЗ (ред. от 26.07.2019) "О наркотических средствах и психотропных веществах"》, ЗАКОНЫ, КОДЕКСЫ И НОРМАТИВНО-ПРАВОВЫЕ АКТЫ РОССИЙСКОЙ ФЕДЕРАЦИИ：https://legalacts.ru/doc/federalnyi-zakon-ot-08011998-n-3-fz-o. 最后访问日期：2019年4月13日。

专节来规定毒品犯罪。①从毒品犯罪的立法体例来看，德、日刑法与我国相同，是在刑法典中规定毒品犯罪，同时两国将毒品犯罪的保护法益界定为社会公众的身体健康。与我国将毒品犯罪侵犯的客体表述为社会管理秩序相比，前者表述更为灵活。特别是在犯罪既遂认定标准上，对法益尚未造成实质性侵害或威胁的行为通常不会认定成犯罪既遂。在我国，缉毒实践中采取隐匿身份侦查措施破获的毒品犯罪案件，犯罪嫌疑人、被告人通常被认定为构成犯罪既遂。尽管这一做法适应了我国当前严厉惩处毒品犯罪的刑事政策，但是"一刀切"的认定方式难免有过于武断之嫌。如何解决毒品犯罪认定中的争议性问题，既有理论依据，又要兼顾公平，这是刑法研究者需要思考的问题。

基于维护社会安定与人类健康、安全之诉求，应当惩治毒品犯罪。人权保障理念要求司法人员认定毒品犯罪时，不枉不纵，罪当其罚。实践中，毒品犯罪认定难主要集中在以下几个方面：根据传统四要件理论，故意属于犯罪主观要件的内容，只有当行为人主观上"明知"是毒品，其涉毒行为才可能构成犯罪（或违法）。但"明知"的对象为何，程度又如何，单看法律条文无从得知，恰恰这又是毒品犯罪研究工作的起点。犯罪嫌疑人身上同时查获5克海洛因与5克甲基苯丙胺时，能否将二者数量简单相加，累计计算行为人持有10克海洛因，这涉及不同种类毒品的折算问题，关系着被告人的定罪量刑，不可谓不重要。据中国裁判文书网上的裁判文书显示，司法审判中认定被告人构成"走私、贩卖、运输、制造毒品罪"犯罪未遂的判决极少，对此，学界也并非毫无诘问。例如，在邮寄走私毒品案中，如果邮寄的毒品并未到达收件人手中，而是在海关处被查获收缴，能否认定犯罪人既遂；行为人以贩卖为目的的购毒行为已经完成，在尚未售出毒品时被查获，能否认定为犯罪既遂；在使用隐匿身份侦查措施破获的毒品案中，犯罪嫌疑人的毒品交易均在警方控制之下，犯罪行为并未对社会造成实质性危害，能否认定犯罪既遂；如何认定毒品犯罪共犯人的"共同犯罪故意"与"共同犯罪行为"。诸如此类问题均能引发法律工作者的思考。本书秉持

---

① Michael Tonry and James Q. *Wilson*, *Drugs and Crime*, The University of Chicago Press, 1990.

理论研究为实践服务的理念，着重对当前实践中争议较多的主观明知认定问题、毒品数量认定问题、毒品犯罪既遂认定、共犯认定与罪数认定问题等进一步深入研究，丰富和深化了该研究领域，研究成果为司法机关的法律适用提供借鉴。

二、研究内容与结构安排

（一）总体框架

本书以刑法学理论为支撑，立足于司法实践，从刑法学的犯罪论视角研究毒品犯罪认定问题。本书并非对《刑法》第六章第七节下的具体罪名面面俱到展开研究，而是通过对近5年相继颁布出台的禁毒规范性文件进行整理、研究，对毒品犯罪办案实践中存有较多争议的犯罪主观明知、毒品数量计算、犯罪既遂、共同犯罪以及罪数认定等问题进行思考，在总结前人研究成果基础上，对零散性的学术观点进行归纳梳理，最终形成理论成果为禁毒实践服务。与以往学者研究某一个毒品犯罪罪名，或是宏观地研究毒品犯罪的发展趋势与防控对策不同，本书按照"毒品与毒品犯罪概念重构→毒品犯罪主观明知的认定方法→毒品数量认定方法→毒品犯罪特殊形态认定争议与解决对策"的研究思路，将司法实践中广泛存在争议的热点与难点性问题抽离出来，形成一个从规范概念的辨析到争议性问题的回应，解决问题的同时给出法理依据，这样一个相对具有逻辑关联的理论论证结构，力求做到研究工作具有整体性、系统性与价值性。

当前，我国学者关于毒品犯罪的研究工作较为全面，理论成果亦融合了刑法学、犯罪学、侦查学以及其他诸多学科知识，一些篇幅较短的高水平期刊论文也并非学术观点的零散堆砌。但是不容否认，停留在理论层面的讨论仍然以"一科一隅"为主要特征，一些学术水平较高的理论著作已历时久远。实践中频繁出现的疑难问题越来越多，随着时代发展，毒品犯罪呈现出新趋势、新特征，司法工作者也不断地面临新的挑战，理论需要对实践提出的争议性难题予以回应。实践表明，打击与惩治毒品犯罪是一项系统而复杂的工程，须从立法完善、科学取证、准确司法与公平量刑多个环节予以推动。毒品犯罪的研究工作没有终点，禁毒工作者需要在现有研究成果的基础上，对当前毒品犯罪司法实践中出现的新问题深入地梳理、整合、研究创新，让学术成果更具时代特征。

（二）研究内容

本书共分七章，对当前司法实践中争议较多的毒品与毒品犯罪概念、主观明知认定、毒品数量计算、毒品犯罪特殊形态认定等问题进行研究，丰富并深化毒品犯罪研究领域，研究成果有助于完善相关立法，同时对司法实务具有重要指导意义。

第一章研究毒品与毒品犯罪概念。毒品是毒品犯罪的关键词，对毒品内涵的揭示及对其外延的合理划分，是开展毒品犯罪研究工作的先决条件。绝大多数毒品并不天然地具有道德可谴责性，当国家运用公权力对一些物质进行管控并运用法律限制其流通时，必须要思考这种管控的合理性及稳定性，让公民对其行为可能产生的违法后果能够预测。因此，正确给毒品下定义至关重要。

毒品的成瘾性、危害性和违法性是传统理论中公认的三大定义要素特征，其中成瘾性是物质作为毒品列管的必要条件，违法性是毒品定义的核心要素，危害性是毒品定义的隐含要素。危害性包含了毒品的滥用性，滥用潜在性也是国家列管毒品时须考虑的因素之一。从规范意义上定义毒品可表述为：毒品是指国家规定管制的、使人形成瘾癖的药用类与非药用类麻醉药品和精神药品。

正如犯罪概念是刑法学的研究基石，毒品犯罪概念当然地成为毒品犯罪研究的逻辑起点。毒品犯罪概念包括形式的概念和实质的概念，毒品犯罪是指违反禁毒法规，破坏禁毒管理秩序且严重危害或威胁着社会公众的身心健康，应当受到刑罚处罚的行为。需要注意的是，尽管我国《刑法》分则规定了走私、贩卖、运输、制造毒品无论数量多少，均应追究刑事责任，但受总则指导和制约，如果犯罪情节显著轻微，危害不大，仍不能认定为犯罪。

第二章研究毒品犯罪主观明知认定。毒品犯罪没有过失犯，对行为人故意的准确界定是科处刑罚的基础，具有重要刑法学意义。实践中，毒品犯罪主观明知认定难已成为公认的事实，实践亟须向刑法理论求解。行为人对毒品的认知应当具体至毒品的种类，否则流于形式的认识尚不足以认定为"明知"。毒品犯罪属于法定犯，由于法律条文背后欠缺充足的伦理性而使知法拟制遭到质疑，因此违法性认识也应当作为毒品犯罪主观明知的重要内容。

当前，实践中存在"主观明知"认定难的司法困境。在证明环节中，这种困难表现为探诸主观真实的局限性、如实供述奖赏的欠缺性和言词性证据的失真性三方面。采取推定认定明知时，推定天然自带的或然性为认定行为人的"明知"带来风险，导致对推定效力产生质疑。这种风险具体表现为错误认定案件事实的风险加大，推定降低证明要求，容易与无罪推定原则形成冲突。面对难题，需要思考解决的方法。推定明知须遵循严格的规则与程序限定，应当最大限度地夯实基础事实，使其更接近客观真实。在大小前提间建立合理性联系，让推定事实更具可靠性。允许被告人对推定事实提出反驳，且不宜设置过高的标准，反驳只要有合理的可能性即可。保证被告人举证具有便利性和实际可能性，兼顾人权保护与打击犯罪，实现二者的平衡。善于利用客观证据和情态证据，尽管二者并非法定证据种类，却是帮助法官形成并加强内心确信的一种补充性证明材料，在诉讼过程中发挥重要的作用。

第三章研究毒品数量认定。毒品数量关系着犯罪嫌疑人、被告人的定罪与量刑，体现了案件审理的实质正义与公平。根据现行法律规定，司法人员对33种毒品可以直接认定毒品数量，最高人民法院还在《全国部分法院审理毒品犯罪案件工作座谈会纪要》（简称"大连会议纪要"）与《全国法院毒品犯罪审判工作座谈会纪要》（简称"武汉会议纪要"）中确立了"估算法"与"折算法"，以弥补"直接认定法"的不足。然而三种方法均存在各自不足之处，采取"直接认定法"认定的毒品品种少，尚不足以覆盖实践中查获的全部毒品种类。"估算法"计算毒品数量时，法官个人的主观因素会影响最终认定结果。而"折算法"计算毒品数量时，往往忽视毒品的纯度、毒性，无法做到实质性公平。"异种毒品先分类折算，后从重处罚"办法的提出，可以在保证司法效率前提下，兼顾《刑法》的正义性要求。先将全部毒品划分至不同的类别，在每一类别下确定一种毒品为基准毒品。如果同一罪名涉及的两种以上毒品属于同一分类，就将其分别折算为该类下的基准毒品后计算数量。如果同一罪名涉及的两种以上毒品属于不同分类，先将毒品分别折算为各自大类下基准毒品计算数量，根据折算后的毒品数量确定被告人的量刑区间，最后根据案件的实际审理情况决定在量刑区间内从重处罚还是法定刑升格处罚。

第四章研究毒品犯罪既遂认定。当前，世界上多数国家均未在《刑法》上明示犯罪既遂的概念及标准，以德、日为代表的部分国家刑法分则规定，均以犯罪既遂为模式，以"犯罪构成要件齐备说"作为犯罪既遂的标准。我国刑法学通说亦也采取该标准，但往往因其"形式主义"缺陷而引人诟病。"犯罪目的实现说"与"犯罪结果发生说"在破解"形式主义"问题上做出有益探索，但仍然存在无法克服的弊端。需要建立实质意义上的毒品犯罪既遂观。

刑法将走私、贩卖、运输、制造毒品罪规定在同一罪名下，但上述犯罪的既遂类型并非完全一致。从本质上讲，制造毒品行为属于源头性犯罪，走私、运输毒品行为属于贩卖毒品罪的帮助行为。如果将毒品犯罪侵犯的法益界定为社会公众的身心健康，那么从法益侵害的紧迫程度看，贩卖毒品罪对不特定公众的身心健康威胁最大，对法益的威胁也最为直接。从这一意义上讲，贩卖毒品罪更具抽象危险犯特征。提出采用"实质客观说"作为判断毒品犯罪既遂的标准，当行为对法益的危险达到一定程度，已经产生了"改变刑法所保护的人或物的存在状态"的结果，即可认定犯罪既遂。在采取诱惑侦查措施侦破毒品犯罪案件时，基于该手段自身带有诱导性和风险性特征，提出采取混合式标准认定犯罪的既遂与未遂。

第五章研究毒品犯罪共犯认定。司法实践中，认定毒品犯罪共犯形态存在着争议。"明知说"与"共谋说"的对立，源自对毒品犯罪"共同故意"的内涵界定不清。"明知型共犯"条款扩大了"制造毒品罪"帮助犯的认定范围，有时会让司法裁判陷入悖论困境。在认定毒品共同犯罪时，共同故意是共同犯罪成立的前提条件，共同意志是认定共同故意的决定性因素，参与意思是共同犯罪成立的必要条件，共犯合意的内容是认定共同犯罪的核心要素。研究共犯行为的归责问题，指出因果关系是判断共犯行为的必要条件，阻止义务是判断共犯过限归责问题的核心要素，应当对明知型共犯条款限缩适用，这是避免司法悖论的关键性因素。

第六章研究毒品犯罪的罪数问题。司法实践中，选择性罪名的罪数认定是指行为人对同一宗或不同宗毒品实施两种以上犯罪行为的认定。当行为人对同宗毒品实施走私、贩卖、运输、制造两种以上犯罪行为时，可依照"后行为吸收前行为，高度行为吸收低度行为"的原则处理。行为人针对不同宗毒品实施走私、贩卖、运输、制造两种以上犯罪行为时，原则上应按一罪论，将涉及的各行为在罪名中予以反映，并列确定罪名。如果行为人非法持有毒品行为与其他毒品犯罪行为发生重合，可按照"事后行为不单独处罚"的原则处理非法持有毒品行为，不再对该行为单独定罪。

从实践中法官运用牵连犯理论处理毒品犯罪案件遇到的困境入手，分析了牵连犯的结构特征与判断标准，提出不采用牵连犯概念解决罪数问题的新思路。相关犯罪形态可按照想象竞合犯处理、按共罚的事前或事后行为处理或是实施数罪并罚，只是在量刑时对目的行为与手段行为、结果行为与原因行为的因果关系综合予以考量。对毒品犯罪中的想象竞合犯问题进行研究，论述了想象竞合犯"从一重处断"原则的具体适用，提出应当在量刑中确定一个与罪质相当的刑罚。

第七章研究几种特殊的争议行为认定。走私、贩卖、运输、制造毒品以及容留、强迫他人吸毒行为均为实践中高发罪名，然而法律条文欠缺对具体行为描述，实践中的认定分歧亟待理论予以解答。本章对贩卖一语正本清源，提出"牟利目的"不应作为贩卖毒品罪主观故意中的超主观要素，互易毒品行为与贩卖毒品行为也并非逻辑上的全同关系，对贩卖行为的理解不能仅从形式上进行，而应从行为是否值得运用刑罚处罚作实质性解释。对实践中存在认定疑难的以吸毒为目的的运输毒品行为、为他人代购毒品后又运输的行为、短距离运输毒品行为予以研究，提出不能仅凭"运输"行为的外观就对行为人冠以"运输毒品罪"之名，只有与走私、贩卖、制造具有关联性且罪质相当的行为才宜认定为运输毒品罪，否则会导致罪刑之间的不协调。对实践中存在争议的分装毒品、混合毒品、提纯与稀释毒品行为进行剖析与研究，明确了制造毒品行为的本质在于产生新物。即制造不意味着外观形态发生的变化，关键在于发生了内在的质的变化，采用的手段可以在所不问。同样，"强迫"与"容留"行为在认定时也应当从"刑罚当罚性"揭示其内涵。

三、研究方法

一是文献分析方法。通过搜集、整理、筛选文献，并对相关内容进行归纳与分析，形成对研究对象全面而客观的认识结论。毒品犯罪是当今世界面临的较为严重与复杂的犯罪形态，危害性强，各国在打击与防控毒品犯罪的同时，也对毒品犯罪问题展开全面而深入的研究。目前，研究毒品犯罪的学术成果可谓汗牛充栋，除了大量的专著、学位论文与期刊论文外，互联网上的信息资源亦为数不少。欲真正了解当前毒品犯罪研究的现状与盲点，就不能不对诸多文献进行鉴别、归类与整理。通过文献研究，既可以了解本选题当前的研究水平，归纳问题的症结所在，又能借鉴他人研究的有益成果，在此基础上思考与探讨问题，避免无意义的重复性研究。

二是比较分析的研究方法。通过对不同国别、不同视域下的同一事物进行比较，探索事物的共通之处及差别，在客观评价、相互借鉴基础上得出正确结论。在毒品犯罪认定问题的研究中，我国学界与实务界以解决问题为导向，通常是围绕某一具体的毒品犯罪行为展开研究。德国、日本刑法学以深厚的理论功底见长，可提供丰富的理论借鉴。与我国毗邻的俄罗斯，其刑法体系与我国一脉相承，但又有自身的特点。在毒品定义问题上，美国、英国、新西兰等国家建立了毒品分级分类管控体系，毒品的管制经验更加丰富。本书采取比较分析法，对俄罗斯、美国、德国、日本以及我国香港地区、台湾地区的禁毒法律规范进行比较研究，以期为本书的研究工作提供借鉴。

三是实证分析方法。着眼于社会现实与学科发展现状，研究案例、分析数据并总结经验，客观论证待证事实。理论研究离不开实证的支持，同时也要为实践服务。毒品犯罪认定问题，从根本上讲是一个司法实践问题，本书在选取并分析司法实践中带有争议性的案例基础上，进行理论抽象与归纳总结，以案例来检讨理论的妥当性，用理论证明案例中裁判结论的正当性。理论研究能为实践服务并提供切实有效的指导，避免纯粹为理论而理论。

第一章

毒品与毒品犯罪概念

毒品犯罪围绕着毒品展开，它以毒品或者毒品的前体——制毒物品为主要犯罪对象，另有一些毒品犯罪或者涉及毒品原植物、种子、幼苗等违禁物，或者对他人人身造成侵害。毒品是毒品犯罪的关键词，对毒品内涵的揭示及对其外延的合理划分，关系着合理划定行政管制与刑事管制的界限，是开展毒品犯罪研究工作的先决条件。

从涉毒行为入罪并由国家司法机关施以刑罚的事实来看，国家通过法律对毒品这一特殊物质进行管制是行使公权力的具体表现，那么毒品犯罪当属法定犯范畴，毒品的种类范围不断变更也体现出法定犯的变异性特征。通常而言，自然犯具有明显的违反伦理道德特征，人们对自然犯概念的内涵具有普遍共识性的认知，如盗窃、杀人等概念。在自然犯范畴中，即使犯罪行为具有多样性，立法机关亦无须对行为的特征予以特别明示，因为无论对概念如何解释，通常不会超出公民预测的可能性范畴。法律适用过程中即便司法机关需要对某些概念进行专门解释，通常也不会背离公民一般的价值判断。但毒品犯罪作为典型的法定犯，公民对其评价明显区别于自然犯。除了一些历史久远且在人们头脑中已经形成否定性评价的毒品让公民有共识性认知外，绝大多数毒品并不天然地具有道德可谴责性。不可否认，"毒品"一词在社会公众认知中与其在医学、法律规范中的含义并不完全等同。与此同时，国家管制的毒品种类不断变化，由此导致毒品的概念不具备"标准型概念"特质。①然而，当国家运用公权力对一些物质进行管控并将其界定为违禁物时，就要求法治运行过程中受到法律约束的公民应当对这一类受管控的物质产生足够的法律印象，进而公民在接受国家管控并受法律约束时能够对自身的行为进行合理的预测。如果毒品的种类及范围处于不断的变化中，这种变化势必打破概念外延的固化，影响毒品概念的确定性，国家对公民涉毒行为的约束力也就失去其合理性前提。

第一节　毒品定义要素的分析与重构

一、毒品定义探究

据文献记载，人们使用毒品已有上千年历史。早在古希腊时期，人们就已经将鸦片视作一种麻醉品进行研究并形成了较为深入的认识。②南美地区的古柯植物一直是当地人用于提神醒脑、补充能量的草药。而在我国西南边陲少数民族聚居地区，使用罂粟壳、罂粟籽的行为仍然存在，使用鸦片作为止痛止泻的药品，甚至还发明了"卡苦"③这一特殊物质，作为一种生活用品吸食享用，这已成为当地人的生活习惯。④依照我国现行《麻醉药品和精神药品管理目录》规定，鸦片、罂粟壳无疑属于毒品范畴。于是，法律与传统发生了冲突。如何定义毒品，正确揭示其内涵，对其外延的划定又能符合社会公众的价值判断，这既是一个难度较大的社会学课题，同时也是一个法学难题。

---

① 包涵：《规范视野下毒品定义要素的批判与重构》，载《公安学研究》2019年第3期，第30页。

② 参见[英]罗伊·波特、米库拉什·秦希著：《历史上的药物与毒品》，鲁虎等译，商务印书馆2004年版，第12页—13页。

③ 当地居民在熬煮鸦片的过程中，向煮沸的液体中加入丝瓜瓢、苦瓜皮等物质，而后将浸入罂粟碱汁液的丝瓜瓢、苦瓜皮等物质继续吸食服用。当地人将这一类物质称作卡苦。

④ 笔者于2017年在云南地区调研时发现，仍有部分当地居民在家中少量种植罂粟，获取鸦片作为药品使用。

毒品并非严格意义上的中性名称，概念中蕴含着价值判断，是一个"具有污名化特征的、含有贬义的僭越社会规范的用语"。①各国的社会文化背景不同，立法习惯亦不相同，关于毒品的定义既有同一性，同时也存在着差异性，于是人们对毒品犯罪的认识也存在分歧。如何客观又全面地给毒品下定义，既符合公权要求又能被公民普遍接受，是研究毒品犯罪的神圣职责。

（一）社会语境下的毒品定义

"毒品"一词是现代社会用语，在民国时期"毒品"一词曾以"烟毒"替代使用，当时的烟毒是鸦片的同义语。中华人民共和国成立后，"毒品"一词开始在社会上广泛使用，但当时的法律文件中仍有遗留使用"鸦片烟毒"一词的情形。这里的"烟毒"专指鸦片类毒品，而不具有"鸦片及其他毒品"的含义。而后，"烟毒"演变成"毒品"，与此同时其内涵也从当初的鸦片类毒品逐渐变成麻醉类药剂的统称。从字面上看"毒品"一词，是"毒物"之"毒"与"药品"之"品"的结合。作为汉语中约定俗成的专有名词，从某种意义上讲，"毒品"一词具有污名化特征，这也说明"毒品"一词从产生伊始就不是一个事实概念，而是涵盖了社会否定性评价在内的价值概念。

在国外语言中，并无完全契合"毒品"含义的概念。例如，毒品对应的英文是"narcotic drugs"，在《大英汉辞典》里解释为"麻醉剂或非法麻醉品"②。由于国际公约将列入国际管制清单中的物质称作"麻醉药品和精神药物"，于是多数国家采取与公约规定相一致的称谓，但也有一些国家与中国一样，在称呼毒品时使用符合本民族习惯的特定名称。

在社会语境下谈及毒品的概念，特定型释义和概括型释义是两种表述概念的方式。特定型释义通常采用枚举特征的方式限定描述的内容，如《现代汉语大词典》将毒品解释为"作为嗜好品的鸦片、

---

① 许桂敏：《扩张的行为与压缩的解读：毒品犯罪概念辨析》，载《河南省政法管理干部学院学报》2008年第5期，第37页。

② 李华驹主编：《大英汉辞典》，外语教学与研究出版社2005年版，第1045页。

吗啡、海洛因、冰毒等"。这种释义方式明确具体，但受限于外延过窄，不能揭示毒品的内涵特征，国家的法律性文件以及学者的研究中均不采用此种方式定义毒品。概括型释义强调对毒品的内容与范围同时界定。这是社会中多数著作在定义毒品时普遍采用的方式。例如，医学著作将吸毒称作"药物滥用"，其中被滥用的药物即日常用语的毒品，这是一种具有使人形成依赖性（成瘾性）特征的物质。这里强调的"滥用""成瘾"就是毒品的内容特征。此外，一些禁毒通俗读物把毒品定义为可吸入人体并对人身健康造成伤害的化学物质，或者将毒品描述为任何以其化学性质改变生命有机体结构或功能的非食品的自然或人造的物质。

从上述有关毒品的释义可见，社会公众对毒品概念的认知有着如下共同之处：毒品是一种转入非法用途的药品或化学品；它可以被人们反复使用并使人产生依赖性，亦可称作成瘾性；对其不当使用可能会对公民健康、社会稳定甚至国家安全造成严重危害。

然而，上述特征亦不过是毒品作为一种事实存在的物质所具备的基本特性，而无法说明为何有些使人成瘾，对公民及社会有害且用于非医疗、科研用途的物质被视作毒品管制，而有些却不能。因此，在法律规范下探讨毒品概念更为重要，这关系着国家行政管理乃至启动刑罚手段是针对哪些对象。法律有义务对毒品的属性予以明示，进而正确划分毒品的外延。即便毒品的种类可以随着时代的发展、管理政策的出台而有所变化，但变化后的内容仍然可以符合社会公众心理预期，具有预测的可能性。从法律规范中定义毒品，不仅需要客观合理地揭示出"毒品"的核心特征，还应当涵盖未来可能作为毒品予以管制之物的可能外延范畴。即这一定义兼具描述现有毒品之属性及判断某一物质是否将作为毒品被列管的标准之功能。

（二）法律规范中的毒品定义

在不同社会研究范畴下对毒品概念的理解各有不同，不同领域的学术研究以及立法层面关于毒品的定义亦不相同。同样在立法层面，各国各地区的法律传统不同，立法习惯不同，各法域也有可能选择不同的方式给毒品下定义。毒品涵义及相关要素是禁毒刑事立法之逻辑起点，考察当前各国关于毒品定义的刑事立法，主要有抽象定义与列举定义两种方式揭示毒品的内涵和外延。

在抽象定义模式下，立法者归纳出毒品概念的一般性特征，揭示了毒品物质的自然属性，体现法律介入之准则。例如，我国台湾地区《毒品危害防制条例》第二条属抽象定义之典范，该条将毒品的内涵属性界定为"成瘾性、滥用性、社会危害性"。[1]俄罗斯的禁毒立法也采用抽象概括方式定义毒品，[2]如《俄罗斯联邦麻醉品和精神药物法》第一章第一条规定："麻醉品是指根据俄罗斯联邦立法以及包括《1961年麻醉品单一公约》在内的俄罗斯联邦缔结的国际条约的规定，列入俄罗斯联邦规定监管的《麻醉品、精神药物及前体目录》中的人工合成或天然来源的物质或制剂。精神药物是指根据俄罗斯联邦立法以及包括《1971年精神药物公约》在内的俄罗斯联邦缔结的国际条约的规定，列入俄罗斯联邦规定监管的《麻醉品、精神药物及前体目录》中的人工合成或天然来源的物质、制剂或天然材料。麻醉品和精神药物的前体（以下简称前体）是指根据俄罗斯联邦立法以及包括1988年《联合国禁止非法贩运麻醉药品和精神药物公约》（以下简称联合国'八八公约'）在内的俄罗斯联邦缔结的国际条约的规定，列入俄罗斯联邦规定监管的《麻醉品、精神药物及前体目录》中并用于生产、制造、加工麻醉品和精神药物的物质。麻醉品、精神药物的同类物（下述简称毒品同类物）是指未列入俄罗斯联邦规定监管的《麻醉品、精神药物及前体目录》但在俄罗斯联邦境内禁止非法流通，其化学结构式与化学性质与被管制的麻醉品、精神药物相类似并且可引起精神兴奋的人工合成或天然来源的物质。制剂是指含有俄罗斯联邦规定监管的《麻醉品、精神药物及前体目录》中的一种或几种毒品、毒品前体成分的物理混合物。"上述提到的麻醉品、精神药物及前体、毒品同类物和制剂在俄罗斯均属于广义上的受管制毒品。[3]抽象定义的优点在于重视毒品定

----

① 《毒品危害防制条例》，道客巴巴：http://www.doc88.com/p-813902772319.html.最后访问日期：2019年2月1日。

② КноРус, Уголовный кодекс РФ, Издательство 'ООО Проспект', 2013.

③ КноРус, Уголовный процессуальный кодекс РФ, Издательство 'ООО Проспект', 2013.

义要素反映的价值判断，为国家运用公权管制毒品提供正当性依据，能够使公民对毒品形成概括性认识，进而对国家可能产生的约束力进行预测。但这种定义方式亦存在问题，例如当"成瘾性""社会危害"这样的词汇出现并作为定义要素时，显然缺乏确定性。此外，采取抽象定义立法模式的国家通常将所定义的毒品界定为"麻醉药品和精神物质"，但"麻醉药品和精神物质"本身就不是一个严格的概念。实践中，多数国家或是基于国际禁毒公约，或是根据国内其他法律规范对"麻醉药品和精神物质"予以规定或解释。然而，毒品是各国刑法中毒品犯罪涉及的对象，鉴于法律的保留原则，这种定义的正当性值得商酌。

所谓列举定义模式，顾名思义就是直接以列举的方式对事物进行定义。与抽象定义侧重于揭示概念的内涵属性不同，列举定义是采取一一罗列方式说明规范所管制的对象。美国1970年颁行的《管制物质法》（The Controlled Substances Act）、英国1971年的《滥用药品法》以及联合国"八八公约"中均采用列举方式定义毒品。

美国《管制物质法》第802（6）条将"列举在本法案附表I、II、III、IV或V中的物质"定义为"管制物质"（controlled substance）；我国香港地区《危险药物条例》第二条规定了任何在附表1第I部中所指明的药物或物质为"危险药物"（dangerous drug）。采用列举定义模式，公民查阅规范即可明确地知晓立法者管制的毒品种类，对违法的涉毒行为可以预测。但这种定义方式无法阐释毒品管制的正当性，公民往往是基于列表规范的明示而产生"列管物质是违法的"这一直观印象，但是无法理解该物质须受管制的法条背后缘由，甚至无端产生国家管制的蛮横性错觉。列举方式管制毒品时，毒品目录可以根据不断涌现的新型毒品随时予以增删调整，使其尽可能地涵盖广泛的毒品类型，具有一定的包容性和灵活性。但这种定义方式缺乏关于毒品具体内涵的揭示，其法律的确定性会遭到质疑。而且，立法更新的速度显然追不上策划类毒品的翻新速度，定义的滞后性是列举式管制无法克服的问题。

我国禁毒立法中，《刑法》第三百五十七条和《禁毒法》第二条规定了毒品的定义，有学者将其总结为概括加列举模式。列举的目的并非提供完整的毒品种类，只是通过列举公众熟知的几类毒品而让公民产生较为明确直接的法律印象。由于我国对毒品定义本质上仍然是一种抽象定义的方式，因此抽象定义的弊端也同样存在。同是抽象定义，不同国家与地区间侧重点也不完全一样。如俄罗斯基于毒品非法流通具有社会危害性这一逻辑对毒品特征进行设计，更多强调了毒品所具有的公认的滥用性、危害性和违法性特征，而该毒品成瘾与否并不在其关注范围内。[①]"成瘾性、滥用性、社会危害性"是我国台湾地区采纳的毒品定义要素，而我国刑法则将"国家规定管制、能够使人形成瘾癖"特征作为毒品的定义要素。从刑事立法角度，哪种定义要素更具恰当性，需要进一步探讨。

二、毒品定义要素特征辨析

由于抽象定义与列举定义各有利弊，基于互补与借鉴的需要，各国力求融合两种模式的优点，形成概括与列举融合的立法模式来定义"毒品"。一方面，针对列举式定义揭示内涵方面存在欠缺，采取这一立法模式的法域在法律规定中尽量揭示毒品内涵。例如，新西兰《毒品滥用法》中就将"改变人的正常行为方式""用于制作毒品和含有有毒物质""具有吸食成瘾性"作为毒品的内涵特征写入规定。[②]另一方面，鉴于抽象定义对毒品种类列举不明，采取这种立法模式的国家的毒品目录是由其他机关经授权后制定。例如，我国2005年《麻醉药品和精神药品管理条例》（以下简称《麻精药品管理条例》）的第三条规定，由药监部门、公安部门会同卫生部门一同负责麻醉药品和精神药品目录的制定、调整与颁布。

无论在哪种定义模式下，定义要素均具有决定性作用。因为毒品不仅是事实概念，在区别"毒品"与其他物质差异时，立法者基于哪些要素予以取舍，把一部分物质作为毒品管制，而将其他与其

---

① Президиум Верховного Суда Российской Федерации, Обзор судебной практики по уголовным делам о преступлениях, связанных с незаконным оборотом наркотических средств, психотропных, сильнодействующих и ядовитых веществ, Издательство 'Акад. внутр. дел Респ.Белорусь', 2017.

② 刘建宏编：《外国禁毒法律概览》，人民出版社2015年版，第41页。

自然属性相近的物质排除在毒品范畴之外，事关立法权行使的正当性。在传统理论中，毒品定义要素包括成瘾性、违法性和危害性。[①]结合我国刑法对毒品的定义，"国家规定管制"体现了毒品的法律属性，"使人形成瘾癖"是毒品的自然属性，而"麻醉药品和精神药品"兼具法律属性与自然属性，意指具有"使人形成瘾癖"属性的物质进一步受到国家公权力的限制与判定。这些定义要素是否正当合理，是否彰显了法律定义要素的客观性，需要进一步评述。

（一）国家管制的正当性辨析

我国刑法以"国家规定管制"描述毒品的"违法性"特征。一般而言，"国家规定管制"是行政犯可罚的核心要素。通常行政犯涉及的对象往往缺乏道德上的可谴责性，"国家规定管制"以添附法律属性方式来确认管控的正当性。从这一意义上讲，刑法在抽象定义毒品时，将"国家规定管制"作为定义要素情有可原。因为刑法条文无法将全部受管制的毒品一一列举，它需要设置一个标准，最终将某类物质与其他具有同等化学属性或药理学属性的物质予以区别，"国家规定管制"在这些物质间设定界线，将毒品从中甄别出来。只有当行为触及这一类受到国家管制的物质，同时行为人主观具有可归责性，才会被认为实施了刑法上的犯罪。刑法以空白罪状方式授权相关行政法认定毒品，经法定程序被确认为毒品的物质，就是刑法规范意义上的"毒品"。

"国家规定管制"可以作为《刑法》定义"毒品"的要素，并不意味着《禁毒法》也必须沿袭刑法规定将其作为定义要素。《禁毒法》以管制毒品为立法职能，从逻辑上讲，《禁毒法》本身就是《刑法》意图援引的"国家规定"的立法本体，其职责应是帮助《刑法》确立管制对象，对"国家规定管制"的对象划定范围。违法性是对业已受到管制的毒品给出的法律评价，而非用以构建毒品概念的物质属性。而且，抛开形式上的逻辑矛盾不谈，"国家规定管制"这一要素并不能解释国家将一物质定义为"毒品"并予以管制的正当性。

---

① 参见徐宏、李春雷著：《毒品犯罪研究》，知识产权出版社2016年版，第5页。

刑法惩罚毒品犯罪的初衷源自该行为可能造成社会危殆，考虑的是法益侵害或威胁。正如德国法学家李斯特所言，"制定法律的宗旨是为了保护人们的生存利益"。①显然，"国家规定管制"要素不能揭示毒品犯罪的社会危害性，反而将惩罚毒品犯罪的理由归结为挑战国家权威的"义务违反"，为原本正当的国家管制带来"具有主观倾向性"的负面因素。

（二）"成瘾性"的必要性辨析

成瘾性作为毒品的定义要素之一，在世界上相当多的立法例中均有体现。如我国台湾地区定义毒品的三要素之一就是成瘾性，大陆地区也采取"能够使人形成瘾癖"这一表述体现毒品的成瘾性特征。如果将"成瘾性"作为毒品的定义要素，那么它的确切含义是什么，能够使人成瘾的物质可能威胁或危害的法益又是什么，是否对这一类物质不实施管制就无法保障相应的个人利益和社会秩序，上述问题均需要思考与解答。

在医学上，药物成瘾是指一种脑疾病，引发患者不顾后果地强迫性持续施药。"成瘾性"（addiction potential）与"依赖性"（dependence potential）在概念上是同义语，当某一物质经过"反复施用"而使施用者产生"耐受性"（tolerance），并且一旦停止施用该物质，施用者就会产生"戒断症状"（withdraw），此时，我们称该物质就具有"成瘾性"。在 DSM 的定义中，②"成瘾性"具体可分为生理依赖与精神依赖，根据心理依赖性、生理依赖性、社会功能损害和危险使用四项指标，分为轻度、中度和重度三挡，在医学标准或是心理学标准上判断"成瘾"。

医学或是心理学判断"成瘾性"的目的是为了干预或治疗"疾病"与"障碍"，以此作为医疗的前提。轻度成瘾、中度成瘾和重度成瘾这样的标准显然无法清晰划定成瘾"是"与"非"的界限，不能直接放入法律规范中。如果认定"成瘾性"是法律规范上的毒

---

① [德]李斯特著：《德国刑法教科书》，徐久生、何秉松译，法律出版社2000年版，第3页。

② DSM 指的是由美国精神医学学会制定的 "The Diagnostic and Statistical Manual of Mental Disorders"，即《精神障碍诊断与统计手册》。

品定义要素，那么就需要在物质"成瘾"属性中添附"成瘾导致危害"的法律后果，对其进行扩张性解释，以搭建"成瘾"与"法律责任"的对应关系。其实这一点也恰恰说明了为何公民追求成瘾就需要接受刑法的否定性评价。例如刑法秉持"自伤不罚"的理念，在我国，行为人出于自愿的吸毒行为只能受到治安管理处罚和强制戒毒措施。但如果以教唆、引诱、欺骗或强迫手段促使他人吸毒，则可能受到刑事处罚。这说明"成瘾性"并非刑法基于保护法益所考虑的毒品定义要素。刑法的保护法益是包括人的生命、身体、安全、财产等利益在内的个人利益，以及建立在保护个人利益基础之上并可以还原为个人利益的国家利益与社会利益。[1]刑法之所以关注成瘾性，是因为成瘾性让使用者习惯性使用毒品而丧失自我控制力，从对自身的伤害延伸至造成社会弊害，由"成瘾性"引发的"危害性"才是毒品区别于其他成瘾类药物受到管制的原因。

（三）"危害性"的程度性辨析

在诸多立法例中，危害性都作为定义毒品的要素，同时它也是对毒品进行分级管控的重要依据。例如加拿大、新西兰的禁毒立法中，均将"社会危害性""社会损害程度"写入法律中。[2]毒品被管制的原因在于危及家庭稳定、社会安定和人类健康。尽管我国并未将"危害性"直接写入法律规定，但学界主流观点仍然认为"危害性"是毒品最本质的属性，是禁毒刑事立法中立法者思忖并考虑运用公权力介入公民生活的首要原因。[3]客观来讲，即便承认"毒品是基于其危害性才被管制"这样的逻辑，但仍然需要讨论，作为定义要素的"危害性"究竟是毒品自身的物理属性，还是它被滥用后产生的"社会危害性"？有学者提出，如果危害性是毒品自身属性，才能作为定义要素。如果危害性是指毒

---

[1] 张明楷著：《刑法学》（第四版），法律出版社2011年版，第67页。

[2] 靳澜涛：《论毒品定义要素的立法选择》，载《江南大学学报》2017年第6期，第51页。

[3] 施红辉、李荣文、蔡燕强主编：《毒品成瘾矫治概论》，科学出版社2009年版，第5页。

品滥用引发的后果，是伴随毒品而生的获得性特征，则不宜用以定义毒品。[1]

众所周知，毒品最初问世都是药品，其本身并无"原罪"。只是由于它的非法使用会造成一定的社会危害而且这种可能性又有较高的概率，国家才创设法律予以管制，保证受管制的毒品只能在正当渠道使用，避免其被非法滥用。这一意义上讲，某一物质被定义为毒品必然与其可能产生滥用危险的"社会危害性"相关。这就好比埋藏在深海而未被勘采的某些物质，即使有害性极强，也无须被管制的道理一样。因此，作为定义要素的毒品危害性就并非毒品自身的固有属性，肯定与基于自然属性引发的价值判断有关。以我国对氯胺酮（Ketamine）的管制为例，2001年它被国家药品监督管理部门列入国家第二类精神药品予以管理，而后2004年又被纳入第一类精神药品予以管制。短短的三年内国家对其管制升级，一方面是基于医疗科研已经证实其具有强烈成瘾性，无论是在国家管制还是公众情感层面，对其均有强烈的否定认识。但另一方面，氯胺酮还是一种快速抗抑郁药，它之所以区别于同类药品而作为"毒品"被管制，也与其滥用规模造成的社会危害性相关。可见，毒品的"危害性"包括但并不等同于它的"社会危害性"，只是这种"危害性"需要以其物质属性及被非法滥用的现状和潜在能力作为评价基础。如果将毒品的危害性等同于偶尔地、异常地过量吸食注射后对身体造成的危害性，显然不妥。

同时，对毒品"社会危害性"的判断不能无限推演，还需要衡量合法利用该物质的社会效益、社会对其危害性的容忍度以及国家司法资源的有限性。例如，烈性酒的物质成瘾属性与毒品特征相似，但至今尚少法域将酒精与毒品等同予以管制，这说明毒品的"社会危害性"是与某一法域下社会的整体价值诉求相关。例如在我国，麻黄碱由于欠缺滥用的社会危害性而未被作为毒品列管，但由于它是制造冰毒的重要前体，因此作为"制毒物品"受到国家的管制。但在俄罗斯，对于许多吸毒者而言麻黄碱是苯丙胺类毒品的替代品，

---

[1] 王皇玉：《台湾毒品政策与立法之回顾与评析》，载《月旦法学杂志》2010年第5期，第26页。

于是在俄罗斯的国内法中它是直接作为毒品受到管制。[1]可见，某一物质最终被法律认定为"毒品"还是"前体"，与"危害性"蕴含的社会价值判断有关，只有当"危害性"达到某种程度才能作为毒品的定义要素而存在。

三、我国毒品概念的重构

从语言文化传统来看，"毒品"一词已经在民众心中形成一定的观念积淀，通常情形下，公民都可以正确理解其作为"违禁品"的内涵，"毒品"一词的称谓在定义中无须更改。同时，"列举+抽象"的定义模式更具直观性，也没有更改的必要，但定义要素可重新检视与选取。

首先，"国家规定管制"应当予以保留，但要注意"国家规定"隐含着立法层级的限制性。我国《刑法》第三百五十七条对毒品的定义属于抽象定义，且以空白刑法的立法方式，将毒品列管交由"国家相关机关"进行授权立法。虽然空白刑法问题曾经引起是否违背罪刑法定原则以及法律保留原则的质疑，但由于刑法领域涉及诸多专业性问题需要专门立法，所以授权相关机关立法亦不违背《立法法》之原则，只是授权应当明确，刑罚应当明确。所谓授权明确，是指《刑法》应当授权具有相应立法资质的机关出台符合层级要求的规范来管制毒品；刑罚明确，是指列管的毒品对应的刑罚应当具有确定性、可预测性，毒品与刑罚之间的对应关系为公众知晓。根据《刑法》第九十六条规定的"违反国家规定"之含义，设置"国家管制"的主体只能是"全国人大、全国人大常委会及国务院"，授权立法的规范类型也只能是"全国人大和常委会制定的法律和决定"或者由国务院制定的"行政法规、规定的行政措施、发布的命令与决定"。目前，《麻精药品管理条例》这一规范性质是"国务院令"，立法层级符合"国家管制"的要求。但根据其中第三条规定，从刑法上未获得授权的药监部门、公安部门和卫生管理部门却担负着制定、修订和公布毒品目录的权限，显然突破了《刑法》要求的毒品

---

① 《В России запретили "сухой алкоголь". Чем он опасен》，Тасс：https://tass.ru/info/5978462.最后访问日期：2019 年 4 月 13 日。

列管主体的层级界限。特别是2015年颁布的《非药用类麻醉药品和精神药品列管办法》，文件发布文号为"公通字〔2015〕27号"，制定主体为"公安部、国家卫生和计划生育委员会、国家食品药品监督管理总局和国家禁毒委"，这一规范性文件的制定主体超出了刑法规定的范围，但其增补在目录中的116种毒品，与刑法列管之毒品属同一范畴内的违禁物质。

行政法中确定的毒品亦是刑法视阈下"毒品犯罪的载体"，我国在授权毒品管制立法上应持更加慎重的态度。"国家规定管制"作为毒品定义要素体现了立法的层级性要求，由于行政法管制的毒品也是刑法中规定的毒品犯罪的行为对象，那么刑法打击毒品犯罪至少应当在符合层级要求法律规范之下开展。

其次，应当在法律层面上确定"成瘾"标准，赋予其规范确定的含义，做出规定的文件须符合层级要求。当前，具有定义毒品规范资质的《麻精药品管理条例》和《禁毒法》中均未规定"成瘾性"，而做出规定的《吸毒成瘾认定办法》又属于部门规章，规范层级低，立法公信力差，使得"成瘾性"要素缺少应有的规范性价值。因此，在符合《立法法》层级要求的相应规范中对"使人形成瘾癖"进行规范解释，是当前禁毒立法应当重点关注的问题。例如在国务院颁布《麻精药品管理条例》中增补成瘾性规定，为公安机关认定吸毒成瘾提供法律标准，将毒品的"成瘾性"与"滥用潜在性"合并在毒品的定义要素中。所谓毒品的"滥用潜在性"是指该物质具有极强的"非医疗使用"风险，在许多国家和地区这一特征是衡量一种物质是否有必要作为毒品管制的考察要素。如《俄罗斯联邦麻醉品和精神物质法》将被管制的麻醉品、精神物质以及前体分成四个目录予以管理，其中对物质分类的依据就是成瘾性与滥用潜在性。四个目录中，《禁止流通的麻醉品、精神物质及前体目录》列管的毒品主要有海洛因、MDMA、MDA等成瘾性强且没有医学价值的毒品；《采取监管措施限制流通的麻醉品和精神物质目录》中列管的是吗啡、可待因、哌啶类成瘾性强但有较强医学价值的麻醉品和精神物质；《允许采取监管例外措施限制流通的精神物质目录》中列管的毒品为阿普罗芬、安定类及吲哚类等成瘾性较低但医学价值和滥用风险较高的精神物质；《采取监管措施限制流通的前体目录》主要管制的是用于制造毒品的前体化学品。此外，一些不断出现的滥用潜在性逐渐递升的"策划药"，又通过三个附表进行列管。①"滥用潜在性"也可作为我国相关禁毒立法部门评估不断出现的新型毒品及策划类毒品时运用的评价要素，是对毒品的目录予以临时列管或变更的依据。但前提是它需要在符合层级要求的规范中明示。

再次，作为毒品定义要素的"危害性"是物质被定义为毒品的本质属性。尽管我国公安禁毒部门认为，《刑法》上的毒品概念与"麻醉药品"和"精神药品"属同一物质的不同称谓，因为我国法律上不存在游离在麻醉药品和精神药品之外的毒品。但在中国大陆地区、台湾地区甚至新加坡的华人地区普遍存在这样的共识，即"毒品"一词自带否定性色彩，禁毒工作针对的对象是带有危害性并受到法律否定性评价的"毒品"，而非泛泛的麻醉品和精神药品。同时，毒品的危害性也涵盖其滥用性。如美国《管制物质法案》、我国台湾地区《毒品危害防制条例》中，均将"滥用性"作为毒品的定义要素之一。我国《非药用类麻醉药品和精神药品列管办法》也将毒品"滥用或者扩散情况"作为评估与列管非药用类麻醉药品和精神药品的依据。从根源上讲，毒品的"滥用性"源自其"成瘾性"，因为毒品能够使人成瘾，产生依赖，形成觅药的渴求，于是造成部分使用者过度地使用，这即所谓的"滥用"。而滥用最终的结果是"危害"，正是由于使用者基于"非医疗使用"的目的，"不当或是非法"地使用毒品，最终造成个人或社会危害。可见，"成瘾"是毒品"滥用"的前提，"危害性"是"滥用"的结果。这里"滥用性"与"滥用潜在性"的内涵又有所不同，后者强调的是物质的事实属性，而前者带有社会评价意味，即对物质不当或是非法使用结果的确认。如果说某一物质被法律定义为"毒品"予以管制，完整的逻辑链条就应当是该物质因其具有成瘾性而具有被滥用的潜在能力，当客观条件满足时，该物质被滥用进而造成危害。滥用性反映出毒品集聚或显现社会危害的可能性，对滥用性的评估与判断就让法律管制毒品具有了正当性。

---

① КноРус, Федеральный Закон о наркотических средствах и психотропных веществах, Издательство 'ООО Проспект', 2013.

需要注意的是，当物质不具备法律意义上的"成瘾性"时，不能仅凭其"滥用性"就当然地作为"毒品"管制。例如在美国、澳大利亚滥用猖獗的"笑气"（Nitrous Oxide），即使其滥用已经形成一定规模并引起部分国家的立法关注，[①]但目前在大多数法域笑气并未被列管为"毒品"，而是归于其他有害物质加以管制。[②]所以"滥用性"可作为毒品定义的必要性而非充分性要素。

最后，定义时还应当对"麻醉药品和精神药品"作出分类，即药用类麻醉药品和精神药品与非药用类麻醉药品和精神药品，在符合层级要求的规范性文件中对该分类予以明示。

某种物质从具有中立属性的"药品"成为法律严格管制的"毒品"，其中必然杂糅了历史、社会、政治、人文等综合因素特征。法律上的毒品概念，本质上是一种以权力为基础的规范性称谓。需要在符合层级要求的"国家规定管制"的基础上，在规范层面上界定"成瘾性"。成瘾性是物质作为毒品列管的必要条件，违法性是毒品定义的核心要素，危害性是毒品定义的隐含要素。毒品定义可归纳为：毒品是指国家规定管制的、使人形成瘾癖的药用类与非药用类麻醉药品和精神药品。由于毒品的危害性包含其滥用性，所以滥用潜在性是列管毒品时须考虑的因素之一。

第二节　"毒品犯罪"概念重构

毒品犯罪是世界公害，为世界各国刑法约束，对其实施普遍管辖。国内外学者围绕着毒品犯罪概念各抒己见，迄今为止仍未形成精准一致的定义。毒品犯罪，顾名思义，它是建立在毒品概念之上，同时兼具刑法学中的犯罪构成特征，进而作为一个种类罪的概念出现。虽然评价毒品的危害性离不开医学、社会学特征，但理解毒品犯罪却不能完全依据医学或者社会学的学科范式标准，

---

① 《"笑气"不可笑 英国立法禁滥用》，新华网：http://www.xinhuanet.com//2017-07/20/c_1121351314.htm.最后访问日期：2019年4月13日。

② 例如，在我国笑气是《危险化学品管理条例》附表当中的物质，对其管理是以《危险化学品管理条例》作为规范依据的。

而应当站在刑法学和犯罪学视角下审视毒品犯罪。从规范角度看，毒品犯罪并不是一个严格意义上的刑法学概念，而是实践中为了称呼方便，将刑法予以规制和评价的一类涉毒违法越轨行为称作毒品犯罪。正如有学者提出，"毒品犯罪"绝不是单纯意义上的规范法律概念，"甚至……都不是刑法学的概念，而是犯罪学的概念"①。对毒品犯罪下定义之所以艰难，究其原因在于，毒品犯罪的中心语其实为"毒品"，这一词本身蕴含着违法的内在属性，但其外延却又处于不断发展变化中。有学者提出广义的毒品犯罪概念，并力图将毒品犯罪放在规范法学中予以评价，将毒品犯罪定义为"破坏禁毒管制活动，应当受到刑罚处罚的行为"。这一概念的优势在于用词圆满周延，但这种口袋式的解释未免有些笼统，有扩大犯罪之嫌。例如，洗钱罪的上游犯罪包括毒品犯罪，那么洗钱犯罪行为也属于破坏禁毒管制活动，应当受到刑罚处罚的行为，但显然它不是毒品犯罪。于是有学者采用列举方式定义毒品犯罪，是指"走私、贩卖、运输、制造、非法持有、非法提供、窝藏、引诱、教唆、欺骗、强迫他人吸食、注射毒品以及非法种植毒品原植物、包庇毒品犯罪分子，窝藏犯罪所得财物，走私、非法生产、买卖、运输制毒物品的行为"②。这种对毒品犯罪下定义的方式不过是将现行刑法典中明确规定的毒品犯罪行为逐一枚举，抽象性差，随着毒品犯罪形势的变化，毒品犯罪的种类也可能随之扩张，其局限性显而易见。

正如犯罪概念是刑法研究的理论基石，毒品犯罪概念也应成为毒品犯罪研究的逻辑起点。有学者提出犯罪概念有形式概念和实质概念之分，③那么毒品犯罪概念也可以依据这样的划分展开研究。

---

① 赵秉志、于志刚著：《毒品犯罪》，中国人民公安大学出版社2003年版，第50页。

② 云南省高级人民法院编：《惩治毒品犯罪理论与实践》，中国政法大学出版社1993年版，第364页。

③ 许桂敏：《扩张的行为与压缩的解读：毒品犯罪概念辨析》，载《河南省政法管理干部学院学报》2008年第5期，第92页。

一、毒品犯罪的形式概念

在哲学上，形式与实质是揭示客观事物性质的一对范畴，在刑法学中，形式与实质也可用以描述犯罪概念。所谓犯罪的形式界定，是指以具体外在的、直观有形的特征来界定犯罪的规范标准，是以违反法律、罪过与责任能力等要素为条件架构出的应受刑罚性。[①]也可以依此建构形式意义上的毒品犯罪概念，它强调的是"刑事违法性"。如果从字面上理解"刑事违法性"，它应当包括"毒品犯罪行为违反国家的禁毒法规"与"行为应当受到刑罚处罚"两个要素。围绕这两点要素，又可引申出两个问题：毒品犯罪所违反的禁毒法规仅指刑法（包括从前《关于禁毒的决定》），还是包括了其他国内禁毒法律及我国加入的国际公约？与其他刑事犯罪相比，毒品犯罪的"刑罚惩罚性"特征是否有其特殊性？

目前，学界存在"广义毒品犯罪论"与"狭义毒品犯罪论"两种观点。前者将国际毒品犯罪与国内毒品犯罪均视作我国承认的毒品犯罪。其中，联合国"八八公约"规定的"非法生产、制造、提炼、配制、兜售、分销、出售、交付、经纪、发送、过境发送、运输、进口或出口麻醉品、精神药物，种植毒品原植物的行为，以及包括上述活动的预备行为以及与之有关的危害行为"[②]为国际毒品犯罪行为。而国内毒品犯罪是指违反我国毒品管制法规，依法应当受到刑罚处罚的行为。同时认为，毒品管制法规是指1987年《麻醉药品管理办法》、1988年《精神药品管理办法》及《关于禁毒的决定》等。持有该观点的学者还进一步提出，不能将《关于禁毒的决定》、我国的刑法典及其他有关禁毒的刑事法律作为唯一的禁毒法在概念中表述，我国加入的禁毒国际公约均为禁毒法律渊源。而"狭义毒品犯罪"论者则认为，国内法才是规制毒品犯罪的唯一刑事准则，毒品犯罪就是指违反我国毒品管制法规、破坏禁毒管制活动、应受刑罚处罚的行为。

---

① 刘艳红：《入罪走向出罪：刑法犯罪概念的功能转换》，载《政法论坛》2017年第5期，第66页。

② 《联合国禁止非法贩运麻醉药品和精神药物公约》，道客巴巴：http://www.doc88.com/p-245831966591.html.最后访问日期：2019年4月13日。

综合上述两种观点看，既然我国加入了相关禁毒国际公约，那么就有义务遵守公约的规定，甚至有义务将公约中的内容（申明保留部分除外）内化为国内法。如果认为毒品犯罪仅指触犯国内相关禁毒法律的行为，而将我国有义务管辖的国际公约所规定的犯罪行为一律排除在外，显然不妥。在界定毒品犯罪概念时，应当对行为所触犯的法律规范作扩大理解，除了包括《刑法》在内的刑事法律规范外，我国缔结参加的国际公约以及国务院出台的《麻醉药品管理办法》《精神药品管理办法》等，也是规制毒品犯罪行为的规范性文件。

尽管所有的犯罪都是在法定刑范围内的可罚性行为，但毒品犯罪就其刑事惩罚性的复杂程度而言，均不是其他犯罪所能比拟的。除了可能受到自由刑、生命刑以及罚金刑外，强制性戒毒、社区康复治疗等社会恢复性措施也常常会作为刑罚的替代或补充付诸实际。

因此，从形式上界定毒品犯罪可以表述为：所谓毒品犯罪，是指违反我国现行禁毒法律法规，破坏禁毒秩序并应受刑罚处罚的行为。在这一表述下，毒品犯罪违反的禁毒法律法规是指在我国法域内具有法律效力且符合层级限制的相关规范性文件，既包括国内法，也包括内化为国内法的国际公约中内容。禁毒法律规制的毒品犯罪无须在概念中具体到走私、贩卖等具体种类，并非所有违反禁毒法规、破坏禁毒管理秩序的行为均是毒品犯罪，应当是具有刑罚处罚性的行为。毒品犯罪的形式概念是在刑法论域下讨论"犯罪是什么"的问题，由于不探究规范的实质含义，"犯罪"其实与"刑事违法"属同一含义。正如德国刑法学创始人费尔巴哈指出："犯罪是一个刑法中规定的违法或者说由刑法加以威慑的与他人权利相违背的行为。当刑法需要给犯罪以刑事处罚时，只要在法律的构成要件上'一个都不少'即可，犯罪概念的定义就变得可有可无。"[①]

---

① 孙倩、赵晓耕：《欧洲大陆国家的实质犯罪概念与俄中实质犯罪概念之不同》，载《广西政法管理干部学院学报》2014年第6期，第48页。

二、毒品犯罪的实质概念

由于犯罪的形式概念无法说明何以为罪的问题，此处便隐含了一个逻辑，即立法者可以不拘于实体条件，对任何行为予以刑罚威胁。显然，这与人权保障理论相悖。当犯罪的形式概念向实质概念过渡时，就意味着对犯罪现象的认识进一步深化。毒品犯罪实质概念的提出，意在指出与毒品发生关系的行为具有严重法益侵害性的本质。从这一意义上看，毒品犯罪的实质界定其实有明显的立法视角，它提出了应然的毒品犯罪概念。

毒品犯罪的实质界定是揭示其内在的、抽象的、隐含的特征。关于犯罪的实质，目前主要有以下7种代表性学说：以德国刑法学家费尔巴哈为代表的权利侵害说；由德国学者沙弗斯坦因提出的义务违反说；由19世纪初的德国学者毕尔鲍姆首倡，后来得到宾丁等学者支持的法益侵害说；得益于德国行为无价值论的法益侵害并违反义务说；受到日本刑法学者小野清一郎支持的规范违反说；日本刑法学者大谷实提出的法益侵害并规范违反说和我国刑法理论通说中的社会危害说。不同学者从各自角度对犯罪的实质作出具体的表述，法益侵害说论者认为，毒品犯罪就是违反禁毒法规，同时侵害了保护法益——社会公众身心健康的行为。规范违反说论者认为，毒品犯罪的实质在于行为对社会中重要的规范造成了破坏，让规范维系着的集体制度受到侵害。国家对毒品的管理秩序是一种社会规范，并且这种社会规范隐含了文化及伦理内涵于其中。例如在我国明代之前，鸦片并非属违禁物，并且有着"阿芙蓉"的美称。这说明某种物质是否被法律纳入毒品管制范畴并非一个事实判断，而是一个规范判断。这里的规范实质是由国家确立的一种文化伦理规范，而毒品犯罪就是对这种规范的破坏。社会危害说论者认为，行为的严重社会危害性才是犯罪的本质特征。我国《刑法》第十三条规定的犯罪概念，是指"一切危害……以及其他危害社会的行为"，可见社会危害性是成立犯罪不可或缺的内容。而所谓的"严重社会危害性"，应指行为对社会关系造成的实质性损害或可能造成的损害。例如，非法持有毒品行为既属于《治安管理处罚法》中规制的违法行为，也属于《刑法》中规定的犯罪行为，罪与非罪的区别在于持有的情节与持有毒品的数量，这两点恰恰体现了行为的社会危害性。

当各学者尽力从不同角度来揭示犯罪本质的时候，犯罪就由"是什么"的问题过渡到犯罪"应当是什么"的问题，逻辑上指向犯罪的价值性特征。因此，加罗法洛指出："犯罪不完全是一种法律概念。"①犯罪属于价值事实，具有价值事实的典型特征。揭示毒品犯罪实质概念，其实是描述它的本质特征。

根据刑法理论通说，社会危害性应是毒品犯罪的本质，但这样描述仍不能将犯罪行为与违法行为、民法上的侵权行为区别开来。因此，作为犯罪本质的社会危害性应当是"实质的严重社会危害性"。有学者试图从规范意义上界定社会危害性，把对规范义务的违反界定为犯罪的本质。我国《刑法》第三百四十八条规定了非法持有毒品海洛因10克以上构成非法持有毒品罪，那么依据罪刑法定原则，行为人非法持有9克海洛因不构成犯罪，只有达到10克以上才可能构成犯罪。就是因为后一行为应当受刑罚惩处，虽然数量相差只有1克，但行为却有质的差别。但这样理解毒品犯罪的本质似乎又陷入形式概念的藩篱，并不能发挥犯罪本质限制刑罚权的功能。"因为刑法禁止非法持有10克海洛因，所以非法持有10克海洛因是犯罪"这样的表述似乎颠倒了犯罪本质论说的顺序。而且"义务违反说"的犯罪本质观，过于强调国家利益，带有国家权威主义色彩，这样的观点仍然不足以说明国家欲惩治毒品犯罪的理由。

毒品犯罪的社会危害性，从形式上讲，是违反了国家的禁毒法规，实质上是侵犯了刑法的保护法益。涉毒行为入罪，应将"法益侵害性"作为判断标准，对法益的危害才是毒品犯罪的本质，将涉毒违法与犯罪区分开。何为毒品犯罪的侵犯法益，问题争议由来已久，其实这也是关于保护法益的位阶顺序的探讨。几百年来，不仅刑法学家冥思苦想，哲学家和伦理学家也争执不休，其中涉及道德与政治的哲学根源。德日刑法理论中一般认为，个人法益中，人的生命最重要，其次为身体和健康法益，再次为自由法益，继之为名

---

① [意]加罗法洛著：《犯罪学》，耿伟、王新译，中国大百科全书出版社1996年版，第19页。

誉，最后是财产。而超个人法益也遵循上述位阶。这一排序是基于"其性质上下位来定"。但是，个人法益与超个人法益孰重孰轻，或者说，个人法益、社会法益与国家法益按何顺序排列，值得探讨。日本刑法学者充分表示了重视个人法益的立场，如日本学者大谷实认为，"个人法益是应当通过刑法加以保护的各种利益的基础，社会法益……应当放在个人法益之后。"①日本学者前田雅英指出："在现行宪法下，需要将国民个人作为最终的价值判断，……"②我国台湾学者王皇玉也持这一观点，认为"个人利益的价值必须优于超个人的抽象价值"③。

其实抽象地讨论个人法益和超个人法益的位次并无意义，应当运用联系的观点，综合判断。在我国，国家对毒品实行严格管制的直接目的是避免毒品的泛滥与扩散。在此，毒品的不可泛滥性是一种法益。但如果进一步追问，缘何国家要控制毒品的泛滥与扩散？归根结底在于毒品损害的是社会公众的身体健康，危及不特定人群之利益。刑法最终要保护的仍然是人的利益。法益最终要与人相关联，只有人的利益才值得刑法保护。因此，毒品犯罪侵犯的法益是人民群众的健康，毒品犯罪的实质内容亦即侵害或威胁人民群众健康权的犯罪行为。社会公众的身心健康是刑法保护法益之基本，在此基础上国家设定了毒品的管理秩序，以保护国家秩序不受危殆，人民健康不受威胁。

将"社会危害性"框定为行为对法益的侵害与威胁，同时也要说明哪些具有"社会危害性"的行为尚未达到犯罪的标准，这涉及《刑法》第十三条"但书"④所承载的内容。"但书"的具体表述为

---

①[日]大谷实著：《刑法总论》，黎宏译，法律出版社2003年版，第2页。

②[日]前田雅英著：《日本刑法各论》，董璠舆译，台湾五南出版社2000年版，第5页。

③王皇玉：《论贩卖毒品罪》，载《政大法学评论》2007年版，第261页，转引自高巍著：《贩卖毒品罪研究》，中国人民公安大学出版社2007年版，第67页。

④在一个条文的同一款中包含有两个或两个以上意思的这种结构的条款当中，如用"但是"这个连接词来表示转折关系，则从"但是"开始的这段文字称"但书"。

"情节显著轻微，危害不大的，不认为是犯罪"，有学者将我国刑法的这一规定视作"混合犯罪概念"的提出。理论上，如果说刑法是一部规定犯罪的法典，那么"但书"就是这部法典中为行为出罪开设的出口。通常，"但书"的含义要从"情节显著轻微"与"危害不大"两方面理解。"情节显著轻微"中的"情节"应指行为过程中标示行为法益侵犯性与非难可能性的一切主客观因素。行为人的动机与目的、故意与过失、行为的方法与结果、侵害法益的性质均是需要考虑的"情节"。"危害不大"是指考察犯罪全部构成要件与案件情节，得出行为对法益的侵害性尚未达到严重程度的综合判断。二者相辅相成，前者展示危害行为的动态变化，后者反映危害行为的静态结果。如果说，《刑法》第十三条规定的前半段揭示了犯罪的"质"，"但书"体现了犯罪的"量"。

故而，毒品犯罪并非泛指任何侵害或威胁刑法保护法益的涉毒行为，而是当某种涉毒行为对社会公众的身心健康造成严重侵害或威胁，并且这种侵害与威胁已经达到一定程度，需要运用刑罚予以惩处时，才构成刑法意义上的犯罪。

三、本书关于毒品犯罪概念的解读

前面已述，毒品犯罪并不是标准意义上的刑法学概念，它兼具犯罪学与刑法学双重特征，是将价值判断与伦理属性蕴含于其中的法律范畴下的概念，是对刑法典中毒品犯罪的立法性概括。

在犯罪学研究视域下看毒品犯罪，它又具体分为"威胁国家安全与发展的跨国（境）有组织行为""作为白领犯罪的洗（毒）钱行为""作为治安违法行为与犯罪行为衔接的零星贩毒行为和种植行为""侵犯人身安全的教唆、引诱、欺骗、强迫他人吸毒行为""无被害人犯罪的容留行为和提供麻精药品行为"。[1]从上述分类可见，毒品犯罪行为侵害了国家对毒品的管理秩序以及社会公众的身心健康，严重危害性是这一类行为的实质性内涵。这是该类行为最终入罪的根本原因，也是违法行为与犯罪行为区别的本质。它回答了为

---

① 参见高洁峰：《毒品犯罪的犯罪学定性》，载《犯罪研究》2009年第4期，第24-30页。

何要将其作为犯罪来处置。

"毒品犯罪"这个概念从未独立地出现在任何一部刑事法典中，是当前理论界或实务界对我国《刑法》第三百四十七、第三百五十七条以及《中华人民共和国刑法修正案（九）》（以下简称《刑法修正案（九）》）中规定的11个罪名的习惯性统称。实践中或理论研究中提到的毒品犯罪，其实是泛指一类犯罪，是对一类涉及毒品、制毒物品、毒品原植物以及种子、幼苗等广义上的"涉毒之物"的犯罪行为的统称。毒品犯罪一词虽未在刑法上出现，但它却出现在一些司法解释或规范性文件中，因此，我们不能因为毒品犯罪的概念有超脱刑法语境而独立的价值，就否认它是一个具有重要刑法学意义的法律概念。毒品犯罪有着一些区别于其他犯罪的类罪属性，仍需对其进行刑法学解读。

结合上述从形式与实质双重意义上对毒品犯罪的解读，笔者对毒品犯罪概念给予拙见，即毒品犯罪是指违反禁毒法规，破坏禁毒管理秩序，严重危害或威胁社会公众的身心健康，应当受到刑罚处罚的行为。这一概念的特征在于，用禁毒法律法规表述法律渊源的广泛性，应受刑罚处罚强调行为的有责性，严重危害或威胁社会公众身心健康表达了犯罪的危害性内容与程度，是犯罪"质"的揭示。反之，尚未达到严重情节的行为不能认定为犯罪，但可能是违法。"但书"的规定同样适用于定义毒品犯罪，"情节显著轻微，危害不大"就从"度"上将罪与非罪区分开。

毒品犯罪的形式界定与实质界定，是通过不同标准对犯罪进行定义。形式界定采取的是规范标准，规范是有形的。而实质界定通常是以一定的伦理教义为标准，即价值标准，而价值是无形的。二者并不冲突，可以共存于犯罪概念的同一理论体系中。例如我国《禁毒法》第六章规定了涉毒行为的法律责任，每一条均表述为"有下列行为之一，构成犯罪的，依法追究刑事责任"。由于《禁毒法》采用的是引证罪状，是否构成毒品犯罪的具体情形仍须参见刑法典规定。这体现了犯罪的形式与实质往往合二为一，水乳交融，只有展示方式的差异，并无严格的区别与界限。犯罪的形式界定描述出犯罪的轮廓，让社会上的守法者能直观地领悟法律规范；而犯罪的实质界定体现出法律的精神，隐含于法条的内部，二者共存于刑法规范的统一框架中。

毒品犯罪概念的形式与实质不过是从实然与应然、司法与立法不同视角来认识毒品犯罪，各有其标准和功能，二者只有对应性而无对立性，客观上仍然是统一的。

第二章

毒品犯罪主观明知认定

"无责任则无刑罚"是近代刑法的一条基本公理，它强调成立犯罪要求行为人主观上具备有责性。这种心理要素表现在毒品犯罪中就是行为人的犯罪故意，其主观上明知自己的行为会对刑法所保护法益——不特定人的身心健康造成侵害或危险，仍采取积极或放任结果或危险发生的心态，与此同时该心态具有非难可能性，即法律谴责的可能性①。我国刑法规定毒品犯罪没有过失犯罪，对行为人故意的准确界定是科处刑罚的基础，具有重要刑法学意义。然而，随着新型毒品类型日渐丰富，毒品的物质属性往往超出常人的认知范围。毒品犯罪的严刑峻法使得犯罪嫌疑人往往拒不供述对毒品的明知，或者在侦查阶段供述明知后又在起诉、审判阶段翻供，上述种种均为司法机关证明行为人主观明知带来极大障碍和挑战。准确认定明知问题，不仅是毒品犯罪理论构建的需要，也是对人权尊重的一种普遍态度。这是成立毒品犯罪的基本前提，也是理论界和实务界需要深入研究和思考的难题。

---

① 基于责任内容要素性质的不同，形成了心理责任论和规范责任论不同的观点。心理责任论认为，当行为人具备了责任能力，如果再有故意和过失时，就可追究行为人的责任。而规范责任论则是在与法律规范的关系上把握责任。认为行为人除了具有故意或过失的心理要素外，还要求行为人在具体情况下具有实施其他适法行为的可能性，即期待可能性，否则不能给予责任非难。本书亦持规范责任论。

第一节 "明知"基本问题辨析

一、"明知"的含义

"明知"一词并非法律术语,它被表述在《刑法》总则的第14条中。刑法理论通说认为,故意包含认识因素与意志因素,明知就是我国刑法中"犯罪故意"中认识因素的表述。毒品犯罪不存在过失犯,行为人主观方面均表现为故意,即行为人明知危害结果的发生具有必然性或高度可能性,并持希望或放任的态度。这里,明知是一切故意犯罪在主观认识方面必须具备的特征,即使行为客观上造成某种危害后果,由于行为人在发出行为时对该结果并不明知,仍然不构成刑法上的故意犯罪。然而何谓明知?学者们见仁见智。有学者将其解释为"明确而清楚"地认识,用"明知""可知""不知"表达行为人不同程度上的认识状态。还有学者提出"明知"应当理解为"明明知道",强调行为人"虽知仍然违反"这一心理状态。我国唐代法律文献中已有相关规定,例如《唐律疏议》的《卫禁律》中规定了"故纵",其释文为:"'纵者',谓知其不合而听入,或知越垣而不禁。"①此处的故纵是指放纵,提出我国刑法中规定的"明知"是在"明知故犯"语境下使用该词。文义解释是刑法解释的基础,强调立足法律条文的字面含义理解词义。但自然语言的本质是模糊的,解释概念时往往要结合目的解释、历史解释等实质解释方法,探索立法者制定法条的初衷与目的,寻找法律规范背后的实质性含义。

刑法学通说理论将犯罪故意分为直接故意和间接故意,前者强调行为人的意欲、目的和希望,后者强调行为人的容认与放任。虽然通说认为认识因素并不决定意志因素,但事实表明,明确的认识是可以影响行为人意志因素的。例如,行为人甲意欲杀害乙,于是决定在乙每日乘坐的电梯缆绳上做手脚。而后,一日乙与丙一起乘坐电梯,甲为杀害乙,仍然将电梯缆绳割断,造成乙与丙同时摔落

---

① 参见王静:《犯罪故意中的明知研究》,吉林大学2017年博士学位论文。

身亡。在这里，甲对乙的死亡是一种积极追求的心理状态，对丙的死亡其实呈一种放任的心理状态。但能否就认为，甲对乙的死亡持直接故意而对丙的死亡持间接故意呢？答案是否定的。原因就在于一个人从高空坠落后生还的可能性极低，甲明确而清楚地知道丙在电梯上并无生还可能性，但仍然在二人乘坐电梯时采取行动，最终造成二人死亡，因此其意志因素不能理解为放任，甲对丙的死亡仍然是一种直接故意。毒品犯罪均为故意犯罪，甚至早期的刑法学者直接提出，毒品犯罪只能由直接故意构成。故此，将"明知"理解成行为人对其行为以及涉案要素——毒品所持有"明确而清楚"的认识状态，亦是可以说得通的。这也是当犯罪嫌疑人拒绝供述其主观上"明知"毒品时，往往难以被定罪的根本原因所在。

然而，当前刑法学界大多数学者认为，毒品犯罪并不排除存在间接故意的可能性。如果毒品犯罪行为人的主观方面仅表现为直接故意，那么意味着行为人对自己行为的性质、内容以及行为可能导致的后果都有着明确的认识。事实上，在帮助他人走私、运输毒品犯罪活动中，行为人对所携带物品的认识程度尚未达到明确而具体，往往是行为人为了赚钱而不计后果受他人雇佣运输"极有可能是毒品"的物品。对于运输者而言，他并没有希望该物为毒品的意志因素，甚至运输者往往不想甚至不愿去证明运输对象为毒品。即使在其身上或交通工具上确实发现了毒品，运输者的认识程度显然低于直接故意，其意志因素方面仅表现为一种放任的心态。正如于志刚教授所指，行为人在"主观上对于犯罪对象及其性质是一种既不确定又不排除的状态……其主观上属于间接故意"。①尽管《刑法》总论中确定了直接故意与间接故意的分类，但《刑法》分则规定的毒品犯罪罪名中均没有限定罪过形式，更未将毒品犯罪的主观方面限定为直接故意，那么行为人在实施毒品犯罪时完全可能持间接故意的心态。若是将毒品犯罪的罪过形态仅限定为直接故意，无疑会人为地缩小毒品犯罪成立的范围。而且对于受控运输毒品或者帮助他人购买毒品而非法持有毒品行为人来讲，司法机关需要证明其主观心态为希望而非放任，这无疑增加了司法追诉的难度。因此，毒品

---

① 参见于志刚：《"应当知道"与"可能知道"的差异与并存》，载《人民检察》2007年第21期，第35页。

犯罪故意的内容应当包括直接故意与间接故意两方面。当行为人对其实施的毒品犯罪持间接故意时，很难确定其主观上"清楚而明确"地知道，此时可将"明知"理解为"明知故犯"语境下的"明明知道"，强调的是行为人明知其行为的危害性但仍持有放纵的心理状态。那么，不论是对于直接故意下的"希望"还是对间接故意下的"放任"，均可以解释为"明知"。在此，之所以力图澄清"明知"，亦是为后续研究明知的内容与程度做铺垫。

综上可见，从认识层面看毒品犯罪主观故意即表现为毒品犯罪的"主观明知"，是指行为人对行为对象、行为后果以及行为与结果间的因果关系的认识。在明知的程度上，行为人可以是确定的明知，也可以是间接故意下放任的明知。

二、"明知"的对象

行为人明知犯罪对象是毒品，这是毒品犯罪成立的前提。但行为人对毒品的"明知"究竟是概括性明知还是需要具体到毒品的种类，这是一个值得研究和探讨的问题。

司法实践中，普遍认为"明知+物（毒品）"是对行为人刑事归责的事实基础。归责的前提是行为人了解"物"的存在，如果根本不知道"物"的存在，当然也不存在认识。如犯罪分子趁空姐上卫生间的工夫，将毒品藏匿于放置在卫生间门外的箱子中。而后过关检查时查到毒品，不能认为空姐对毒品是"明知"。但在缉毒实践中，特别是在运输毒品案件中，行为人往往是在彼此心照不宣的情形下完成犯罪，根本不用明示犯罪对象，此种情形下如何认定行为人的主观方面？在缉毒实践中，每每遭遇此种情形，往往由于欠缺犯罪主观要件的证明而导致撤销起诉。实务工作者不免发出诘问："明知"的对象究竟为何？实践亟须向理论求解。

关于这一问题，学者们贡献了见仁见智的诸多观点。有学者提出，行为人知道是毒品就已经符合成立毒品犯罪的主观要件，无须具体认识毒品的名称、化学成分以及效用等具体性质。本书称该观点为"单纯毒品认知说"。也有学者认为，行为人"明知"毒品应当具体到毒品的种类。贩卖海洛因与贩卖曲马多的社会危害性显然不同，对不同种类毒品的认识可折射出行为人主观恶性不同。如果认识主体对"毒品"的认识，脱离了它的种类、名称及物质属性，那么这种认识不过是一种抽象的甚至模糊的意象而已，本书称其为"毒品种类认知说"。还有一部分司法工作者认为，毒品犯罪被告人的犯罪故意不仅包括直接故意，也包括间接故意。间接故意是指行为人的放任、认可的心理状态。行为人可能认识到行为指向的对象为毒品，也可能只是怀疑毒品的存在，但是只要有证据证明行为人概括地认识到其行为指向的对象是毒品即可，认识到其行为可能是法律禁止的，即属于具备了不法意识，本书称该观点为"概括性认识说"。

上海市高级人民法院在《关于审理毒品犯罪案件具体应用法律若干问题的意见》中第一次提出"概括性认识"这一概念，具体含义是指在运输毒品犯罪案件中，行为人只要认识到其行为可能是法律禁止的，那么他已经具备了不法意识，具有刑事可归责性。法官只要根据行为人获取高额的运输报酬、放置物品地点与包装物品方式隐蔽、运输行为路线不符合常规等标准，即可判断行为人对该运输之物是毒品具有"概括性认识"，行为人就成立运输毒品罪。此外，还有司法工作者提出在陪同他人贩卖毒品和受指使贩卖毒品情形下，也可以适用"概括性认识"来解决行为人主观明知的认定问题。"概括性认识"这一提法确实缓解了对明知的证明困难，但同时也饱受争议。从本质上讲，这已经无须证明行为人明知毒品，改变了主观要件内容，是对"明知"概念的异化。甚至有学者提出质疑，像"上海意见"这种层次的规范性文件是否有变更犯罪构成要件的权力？① "违法物"一词的外延过于庞大，毒品只是违法物的一种，行为人如果走私枪支、弹药等受管控的违法物品时同样可能满足上述"概括性认识"的判断条件。单纯以此标准认定行为人对毒品的明知，显然不够客观准确。

当前，我国司法实务部门普遍认同"单纯毒品认知说"，认为行为人只要明知行为涉及的对象是毒品即可，明知无须涵盖毒品的种类。然而，这种观点还需商榷。

---

① 褚福民：《证明困难的解决模式——以毒品犯罪明知为例的分析》，载《当代法学》2010年第2期，第108页。

通常来讲，海洛因、甲基苯丙胺、氯胺酮等概念是以事实描述为表现的记述构成要件要素，概念相对明确而具体。如果行为人明知的对象为"海洛因"，那么法官即可判断或认定行为人"明知"的内容属于犯罪构成要件中不可或缺的危害事实。而"毒品"作为海洛因、甲基苯丙胺、氯胺酮等具体物质的上位概念，却是一个规范的构成要件要素。记述的构成要件要素与规范的构成要件要素的区分在于事实与规范的二元分立，易言之，事实可以依据经验认知，而规范却无法运用经验法则检验。尽管有学者指出"《刑法》中的'毒品'属于记述的构成要素，只要遵循一般的经验法则与认识活动即可得到结论，如果结论肯定就证明存在特定的法益侵害"①，但笔者持不同看法。刑法对不同种类毒品设置不同法定刑的意义就在于，不同种类的毒品具有不同的社会意义，其法益侵害性的评价亦不相同。法官不能仅根据"毒品"一词即对案件性质进行判断和评价，仍需进一步就具体的事实关系进行判断与评价，而该"具体事实关系"即该毒品究竟是何种类。毒品的具体种类属于毒品规范属性的一项重要内容，也是人们认识规范意义上的毒品的最低限度要求。如果行为人对毒品的认识达不到具体种类的要求，有时就无法证明行为人认识到的是立法者想要使刑法规范保护涉及的具体事实。②正因如此，人们对毒品的认识，存在着立足于其物质属性的事实概念与依托于价值判断的法律概念双重认识。在这里我们需要思考，作为事实概念存在的毒品，是否能脱离其种类而孤立地具有可认识性。日本学者前田雅英指出，"形式化理解毒品，即不要求认识到该物质的名称和属性……由于缺少了名称等具体属性的认识的要求，可能会导致故意的概念'稀薄化'之虞"③。当行为人既不了解其所生产、制造或持有的物品之具体名称、事物种类，同时不了解该物质的化学成分及可能产生的效用，其"毒品"概念的内涵可能亦有所他指，产生认识错误。就毒品事实概念而言，它当属一种能使人产

---

① 参见张明楷：《规范的构成要件要素》，载《法学研究》2007年第5期，第80页。

② [德]汉斯·海因里希·耶赛克、托马斯·魏根特著：《德国刑法教科书》，徐久生译，中国法制出版社2001年版，第356页。

③ 参见[日]前田雅英：《覚せい剤事犯の多発化と刑法理論》，载《刑法杂志》2010年第27卷第2期，第414页-416页。

生瘾癖并且不易戒断，非出于医疗目的反复使用，对个人、社会及国家均产生严重危害的自然物质或化学合成物品。如果剥离了毒品这些具体的属性，那么对毒品的认识则不可避免地趋于形式化，成为前田雅英所说的"裸的事实"。那么毒品海洛因与咖啡因的区别不过是淡黄色粉末与白色粉末的区别一样，没有任何意义。①

　　关于毒品种类的认识与毒品犯罪定罪还密切相关。尽管我国刑法规定了走私、贩卖、运输、制造毒品犯罪为行为犯而非数额犯，但这一规定仍然受到"但书"条款限制。在理解《刑法》第三百四十七条规定时，就不能机械地理解为走私、贩卖、运输、制造数量极少的毒品也将处以刑罚，否则入罪功能相对出罪功能有着巨大优势，潜含着侵犯人权的巨大隐患。毒品的种类不同，法益的侵害性也不同，对不同种类毒品的认识亦折射出行为人主观恶性的不同。法益的侵害程度和主观恶性的统一才应当是刑事责任正当化基础。当前，我国刑法之所以未对毒品分级管控，而是将各种类毒品与海洛因进行简单折算，主要是出于立法技术之考虑。但认识到毒品为海洛因而贩卖与认识到毒品是可待因而贩卖，其主观恶性显然不能同日而语。如果在毒品犯罪成立问题上，不要求犯罪嫌疑人明知涉及毒品的种类，那么其量刑逻辑是这样的：以贩卖毒品罪为例，行为人主观上明知其贩卖的物质为毒品，实际上也有贩卖行为，因此构成贩卖毒品罪。而后对其贩卖的物质进行鉴定，确定其具体种类，然而折算成同比海洛因的数量，最终以刑法规定的海洛因的量刑幅度对刑事被告人进行量刑。但若仔细推敲这一推论过程及结论，行为的责任内容未免显得过于单薄。现有医学和司法实践已经证明，毒品的种类不同，成分不同，成瘾性、戒断性及危害性均大相径庭。应当指出的是，在我国1997年《刑法》颁布之时，我国的毒品种类并未像当前如此繁杂多样，随着制毒技术的翻新及策划毒品涌现，我国的毒品种类呈现越来越多之趋势。而《2018年中国毒品形势报告》已指出，当前国内毒品来源多元化、毒品种类多样化趋势更加明显，而这种不分毒品种类的简单折算远远不能体现出毒品的成瘾

---

　　① 实践中曾经有类似的案例，犯罪嫌疑人明知其持有并使用的物质为"神仙水"，但对该神仙水的具体成分及物质属性均不了解。此时，很难认定行为人对持有的毒品具有主观明知。

性、戒断性及危害性。通常，一个国家可能基于历史原因、意识形态或是道德标准，由此将某些物品添加至"毒品"列表中进行管制，这种情形并不少见。例如，当前我国滥用罂粟壳的人数极少，且对于使用者而言，其食用或药用价值远远高出其成瘾危害性。但由于鸦片长期以来一直受到管制，而罂粟壳与鸦片同为罂粟植物的产物，因此亦一直作为毒品进行管制。由于其危害性并不完全符合管制的正当性，只是通过对该类物质的管制实现普遍的道德或者历史认同，而历史因素并不是刑法对毒品进行管制的必要条件。所以，关于罂粟壳的毒品属性向来是有争议的。[①]如果毒品的种类不属于行为人的认识要素，那么当行为人明知贩卖的是毒品，且客观上实施了贩卖（少量罂粟壳的）行为，在犯罪成立问题上也谈不上事实认识错误，且作为构成要件事实的毒品又不要求认识其具体的种类，由此就判断行为人构成贩卖毒品罪，这无疑与《刑法》第十三条的"但书"规定是相悖的。

毒品种类的不同通常也关系着不同的法定刑配置，故此它应当属于故意的明知内容。我国刑法规定走私、贩卖、运输、制造毒品罪具有三个档次的法定刑，并且对不同种类毒品规定了不同的数量标准。[②]其隐含的结论即毒品种类不同，其社会危害性不同。行为人对毒品认知不同，其主观恶性亦不同。既然毒品的具体种类作为量刑的基础和要素，那么就应当属于主观明知的内容。正如德国学者耶赛克指出："此外，故意还必须涉及对特别严重情况所规定的范例，此等范例不属于构成要件，只是量刑的依据。"[③]

---

① 鉴于此，《治安管理处罚法》中将贩卖少量罂粟壳的行为规定为治安违法行为，隐含的结论就是，该行为不作为犯罪处理。

② 关于《刑法》第三百四十七条第一款第一项的"其他毒品数量大"、第三款的"其他毒品数量较大"以及第四款的"情节严重的认定"，可参见最高人民法院2000年6月6日《关于审理毒品案件定罪量刑标准有关问题的解释》第1-3条，以及2016年最高人民法院《关于审理毒品犯罪案件适用法律若干问题的解释》第1-2条。

③ [德]汉斯·海因里希·耶赛克、托马斯·魏根特著：《德国刑法教科书》，徐久生译，中国法制出版社2001年版，第357页。耶赛克在此针对的是结果加重犯，所以其声称加重情形不属于构成要件。但本书坚持毒品的具体种类既是犯罪构成要件要素，也是量刑依据，二者是一事物的两面，并不矛盾。

从故意的一般理论来看，毒品犯罪的主观明知亦应当具体至毒品的种类。海洛因、鸦片、甲基苯丙胺等概念是作为具体事实而存在的，不需要法官进行个人评价。而毒品作为海洛因、甲基苯丙胺、氯胺酮等具体物质的上位概念，是一个规范的构成要件要素。法官不能仅根据"毒品"一词即对案件性质进行判断和评价，仍需进一步就具体的事实关系进行判断与评价，而"具体事实关系"即指毒品应属的种类。毒品的具体种类属于毒品规范属性的一项重要内容，也是人们认识规范意义上毒品的最低限度要求。如果行为人对毒品的认识达不到种类的要求，有时就无法证明行为人认识到的也是立法者动用刑法规范予以规制的事物。当前我国缉毒司法实践中的真实案例亦佐证这一结论。在一起贩卖冰毒的案件中，犯罪嫌疑人在审讯时供述其贩卖的毒品为"冰"，而侦查员并未进一步明确"冰"的概念而直接在讯问笔录中记述为"冰毒"。到了审查起诉阶段，被告人翻供其贩卖之物为"冰糖"而非"冰毒"，是侦查员擅自做主地理解为"冰毒"而记录。最后该案因该证据瑕疵而撤销案件。当前缉毒部门在办理毒品案件时，发现毒品可疑物后，进行的司法鉴定出具的意见均需表述为具体的毒品种类，如"含有吗啡成分""含有甲基苯丙胺成分"等，而不是泛泛表述为含有"毒品成分"。

综上所述，毒品的种类属性应当属于认识要素，是"明知"的重要内容，亦是行为人基于对违法物的认知而承担刑事责任的道义基础。特别是在贩卖毒品案件中，毒品的种类不同，法益的侵害性程度亦不同，对不同种类毒品的认识亦折射出行为人主观恶性的不同。法益的侵害程度和主观恶性的统一才应当是刑事责任正当化基础。当前，我国出于立法技术考虑未对毒品分级管控，仅是将各种类毒品与海洛因进行简单折算，但明知海洛因而贩卖与明知可待因而贩卖，其主观恶性显然不能同日而语。因此，就贩卖毒品案件而言，毒品种类应当属于主观明知的内容。

诚然，运输毒品案件有其自身的特殊性，当犯罪嫌疑人拒绝供述明知毒品，与此同时又没有其他证据证明其明知毒品，是否就必然因证据不足而撤销起诉呢？这里可结合案件具体情况做具体问题具体分析。即使行为人自称不知毒品，但根据行为人自身的社会阅历、运输方式与路线、面部表情、肢体运作、收取报酬情况以及毒品藏匿地点等具体因素来判断，行为人有认识犯罪对象是毒品的可能性，那么亦可认定明知。此处需要注意两点：一是判定的要素需要有充足的证据证明；二是证明的落脚点仍然是"犯罪对象是毒品"而不是"违法物"。

在缉毒司法实践中，常常会遭遇行为人认识错误的情形，例如行为人知道其行为对象为毒品，但错误地认识了毒品的种类，此种情形该当如何处理？例如新型毒品"神仙水"的主要成分通常为氯胺酮，但毒品市场中亦有用甲基苯丙胺勾兑而成的液体同样冠名"神仙水"。二者的危害性不同，折算海洛因的比例亦不同。行为人承认其贩卖"神仙水"但并不知其贩卖的是含有甲基苯丙胺成分的"神仙水"即为该种情形。这种认识错误仍属同一犯罪构成要件之内，按照法定符合说的观点，不阻却犯罪成立，仍然构成贩卖毒品罪。通常情形下"神仙水"的主要成分均为氯胺酮，那么在适用法定刑时，可本着有利于被告人的原则依其明知的内容决定其罪责。我国台湾刑法学界的"所犯重于所知，从其所知；所犯轻于所知，从其所犯"的原则就阐释了这一法理。

在某种特定情形下，错误地认识毒品种类也可能影响定罪。例如"摇头丸"是毒品的俗称，通常指含有MDMA、MDA及MEA的一类毒品。但偶尔也会有贩毒分子将甲基苯丙胺片剂称作"摇头丸"进行贩卖。如果行为人供述其持有之物为含有MDMA的"摇头丸"10克，但实际上该物经鉴定为甲基苯丙胺片剂，这一情形如何处理？这一事实较之前例更为复杂，因为非法持有毒品罪是数额犯，当行为人持有的毒品数量未达到法定标准不构成犯罪。关于这种认识错误的处理，依据抽象的事实认识错误处理原则较为妥当，在具有归责可能性的范畴内认定犯罪。具言之，就是在故意内容与客观事实相符合的范围内认定犯罪，而不是仅基于其认识内容或行为本身。例如本案中，行为人的客观行为是重罪，但若基于其主观认识来判断行为则为违法行为（或者在某些场合下是轻罪），那么评价其行为时，就应当结合行为人的经验以及当时所处的情境来判断他是否具有辨别该物的可能性。如果不具有期待可能性，就应当认定轻罪的既遂。如《唐律·名例律》规定："其本应重而犯时不知者依凡论，本应轻者听从本。"这里的"本"就是犯罪事实。罪刑责相适应原则要求依据行为人的认识和意欲范围决定其承担责任的范围，本案仍然以行为人持有含有 MDMA 成分的"摇头丸"认定。

三、"明知"的程度

毒品犯罪成立的主观方面要求行为人明知毒品，但明知需要达到何种程度，刑法学界众说纷纭，观点见仁见智。

通常，人们使用"程度"表达事物发展所达到的计量或水平，明知的程度其实就是指行为人对事实或结果发生的盖然性认识。主观明知程度的难证性从以下案例可见一斑。在越南女子范黄某某走私毒品案件[①]中，被告人范黄某某受好友阿丽所托，帮助其将一箱衣服从胡志明市运输至昆明，约定运费为 500 美元。由于运输费用高于寻常，范黄某某也曾经怀疑过箱子和衣服有问题，运输前打开行李箱仔细检查并未发现任何异常。而后，范黄某某乘坐飞机由越南飞往中国昆明，在昆明机场通过海关时行李箱被截获。经检查发现，这是一个改装过的行李箱，箱子夹层中藏匿毒品海洛因，称量共计 311 克。庭审中，范黄某某的辩护律师提出，范黄某某作为一名普通人很难在这样一个经过高技术工艺改装的箱子中发现藏匿的毒品，因此判定被告人主观上并不明知，不构成走私毒品罪。在案件审理中，合议庭内法官也存在两种观点，主要分歧为本案当事人是否"明知"毒品，行为人的认识需要达到何种程度才符合犯罪构成的主观要件。学界和实务界存有不同看法，而这均源自立场不同，对主观明知的认识亦是不同。

关于明知的程度，刑法学界有以下几种观点：

明确知道、应当知道与可能知道说。代表人物于志刚教授提出，国内普遍存在着对"明知"的固化性理解。除了明确知道外，"可能知道"亦属于明知的一种类型，后者表达了行为人内心的一种盖然性认识或者说概括认识程度。并提出行为人对毒品有"明确知道"

---

① 案例是笔者从央视社会与法制频道于 2009 年 6 月播放的节目《第 1 线》中截取的内容。

与"应当知道"①之分，前者是"自认的知道"，后者是"推定的知道"。

确知、实知与或知说。代表人物为周光权教授，他提出将明知进行分级，以此反映认识程度的强弱。确知是指行为人肯定地、清晰地知道，实知是指行为人事实上知道，或知是指行为人可能知道，理论上也属于明知的一种类型。但由于或知也存在可能不知道的情形，因此论者强调，此处的或知是指可能知道的概率远远高于可能不知。因为刑法永远关注的是确定的一面，不确定的一面在刑法上并无多大意义。

确知说与怀疑说。该说认为，确知是指确定知道是毒品，但也包括怀疑可能是毒品。只要行为人对其运输、携带、持有的物品主观上怀疑为毒品，而事实上又确实查获了毒品，即可认定为"明知"。

证明的明知与推定的明知说。该说认为，行为人对毒品的明知包括"知道"与"应当知道"，但前者是可以运用证据证明的明知，而后者为司法机关根据一定的客观事实，认为行为人应当知道从而推定其明知。

通过梳理上述观点可知：

第一，"明确知道"一词可以作为毒品犯罪主观"明知"的下位概念，但"可能知道"不能用来表达"明知"。这种表达存在着逻辑错误，在形式逻辑中，"可能知道"与"可能不知道"并非逻辑矛盾的命题，"可能知道"的真推导不出"可能不知道"的假。而且"可能知道"本质上是以司法者的认识取代了行为人的认识。行为人的"明知"是他个人的认识状态，因此在判断其是否存在"明知"时，应当站在行为人的主观立场，以行为人自身对构成要件事实出现概率的判断达到何种程度来认定他的明知。从实然层面上看，行为人知就是知，不知就是不知，并无"可能知道"这一状态。这一概念其实为司法者以个人主观认识来判断客观事实存在的概率大小，那么这种明知是经不起推敲的，因为本着疑罪从无的原则，"可能明知"不能认定"明知"成立。

第二，毒品犯罪中的"明知"可以理解为"应当知道"。这一点

① 具体参见2007年出台的《最高人民法院、最高人民检察院、公安部关于办理毒品犯罪案件适用法律若干问题的意见》。该《意见》将明知解释为"知道"和"应当知道"，并设置了八种可以认定犯罪嫌疑人"应当知道"的情形。

已经从相关法律文件中得到证实，如2007年最高人民法院、最高人民检察院、公安部印发的《关于办理毒品犯罪案件适用法律若干问题的意见》（以下简称"两高一部意见"）和《全国部分法院审理毒品犯罪案件工作座谈会纪要》（以下简称"大连会议纪要"）中均将"知道"与"应当知道"作为"明知"的下位概念进行解释。①但这种将"应当知道"拟制为"明知"的做法饱受争议，例如有学者就提出将"明知毒品"解释为"应当知道"是违背主客观相统一原则的。虽然"明知"是刑事实体法范畴中犯罪的主观构成要件，但对它的认定或证明往往是在刑事程序法范畴下进行。如果存在直接证据，司法者自然可以直接证明行为人"明确知道"。但毒品犯罪司法实践中，往往还会运用推定的方式认定行为人"应当知道"。从这一意义上讲，"应当知道"不是"应当知道但不知道"，而是根据客观事实推定的"明知"，即根据经验法则在当前情境下排除行为人"不知"的可能性。它不是对"明知毒品"的含义进行实体性揭示，而是站在诉讼法视角对认定明知提出了相对宽松的证据要求。只是在理解"应当知道"时应当注意："应当知道"必须在罪刑法定原则的基础上认定，并不是仅从法律层面规定行为人"应当知道"，而事实层面上毫无证据证明，甚至已有证据证明行为人"不知"。"应当知道"是在诉讼法范畴下认定行为人"明知"，只是在证据方面提出了更为宽松的要求，而不是说"应当知道"就是一种程度较低的明知。

对认识程度的高低进行分类非常有意义，喻示着司法者须摒弃对行为人犯罪故意中的认识因素不加区分的做法，而应当将刑法与刑事诉讼法结合，认识到明知的抽象可能性、明知的现实可能性和明知的必然性表达着不同程度上的明知分类，进而在量刑时应差别对待。回到本节初的案例，由于范黄某某提到的阿丽始终无法查证，云南是我国毒品犯罪高发地区，而且越南—昆明也是金三角毒品运输的主要线路。范黄某某是一名智商正常的成年人，应当知道空箱的重量，在高额运费诱惑下仍然愿意携带物品过境，可判定其主观上"应当知道"是毒品。最终，法庭以走私毒品罪判处范黄某某无期徒刑。

①　"两高一部意见"中以列举方式规定了可以认定行为人"应当知道"的条件；"大连会议纪要"在条文最后也提出，"有其他证据足以认定行为人应当知道的"，可以认定其明知毒品。

四、"明知"应否涵摄违法性

实践中，行为人尽管明知其持有或携带的物品，也明知其行为的性质与后果，但却不知持有的该物品为受法律管控的毒品，亦不知自己的行为实为法律所不容许，此时该当如何处理？例如，行为人不知罂粟壳其实为国家规定管制的麻醉药品进而大量购买、运输，并当作香料在火锅中大量添加使用，即指这种情形。由此带来思考，违法性认识是否为毒品犯罪行为人明知的内容。我国刑法理论的通说观点是"违法性认识不要说"。因为只有"明知行为及结果"才是犯罪故意的认识内容，行为人认识到犯罪事实即可成立犯罪，无须额外增添违法性认识。然而，随着社会发展，普通民众寡闻少见的法定犯越来越多地出现在现代生活中。在药品安全、环保、禁毒等领域中，并非每一项法律规范都有其显而易见的伦理基础，譬如当今被列管的许多毒品就不是为大众所周知，普通民众无法根据生活常识即可实现"知法推定"，以社会同质性为基础的"知法拟制"受到前所未有的挑战。于是学界在通说观点外提出例外规定[1]，即当某一行为原本未受刑法规制但却在特定情形下为刑法所禁止，而行为人确实无从知悉该禁止性规定，那么行为人实施该行为，则基于欠缺违法性认识而不认为具有犯罪故意。

客观来讲，通说观点本身就存在令人诟病之处。如果"不知法不免责"是铁一般的刑法规定，那么欠缺违法性认识究竟是不是阻却毒品犯罪成立的条件？研究毒品犯罪的主观明知，这些问题不可回避。

首先，违法性认识并不属于故意的认识因素。所谓故意，是指行为人对自己行为以及行为能够产生何种法律后果的认识。具体在毒品犯罪中，行为对象（毒品、制毒物品或与毒品相关的人或财物）、行为本身（非法持有毒品还是运输毒品）、行为结果等客观事实才是具有刑法意义的构成要件事实，对上述内容欠缺认识是不可能成立故意犯罪。例如，行为人在受蒙骗的情形下帮助他人运输毒品，由于行为人欠缺对携带对象——毒品的明知，因此就不能认定

---

① 王作富主编：《刑法学》（第2版），中国人民大学出版社2004年第2版，第88页。

其成立运输毒品罪。而毒品犯罪的违法性认识强调行为人不仅明知其行为对象为毒品（制毒物品或与毒品相关的人或财物），同时明知其行为属法律禁止之范畴，属于刑法上的犯罪。如行为人明知其贩卖的物质为可待因，但不知可待因是法律所禁止的毒品，此情形即为前者适例；行为人明知制造毒品海洛因行为是毒品犯罪行为，但却不知为他人勾兑海洛因溶液行为属于制毒品行为即为后者适例。违法性认识的意思是，行为人对自己的行为破坏法律秩序并对保护法益造成侵害的一种明知，其认识的对象是法律规范。这与犯罪故意涉及的"事实性认识"完全是性质不同的事物。对此，福田平等学者认为，"事实性故意是构成要件的要素……违法性认识应看作规范性意识……应将两者作为不同的东西来把握。"① 这说明违法性认识不是犯罪故意的要素。

违法性认识虽然不是故意的要素，但却是责任要素，它仍然是行为人需要"明知"的内容。刑事归责需要证明主观上具有违法性认识。

早期社会尚未产生细致的职业分工，"维系社会得以存在的是人与人之间的相似性"②，刑法为保护这种共同价值而存在，"知法推定"有其伦理性基础。然而在现代刑法理论中，对欠缺违法性认识的行为人进行刑法上的非难，势必带来诸多问题。毒品犯罪从其本质来讲，缺乏直观危险性和后果现实性，除了引诱、教唆、欺骗和强迫他人吸毒等直接侵犯他人人身权利的犯罪外，其他毒品犯罪的实害性不明显，其伦理可谴责性比其他诸如杀人、伤害等自然犯小得多。而且，毒品本身就是一个历史范畴的概念，其内涵及外延均处于不断发展变化中，一些软性毒品在日常生活中极为常见，例如咖啡因的伦理色彩极淡。违法性认识是非难的前提，如果没有违法性认识的可能性，就没有非难可能性。毒品犯罪刑事立法目的并非为了单纯惩罚涉毒行为者，而是力图借助刑法规制阻却行为人犯意的产生，进而减少毒品交易或其他毒品犯罪，最大限度防止和减少毒品对公众健康造成的损害。如果行为人因为欠缺对法律规范及法

① 参见冯军著：《刑事责任论》，法律出版社1996年版，第218页。
② [法]埃米尔·涂尔干著：《社会分工论》，梁东译，生活·读书·新知三联书店2000年版，第42页。

律后果的预见可能性却遭受刑罚的惩戒，那么惩罚无疑是蛮横的，更谈不上刑罚本身的预防犯罪功能。

因此，毒品犯罪主观明知应当涵摄违法性认识。如果证实行为人主观上欠缺违法性认识（或违法性认识的可能性），行为人无须接受刑罚，但可能会受到治安处罚（罚款或行政拘留）。符合犯罪构成要件的行为是法秩序对其否定性评价的结果，该行为最终作为犯罪接受刑罚，还需要经过责任阶层的检验。[①]违法性认识不是故意的要素，而是"责任要素"。违法性欠缺导致对行为人无法处以刑事责任。

第二节　"主观明知"认定难的现实困境

一、证明环节存在的疑难

（一）探诸主观真实的局限性

刑事实体法要实现其刑罚机能，需要将犯罪嫌疑人"转化为罪犯"，依照主客观相一致原则，需要证明行为符合客观要件和主观要件两方面才能成立犯罪，才能对其定罪处罚。危害行为表现在外，直观可察，证据易得，证明相对容易把握。但行为人构成犯罪还要求其主观上具有罪过，存在犯意且具有可归责性，即"除了少量严格责任情形外，要构成某罪不仅要证明被告人的犯罪行为，更要证明被告人的犯罪心理"[②]。然而，犯意是一种存在于行为人脑海中的意识，难以让他人认识和把握，在没有行为人自白的情形下来探求其主观世界的真实性，其困难程度可想而知。特别是在某些情形下，行为人本身对其活动时的心理状态亦无法精准把握。许多犯罪行为是在行为人放任的意志要素下实施，行为人对犯罪对象的认识本就持有一种不甚具体的概括性认识。比如在走私或运输毒品犯罪中，

---

① 赵星：《再论违法性认识》，载《法学论坛》2016年第6期，第35页。
② [美]约书亚·德雷斯勒著：《美国刑法精解》，王秀梅等译，北京大学出版社2009年版，第106页。

毒品往往被精心伪装或隐藏，运输者根本无法直观目测到运输物品的内容，只是觊觎高额运输费用抱着一丝幻想与侥幸心理而从事运输，对其持有或运输的物品确实是一种概括的违法性认识。当行为人被公安机关抓获后，通常会否认其对犯罪对象——毒品或毒赃的认识，进而否定自己对行为、结果以及社会危害性的认识。毒品犯罪中的主观明知除了表现在对"物"的明知外，有时也表现为行为人对他人行为的明知。如《刑法》第三百五十条第二款规定，明知他人制造毒品而为其提供制毒物品的，以制造毒品罪的共犯论处。在实践中，提供制毒物品的行为人通常会矢口否认明知供货对象为制毒人员，即使其明知供货对象为涉毒人员，但亦难以判断此次购毒行为是否用于制造毒品，在这种情形下想要清楚地证明犯罪嫌疑人的主观明知可谓难上加难。

而且，即使犯罪嫌疑人在接受公安机关讯问时，交代了自己的主观认知，但在经历起诉、审判阶段时，通常均会翻供，这也导致缺乏可靠的证据直接证明犯罪嫌疑人、被告人的主观明知。而作为第三人的司法者要探求行为人内心，要通过他的外在行为，通过有限的客观证据去"揣测"推断其主观内心活动，可谓学界和实践中公认的难题。正如有学者指出，明知作为人的内心活动，即使再发达的科学技术亦无法将其客观展现出来，而任何试图展示或表现其内容的判断方法，实质上都是一种揣测。通过客观资料便能直接认识心理活动的时代还没有到来（或许永远不会到来）[1]。

（二）如实供述奖赏的欠缺性

当前，为应对毒品犯罪持续高发的严峻态势，立法上对毒品犯罪的犯罪圈划定范围更广。具体体现为，首先，毒品范围越来越广。除传统的受管制的麻醉药品和精神药品属于毒品范畴外，制毒物品、新精神活性物质等毒品类似物越来越多地被纳入管制范围，而且刑罚上也倾向于严刑重法。其次，我国刑事立法对毒品犯罪的法定刑均配置了较高的刑罚，如运输毒品罪的法定最高刑为死刑，非法持有毒品罪的法定最高刑为无期徒刑。此外还降低了入罪门槛，如行

---

[1] 康怀宇著：《刑事主观事实证明问题研究》，法律出版社2010年版，第27页。

为人在两年内三次容留他人吸毒即可构成容留他人吸毒罪。一方面是罪刑设置偏重，另一方面出于保障人权的需要，法官在考量行为人主观明知时更加慎重。证明行为人主观明知的传统方法同时也是最为有效的方法就是被告人供述，但另一方面行为人的如实供述背后却又缺乏相应的激励措施。"如实供述"是在《刑法修正案（八）》颁布实施时才被确认为坦白情节，从而成为法定从轻情节，然而坦白可以从轻的幅度又非常有限。①司法实践中，如果行为人走私、贩卖、运输、制造毒品海洛因数量达到50克以上即可能达到判处死刑的标准。而现实中，多数行为人实施毒品犯罪时，涉案的毒品数量少则几百克，动辄上千克，而像云南、广东等毒品犯罪高发地，贩卖、运输毒品的数量甚至以吨计。犯罪嫌疑人可能被判的刑期往往是无期徒刑、死刑缓期执行乃至死刑。此时所谓的减少"20%"，对行为人毫无意义。于是，从举证的角度来看，除非行为人亲口供述否则很难证明"明知、确知"的情形下，期待行为人的供述几乎是不可能的事情。根据以往的经验证明，如实供述、主动交代的行为人往往被课以重刑，而拒绝供述或供述后又翻供的，反倒有了逃脱刑罚的机会。趋利避害是人的本性，在此情形下想获取犯罪嫌疑人的供述来直接证明他的主观明知，无疑是与虎谋皮之举。

（三）言词性证据的失真性

证明犯罪嫌疑人、被告人的主观上是否明知，最直接的证据是口供。但由于主观方面的明知、目的存在于行为人的头脑中，当嫌疑人、被告人不承认自己具有特定的主观意识，而其他能发挥证明

---

① 具体可参见广东省高级人民法院颁布的《〈关于常见犯罪的量刑指导意见〉实施细则》，其中第十五条规定：对于坦白情节，综合考虑如实供述罪行的阶段、程度、罪行轻重以及悔罪程度等情况，确定从宽的幅度。（1）如实供述自己罪行的，可以减少基准刑的20%以下；（2）如实供述司法机关尚未掌握的同种较重罪行的，可以减少基准刑的10%-30%；（3）因如实供述自己罪行，避免特别严重后果发生的，可以减少基准刑的30%-50%。但事实上，司法实践中针对严重犯罪，被告人如实供述一般并不会避免何种严重后果发生，被告人如实供述可能被予以减少刑期的范围一般都掌握在基准刑的20%以下执行。

作用的证据又非常少的情形下，极易产生证明困难。在毒品犯罪案件中，大多数贩毒人员或者制毒人员或者帮助制毒的技术人员，通常为实施毒品犯罪的惯犯、再犯，他们熟悉禁毒法律，而且之前与侦查人员打过交道，有过抗供、拒供和翻供的经历，他们一旦被抓获，极易在主要证据比如证明其主观明知的证据上三缄其口，或者推卸责任，其言词证据真实性很小。特别是我国《刑事诉讼法》第五十条规定了"不得强迫任何人证实自己有罪"。第五十四条规定了非法证据排除规则。近年来，随着人权保障意识的增强，司法实践中越来越强调重证据，重调查研究，改变"口供至上"的观念和做法。强调司法审判注重实物证据的审查和运用，当只有被告人供述，没有其他证据的，不能认定被告人有罪。毒品犯罪相对于其他刑事案件而言，最为特殊的一点就在于这类案件证据少，"孤证"或"一对一"案件多，存在诸多证据充分与否的疑问。刑事诉讼法赋予侦查人员的侦查权利不仅未扩大，而是越发采取限缩与控制的态度，对可能导致侵犯人权的技术手段更加充满警惕与限制。一方面是刑事诉讼中依赖被告人供述的局面并未得到改善，另一方面，能够直接证明行为人主观明知的供述更加不易获取，势必造成明知的证明困境。这种困难直接导致案件事实无法认定，实践中不乏这样的案例，被告人不承认自己明知携带的物品是毒品，因此无法认定毒品犯罪的主观方面，进而无法认定被告人构成毒品犯罪。

二、推定适用存在的疑难

明知是犯罪的主观构成要件，属刑事实体法范畴，但"明知"总是需要从刑事程序法范畴予以认定。证明方法规范严谨，无论是从保障刑事实体正义、实现司法理性以及保障被告人权利的目标来看，均为刑事诉讼最为理想的模式。然而一些情形下，案件事实无法直接运用证据加以证明，在司法工作者与学界专家的大力推崇下，刑事推定成为解决证明困难的一剂良方。刑事推定，顾名思义，即指刑事法中的推定。有学者在证据法学视域下研究推定①，也有学者

---

① 江伟主编：《证据法学》，法律出版社1999年版，第124页。

从刑事一体化视角，视推定乃刑事实体法与刑事程序法的联结点。[①] 推定既是一个程序问题，也是一个实体问题。在程序法领域，它是证明的辅助方法。但推定也关注实体性内容，它是对实体性待证事实的一种认定。在缉毒实践中，最突出的证明困难就是证明行为人明知毒品，于是推定在解决这一问题中发挥着巨大的作用。然而，与实践中广泛运用推定形成鲜明对比的学界对推定问题的审慎态度，关于推定仍然存在诸多问题需要进一步探讨与解决。

（一）推定属性之辩争

作为贯穿刑事实体法与程序法的桥梁，"推定"广泛运用在诉讼程序中，但对该词的解释至今仍旧语焉不详。有学者将其理解为推断、假定，有学者将推定理解为事实间的关系，还有学者认为，推定属于间接证据证明。正如德国学者罗森贝克所言，推定的概念是如此混乱，迄今为止人们仍不能对其成功阐释。在毒品犯罪实践中，推定被广泛地运用着，但争议也一直存在着。具体表现为：

推定的属性众说纷纭。涉及毒品犯罪主观明知的推定究竟属于法律推定还是事实推定，学界观点各异。例如有学者提出，由于我国法律中并没有关于推定行为人"明知毒品"的相关规定，因此各种可以推定行为人主观上明知是毒品的情形，均属于事实推定。有学者指出，毒品犯罪中仅存在事实推定，它与个案的事实性推论属同一范畴。甚至提出"这种推定是在事实基础上运用经验和常识判断犯罪嫌疑人的明知状态，但这种推定实质上是一种武断猜测，因此应抱有怀疑态度"[②]。这种措词在毒品犯罪研究中比比皆是。另有学者提出，当前司法实践中，关于毒品犯罪推定明知的相关规定均设置在司法解释或是"特定的规范性文件"中，上述文件属于广义上的法律，因此推定均有"法"可依，是属于法律推定。[③]还有学者

---

① 邓子滨著：《刑事法中的推定》，中国人民公安大学出版社2003年版，第1页。

② 司冰岩：《毒品犯罪主观明知之辨析》，载《中共郑州市委党校学报》2016年第1期，第83页。

③ 张云鹏：《准法律推定质疑——与褚福民先生商榷》，载《辽宁大学学报》2013年第5期，第112页。

提出折中意见，认为在毒品犯罪司法实践中，适用推定的依据属于法律之外的非司法解释性文件，不具法律之名但有法律之实，因此这种推定应属于"准法律推定"。①

推定的混乱使用与误用不仅造成学术研究不能在同一语境下展开，而且在诉讼实践中难以对推定机制良性运用。而且一旦将推定与事实性推理混为一谈，将会让推定与证明责任、推定与无罪推定的关系陷于混乱中，那这种后果无疑是灾难性的。

推定评价存在价值误区。如今，无论司法界抑或学界，均对推定的适用持乐观的肯定态度，认为这是降低诉讼成本，弥补证据不足的必要手段。乐观的理由在于基础事实与推定事实之间往往存在普遍共存的常态化联系，而且推定允许不利方进行反驳，可保证推定结论的可靠性。然而，乐观背后仍免不了进一步诘问，推定依据的"普遍共存关系"是否确定可靠？推定过程中是否可能存在出错的风险，应当如何规避风险？一旦作为大前提的"普遍共存关系"不可靠，那么妄想得到准确结论无异于缘木求鱼。忽视推定中可能存在的风险，则有可能让无辜者入罪，这无疑是刑事司法不可承担之重。

上述争议不过揭开了学界对"推定"研究混乱现状的冰山一角，而争议的焦点其实是"法律推定"与"事实推定"的二元对立问题。学界通说观点认为，法律推定的正当性高于事实推定，那么在毒品犯罪实践中运用的推定究竟属于二者中的哪一种，便是一个关键性问题。

回应争议之前有必要从研究推定的概念与本质入手，进而确定毒品犯罪主观明知推定的属性。

1. 推定是涉及证明责任分配的法律问题

通说认为推定是一种"事实认定规则"，当B事实（推定事实）难证时，可从已证事实A（前提）直接得出事实B，中间无须其他证明过程。但这并不意味着该规则就是推定的独有规则，因为在个案中依据证据而进行的事实推理往往也会运用这一规则。二者之间的本质性区别在于，推理与思维的逻辑过程有关，并不涉及证明责任，

---

① 褚福民：《准法律规定——事实推定与法律推定的中间领域》，载《当代法学》2011年第5期，第107页。

因此它属于逻辑学范畴下的问题。而且推理过程需要证明，只有在前提与推理规则均有证据予以证明时，结论才具有可靠性。而推定不然，它通常作为一种法律术语使用，有其自身的特殊属性而区别于逻辑推理。这种特殊性外在表现为推定适用的强制力，它对推定的主体有约束力，当基础事实 A 被确定存在的前提下，主体就应当或可以认定推定事实 B，中间不再需要证明环节。从内在属性看，是法律的规范性与强制力赋予了推定一种特殊力量，使得基础事实与待证事实之间无法再运用证据证明，推定认定即可正当化。

可见，推定的本质是一个法律问题，它的约束力来源于规范，故而在运用推定时不会从同一基础事实得到不同的待证事实。同时它涉及证明责任的分配，适用推定的结果就是被告一方承担提出证据责任或说服责任，①而控方的证明负担则会减轻并会从举证不利的结果中受益。这是推定与个案中事实性推理的根本区别。"朱莺兵等人走私、贩卖、运输、制造毒品罪"一案就是对此有力的证明。②被告人朱莺兵为同案犯李洁租用车辆，协助其从汕头市向长乐市运输毒品甲基苯丙胺，在高速公路路口被公安机关查获。一审法院经审查认为，被告朱莺兵驾车返途非合理路线，见到公安机关围捕立即弃车潜逃。根据"大连会议纪要"规定，行为人选择明显异于寻常的行驶线路运输货物，在警察实施正常的盘查询问时，抗拒检查弃物逃跑，已经符合法律规定的可推定明知的条件。最后认定被告人朱莺兵明知毒品而帮助他人运输，构成运输毒品罪。由该案例可见，审判中法官根据查证的基础事实可直接得到行为人明知毒品的结论，而行为人若想否定该结论就要提出证据进行反证，否则就要承担推定的不利结果。这里，法官根据规范性文件认定行为人明知毒品的行为，属于刑事推定而非事实性推理。

然而许多学者看来，法律依据是区分法律推定与事实推定的必要条件，推定的依据如果不是法律，则难以称之为法律推定。让人诟病的是，我国的《刑法》和《刑事诉讼法》中均未描述"主观明知"的具体情形，司法人员办案时，主要依据地方或中央部门的司

---

① 劳东燕：《推定研究中的认识误区》，载《法律科学》2007 年第 5 期，第 119 页。

② 详见（2015）榕刑终字第 162 号裁定书。

法解释以及地方性证据规则来认定毒品犯罪的主观"明知"。那么这些作为依据的规范是否为"法律"？显然对该问题的回答也关系着推定属性的确定。

2. 推定的依据应属于广义范畴上的法律

通过查阅相关文献发现，2000—2015年，从中央单位到各省级单位前后发布了规范性文件共计11份，专门设置了毒品犯罪主观明知的推定规则。详见表1。

表1   2000—2015年规范性文件

序号	颁布年份	发布单位	规范名称
1	2000	上海市高级人民法院	关于审理毒品犯罪案件具体应用法律若干问题的意见
2	2005	最高人民检察院公诉厅	毒品犯罪案件公诉证据标准指导意见（试行）
3	2005	云南省高级人民法院、省人民检察院、省公安厅	关于毒品案件证据使用若干问题的意见
4	2006	浙江省人民检察院	毒品类犯罪案件疑难问题专题研讨会会议纪要
5	2007	最高人民法院、最高人民检察院、中华人民共和国公安部	办理毒品犯罪案件适用法律若干问题的意见
6	2008	最高人民法院	全国部分法院审理毒品犯罪案件工作座谈会纪要
7	2009	最高人民法院、最高人民检察院、中华人民共和国公安部	关于办理制毒物品犯罪案件适用法律若干问题的意见
8	2011	江苏省高级人民法院	关于办理毒品犯罪案件适用法律若干问题的指导意见
9	2012	最高人民法院、最高人民检察院、中华人民共和国公安部	关于办理走私、非法买卖麻黄碱类复方制剂等刑事案件适用法律若干问题的意见
10	2012	最高人民检察院、中华人民共和国公安部	关于公安机关管辖的刑事案件立案追诉标准的规定（三）
11	2015	浙江省高级人民法院、省人民检察院、省公安厅	重大毒品犯罪案件证据收集审查判断工作指引

上述规范中，除5、9属于司法解释①外，而其他几项均为"非司法解释规范性文件"。一些学者否认毒品犯罪中存在法律推定的理由就在于，只有全国人大及其常委会制定的规范性文件以及"两高"颁发的司法解释才可视作为法律，②依据这一类规范作出的推定才称之为"法律推定"。

目前，广义范畴下理解"法律"仍为当前学界的主流观点。当代中国法的渊源是以各种制定法为主，包含着不同层次与范畴，除了全国人大及常务委员会通过的规定性文件是当然的法律外，各种司法解释、地方性法规也当然属于广义上的"法律"。司法解释一词本身就含义模糊。法制发达国家是由法官解释法律，虽然当前我国有权解释法律的主体为"两高"，但从"司法解释应为法律适用过程中对法律进行解释"这一几乎无可争议的命题出发，除"两高"外，其他层级司法机关在法律适用中也会遇到具体的法律问题，它们理应享有解释法律的权力。因此，司法解释的主体除"两高"外，也可以包括以各省级人民法院为代表的其他层级司法机关，而上述规范就是由其他层级司法机关发布的解释法律文件，也应当属于广义上的"法律"。

一部规范是否属于法律，取决于它是否具有法律意义上的强制性与规范性。当前，涉及"推定"的诸多规范性文件广泛运用在实践中，特别是以云南、广东为代表的毒情形势严重地区的司法人员，在认定毒品犯罪行为人的主观明知时，均依据上述规范来认定行为人的主观明知，充分表明了规范对司法人员具有约束力。一旦特定的基础事实有证据证明且结论可靠，那么事实的认定者就必须依据规范做出推断。显然，这些规范具有法律意义上的强制性。此外，上述规范也具有法律意义上的规范性。规范性是指可以多次反复地在司法活动中加以适用的属性。对于办理案件的法官而言，由于这些规范性文件进一步细化了法律规定，条件具备时，司法工作者还

① 有观点认为，广义的司法机关还包括最高人民检察院，因此司法解释应当包括最高人民法院和最高人民检察院对司法过程中的法律适用问题作出的具有法律效力的说明。因此，"两高一部意见"属于司法解释范畴。

② 褚福民著：《刑事推定的基本理论——以中国问题为中心的理论阐述》，中国人民大学出版社2012年版，第38页。

会选择优先适用。

综上，毒品犯罪司法实践认定行为人主观"明知"的推定应属于法律推定，事实推定的存在实则是对推定的一种误用，正如有学者所言，事实推定作为一个法律现象是多余的，应当避免使用该概念。

（二）推定"明知"之风险

推定作为证据证明的一种辅助性方法，在司法实践中"不得已"而提出，但仍然不能否认的是，它的提出从实质上改变了待证对象，从原来对犯罪构成主观要件的证明变成对基础事实的证明，而后运用推定法则当然地得到推定事实。这种"证明+推定"的方法无疑是证据裁判规则的例外，它的适用自然存在一定的风险。

1. 推定的或然性导致错误认定案件风险增加

有学者指出："法律推定被规定在规范性文本中，通常不存在被滥用的危险，法官依法操作即可。与此相对，事实推定的任意性特征使其更具被滥用的风险，成为规制的主要对象。"[1]该结论的妥当性值得探究。

上面已述，推定规则让基础事实A与推定事实B之间获取了一种额外的力量，使得二者的联系无须再进一步证明。但A与B之间缘何具有这种超自然的力量？原因在于A与B借助一种对应性、重复性较高的经验法则联系起来，同时立法者又借助立法技术将A与B的关系固定下来，赋予它法律上的意义。在基础事实与推定事实之间存在着联系，但这种联系却不是逻辑上的演绎关系，而是根据归纳推理得出的结论，于是依据这种"常态联系"推定得出的结论就不可避免具有或然性。即便概率统计方法将"普遍的共存关系"界定为高度盖然性，那么这种数学意义上的有罪可能性也不足以对每一个情形下的行为定罪。比如，一个监狱视频显示，有99名犯人联合将一位监狱官杀死，只有一人置身事外。但该视频未能显示出该人相貌，于是即使每个受指控的人有罪可能性均达到99%，也不足以对每个人均做出有罪判决。经验法则属于一种原则性关系，有原则自然就有例外，这种例外关系往往由于概率较低而被人忽视。推定的引入

---

[1] 张云鹏著：《刑事推定论》，法律出版社2011年版，第135页。

是在打击犯罪与司法便宜间寻找平衡的结果，这绝不意味着推定的前提与结论之间具有天然且不可反驳的联系。在毒品犯罪司法实践中，太多的司法工作者对刑事推定过于乐观与自信。特别是侦查人员，在认定犯罪嫌疑人的主观明知时，往往将之前办案中遇到的基础事实与推定事实之间的"常态"联系带入当下案件情境中，却不知一旦例外情形出现，那么之前的经验恰恰是导致当前案件认定错误的症结所在。因此，刑事推定的结构本质就决定了推定事实不等于绝对的真实。如果司法工作者对推定适用情形的判断与把握出现了差错，或者在证明基础事实的时候就放低了证明标准，那么推定事实出现错误的概率就会大大增加。

2. 推定降低证明要求，与无罪推定原则形成冲突

刑事推定作为证据证明的补充手段引入刑事诉讼中，以破解证明困难造成的诉讼僵局，但是它改变了证明的内容，降低了对控方的证明要求，进而降低了证据的充分性要求，对证据规则的冲击也是显而易见的。根据我国刑事诉讼法要求，判断刑事案件事实应由证据证明，证据应当达到确实充分标准，证据的收集应当符合刑事诉讼的程序要求，综合判断定案证据并达到排除合理性怀疑。这说明在运用证据证明待证事实的情形下，证明标准是达到排除合理性怀疑。但事实上如果控告方有条件直接获取能够证明待证事实的证据，也就无须借助推定的方式得出待证事实。适用推定意味着对案情的判断陷入某种僵局，依据现有的证据无法直接证明待证事实，于是法律运用"推定"的约束力，让它在"基础事实"与"待证事实"之间搭建一种"必然性"联系，对这种联系不再需要运用证据加以证明。这种约束力对抗证明的正当性如何，当然值得沉思与商榷。

刑事推定应当在穷尽证明手段，尽可能地排除合理性怀疑后方可适用。这一手段降低了控方的证明责任，运用不当必将侵犯犯罪嫌疑人、被告人的权利，与无罪推定原则发生冲突。

现代刑事诉讼中，无罪推定原则是被告人的一种宪法性权利，被奉为保障人权的基础性原则。它要求控方必须排除合理怀疑地证明每一项犯罪构成要素，被告人有权不被强迫证明自己有罪或无罪，

举证不利的风险由控方承担。显然，排除合理怀疑的证明标准是无罪推定的核心。但刑事推定的出现改变了证明内容，也相应导致以无罪推定为前提的定罪程序出现异化。举例说明，某一毒品犯罪案件中，控告方承担着证明客观行为A（过海关未申报）、客观行为B（在随身携带的物品中发现藏匿的毒品）和主观要素C（行为人明知毒品并且故意走私毒品）的责任，并且对A、B、C的证明均应达到排除合理性怀疑的标准。但在推定规则创设后，当A和B有确实充分的证据证明时，基于A和B的存在就可以直接得出C。在此，本应由控方承担的证明C的任务予以免除，因为A和B的存在会导致C自动为真。①而被告人若提出非C的结论就需要去证明。如果被告人没有就非C提出足够的证据，那么C要素的存疑风险就将由被告人承担。尽管推定允许当事人提出反驳，但这绝不是变更无罪推定原则的理由。因为一旦被告人不能提出反驳或者反驳意见不成立，那么推定事实即宣告成立。根据"大连会议纪要"规定，如果有证据证明行为人受蒙骗，可以反驳推定结论。然而，这样的规定在司法实践中并无意义。侦查机关尚且收集不到证明犯罪嫌疑人"明知"毒品的证据，如何为其收集"受蒙骗"的证据？如果要求犯罪嫌疑人、被告人提出证据，意味着让其自证无罪，显然又与无罪推定相矛盾。即使推定对被告方增加的只是说服责任而非举证责任，但是他仍然需要提出证明，说服法官相信推定事实的不存在。案件真实与证明方法得到的法律真实之间亦可能存在差距，推定事实又拉伸了这一距离。例如，越来越多的境外毒品犯罪分子先与中国女子确定恋爱关系，然后教唆其使用经过改装、具有高度隐蔽性的箱子运输毒品。由于那些直接帮助运输毒品的人并不一定知道箱中藏匿毒品，在经过海关、边检站时，自然也不会申报，由此可见，"大连会议纪要"中规定的"以藏匿、伪装等手段逃避海关检查并在其携带的物品中查获毒品，可推定行为人主观明知"这一结论并不具有唯一性。

也有学者提出，"可以根据推定转移的证明责任不同，设定不同

---

① Harold A, Ashford D, Michael Risinher. Presumption, Assumptions and Due Precess in Criminal Cases: A Theoretical Overview, 79 Yale Law Jornal (1969).

的证明标准"①。但不论观点如何，推定对证明标准的影响是客观存在的。刑事推定与无罪推定原则的冲突表现为证明的标准降低了，被告人承担了原本不应由自己承担的诉讼风险，控方的证明内容变化了。当基础事实与推定事实之间的联系不够可靠时，当被告人无法动摇法官的内心确信而对推定事实反驳不力时，推定就可能从破解诉讼困境的"利器"变成侵犯被告人正当权利的"凶器"，推定的事实结论不够真实准确。这不仅仅是单纯的刑法问题，甚至可能是宪法问题。

可见，即使承认了推定是在毒品犯罪高度隐蔽性、取证困难性和毒品犯罪刑事政策的特殊性等诸多因素综合作用下"不得已而为之"的办法，也绝不意味着在证明犯罪嫌疑人、被告人主观明知时就允许一推了之，应当从程序上对推定予以规制，破解推定认定犯罪嫌疑人、被告人主观明知的困境。

综上所述，主观明知作为犯罪构成主观要件的重要内容，对毒品犯罪成立至关重要。正确认定行为人的主观明知是保障被告人权利，实现司法公平公正目标的前提。但从另一方面讲，即使最先进的现代技术也无法探测出人的犯意。尽管人的主观意图可能会外化成客观行为，但是表现出的行为具有间接性和模糊性，一旦行为人矢口否认其特定的目的或明知内容，很难通过行为直接对其主观方面予以确认。当前严峻的毒品犯罪形势并未因为主观明知证明难，就允许我们停止证明"明知"的脚步，反而要求司法人员更加科学、准确地证明犯罪嫌疑人的主观明知，克服主观要件的证明困难，寻找解决证明困难的新途径。

第三节　解决主观明知认定难的路径

一、规范推定的适用条件

推定是司法实践中一把"双刃剑"，它可以满足特定刑事政策的

---

① 参见劳东燕：《认真对待刑事推定》，载《法学研究》2007年第2期，第184页。

需要，解决某些情形下主观明知的证明困难，运用不当又会沦为侵犯被告人合法权益的工具。因此，它需要一把合适的"剑鞘"，对其严格限制。正当的推定程序是防止犯罪嫌疑人、被告人权利遭受侵犯的屏障，设置推定规则的规范性文件应当符合层级性要求，同时尽量减少适用推定认定明知的情形。实践中，证明困难让司法人员对推定产生依赖，但随之而来的问题也不容小觑。例如，推定依据的规范性文件法律位阶偏低，推定的效力容易引人质疑。有关推定的立法一直处于"回应"实践需求的状态，推定规则往往围绕毒品犯罪的公共危险性和毒品犯罪刑事政策的倾向性而设置，规则之间不具有同质性。规范的部分条款中，列举的基础事实与推定事实之间的关联性不强。因此，应当对推定适用提出要求，最大限度保障人权。具体内容包括：

（一）最大限度夯实基础事实

推定的形式结构遵循逻辑三段论规则，其中基础事实是小前提，建立在经验法则或自然法则基础上的"中间联系"是大前提，得到的结论是推定事实，也是待证事实。逻辑推理的前提和形式决定着结论的真实性，虚假的前提自然得不到真实的结论，因此大小前提的真实性是影响结论——推定事实准确性的关键性要素。

在条件具备时，鼓励根据多项基础事实得出推定事实。推定理论的基础模型为，根据某一确定的基础事实无须再借助其他条件即可得出推定事实。然而实践中，办案人员根据"逃避检查型"或"高额报酬型"推定规则得出行为人"明知是毒品"的结论，似乎尚未达到排除合理性怀疑的程度。如果能够根据规范条款中记载的多项基础事实得出推定事实，显然可以最大限度地保证推定事实更接近甚至等同于案件真实。"黄尚、何维丽走私、贩卖、运输、制造毒品罪"一案①对此做出诠释。本案中被告人黄进环以3万元的高额报酬雇用被告人黄尚帮助其从凭祥市向东莞市凤岗镇运输毒品海洛因1730克。当黄尚在凤岗镇向黄进环、何维丽交付毒品时被查获。一审法院认定黄尚构成运输毒品罪，判处无期徒刑，并处没收个人全

①具体参见2018粤刑终1228号裁定书。

部财产。随后黄尚提出上诉并辩称，他从未拆开过包装物，黄进环也从未告知运输物品为毒品，他获取高额报酬是因为黄进环告诉其"货物有危险"。他曾怀疑货物可能是违禁品，但不能确定是毒品，法庭推定的事实与真实情况有偏差。上诉人黄尚的辩护律师直接指出，尽管有证据证明被告人为获取高额运费而为他人运输货物，并且在运输的货物中查获毒品，但该项事实与"行为人明知是毒品而运输"的结论之间并非完全排他性关系。案件进入二审程序，法庭进一步查证如下事实：黄进环支付巨额运费并提醒黄尚这批货物很危险，需要小心；黄进环要求黄尚运输中绕开边境公安检查站，而后黄尚的行程路线果然故意绕开检查站点。基于上述两点控方收集的补充证据，二审法院肯定了推定的效力，维持原判。本案诠释了夯实基础事实的重要性，当然，并非依据单一基础事实就不能得到可靠的推定事实。只是如果具备条件，应当尽可能地充实基础事实的内容，确实可靠的小前提更能保证推定结论的准确性。

基础事实应当运用证据证明，并且证明标准应当"确实、充分"。例如在"体内藏毒认定行为人主观明知"的情形下，基础事实是"行为人体内藏匿毒品"，推定的事实为"行为人明知是毒品而进行运输"，控方应当对证明基础事实提供充分的证据。这可以用医学X光摄影照片来证明，或者当场摄影录像，记录嫌疑人排毒全过程。在证明行为人藏匿于体内的物品为毒品时，需要提供毒品鉴定意见。依据真实的小前提才能得到确定可靠的结论。

推定事实不能作为再次推定的基础事实，亦所谓禁止"二次推定"。这是由于刑事推定本身的结论就具有或然性，二次推定将进一步扩大了结论的不确定性。

（二）合理性联系优先适用标准

在保障小前提真实的前提下，尽量确定可靠的大前提对推定而言也至关重要。连接基础事实与推定事实之间的关系应当具有高度盖然性，就是对大前提可靠性提出的要求。正如日本学者田口守一所言，"必须肯定推定规定中前提事实（基础事实）与推定事实之间存在一般的合理的密切联系，只有满足这一条件，才能支持允许的推定说"。①美国刑事诉讼中，一旦判定基础事实与推定事实之间缺乏合理的联系，则推定就会被认作是违宪的。所谓"合理联系"（Rational Connection），是指当一个理智而公正的事实审理者坚持自己的立场和独立思维，认为根据自己的推定经验可以合理地从甲事实推导出乙事实，即使被推定的事实是原本应由证据证明的属于犯罪构成要件的内容，那么这种推定也被认为是具有合理联系。依据合理性联系得到的推定结果也可以作为判断是否成立犯罪的标准。美国人将合理性联系的证明标准确定为与刑事被告人定罪的标准相一致，足以证明在美国推定合宪性审查之严格。

我国司法实践中，将"具有普遍共生关系的常态联系"作为确认基础事实与推定事实间关联性的标准，尽管实践经验证明了这种常态联系具有高度盖然性，但它距离合理性联系仍有一定差距。规范中描述的一些行为诸如"体内或者贴身隐秘处藏匿毒品"、"高度隐蔽方式交接物品"或"接受检查时弃物逃跑"等，尚有较高的概率指向行为人主观明知毒品。如若在行为人"实际控制的车辆或是住所处查获毒品"，即可认定行为人明知毒品，这种关联性认定难免惹人心生异议。②因此，对常态联系的认定不可泛化，这种联系的盖然性决定了推定结论的可反驳性。

（三）反驳的"合理可能性"标准

司法实践中，除了极少数的刑事推定属于不可反驳推定外，大部分推定均可反驳。关于反驳的性质，学界存在"权利说""义务说""权利义务说"三种认识。③"权利说"论者提出，由于推定的规则由法律设定，当裁判者一旦适用推定，待证事实即刻被确认。反驳是法律赋予被告人的诉讼权利，以对抗推定带来的不利法律后果。"义务说"论者提出，反驳是被告人的证明责任或义务，当被告人放弃反驳或者提出的反驳理由不被法官接受时，须承担相应的不

①[日]田口守一著：《刑事诉讼法》，刘迪等译，法律出版社2000年版，第29页。

②具体参见浙检发诉三字〔2015〕1号《重大毒品犯罪案件证据收集审查判断工作指引》第七条第（十）款。

③参见赵俊甫：《刑事推定研究》，吉林大学2008年博士学位论文。

利法律后果。"权利义务说"论者则认为，反驳既是辩方的权利，也是辩方的义务。理由同上，甚至有学者将其归结为"证明责任倒置"。在后两种观点看来，将反驳视作被告人的一项义务，甚至认为推定是一种证明责任倒置，这种结论明显存在谬误与不妥。就推定而言，控方有先证明基础事实存在之义务，进而适用推定得出待证事实，而非被告人一开始就承担着证明责任。而"证明责任倒置"则意味着提出主张者不用承担证明责任，而主张即可成立，即"谁主张，谁举证"规则的反其道而行。显然推定并非如此。而且法官最终支持控方的主张，是基于推定的规则未被阻却，而非因为被告人放弃反驳或反驳不力而得出的推定事实结论。被告人的反驳权应视作其享有的一项诉讼权利，是为保障案件最大限度呈现其真实性，使得推定建立在真实、可靠的基础上。因此，法律应当保障被告人的反驳权。

反驳又不仅仅是被告人享有的诉讼权利，它也与责任相关。被告方原本不承担提出证据证明自身无罪的义务，但由于推定规则的存在，当基础事实被确实、充分的证据证明后，推定事实即刻产生。而辩护一方为了避免承担推定产生的不利后果，就需要提出证据说服法官相信推定的事实为假。但这种说服或反驳需要达到何种程度才能推翻推定事实？是当被告人提出反驳证据，让裁判者对从当下基础事实得出推定事实的信心发生动摇即可宣告成功，还是辩护一方需要说服裁判者相信该待证事实本身就不存在方可视作成功？对该问题的解答其实是对推定结论的可反驳性的诠释。

一般来讲，被告人推翻推定事实可以从攻击基础事实与推翻推定事实两条路径入手。二者属于不同范畴，断不能混为一谈。对基础事实的攻击意味着推定的基础不存在，即推定本身不存在，而不是推定被推翻。在攻击基础事实时，被告一方并不承担提出证据的责任或说服的责任，证明基础事实的责任始终由推定的有利方承担，这种责任不容减轻，更不允许转移至推定的不利方。尽管有学者提出推定转移了说服责任，但这种说服责任表现为被告一方承担着旨在动摇裁判者信心的责任，它的分量与控诉方针对被告人有罪的说服分量有着质的差别。换言之，被告一方是对推定事实的反驳承担说服责任，他只要能够证明根据该案的基础事实并结合被告人的实际情况，推定结论不唯一，仍然有得出其他结论之可能，让法官对推定结论的可靠性产生怀疑，即可成功地反驳推定。而且，这种说服责任是一种次生的证明责任，对基础事实的证明责任始终由控方承担，否则将与无罪推定原则相违背。因此，应当允许推定不利方对推定得出的结论进行反驳，对反驳不宜设置过高标准，只要有合理的可能性即可。

下述案例即说明这一观点。在一起走私毒品犯罪案件中，犯罪嫌疑人孙某过关安检时，工作人员发现其随身携带的红宝石项链坠子内部中空，藏匿毒品，检方以走私毒品罪对孙某提起公诉。庭上，孙某辩称受友之托帮忙捎带物品，并提供该朋友沈某（人在国外）的身份信息。同时孙某的辩护人提出，沈某并无吸毒史及毒品犯罪前科，孙某从未想过沈某交付的物品中可能藏有毒品。孙某曾经打开首饰盒，除了一条红宝石项链并无其他可疑物，孙某帮助朋友携带项链入境也并未收受任何费用。行为人主观上没有犯罪故意，不构成走私毒品罪。该案中，检察院指控的依据是"两高一部意见"中规定的"行为人未经申报，在经过口岸、机场等检查站检查时，从其携带的物品内查获毒品可认定明知是毒品"。因为孙某携带他人物品未进行申报，而后又从携带的物品中查获毒品，根据上述基础事实，运用推定规则，得出孙某明知毒品而走私的结论。而孙某提出如下事由反驳：她曾经打开首饰盒检查物品，已经尽到责任；毒品是被高工艺镶嵌在首饰中，正常公民难以识别，而且不可能破坏性查看；孙某与沈某相识已久，并未发现沈某有任何毒品违法犯罪的前科记录，孙某无法预料物品中可能藏有毒品，故对携带之物没有申报。在此，推定的不利方以与推定相持平的证据说服法官相信，待证事实的存在与不存在同样有可能。最终法庭宣判孙某走私毒品罪证据不足，罪名不成立。

为保障推定不利一方的反驳权，不仅对反驳不能设置过高的标准，还应当保证反驳是容易为被告人行使的，否则反驳权将流于形式。推定不利方因无力行使反驳权而导致推定不受限制地成立，允许被告人反驳也就失去其存在的制度意义。因此，不能加重被告人的举证负担抑制他对推定事实的积极反驳，更不能设计程序限制被告人的反驳。符合法治理念的做法应当是侦查机关或检察机关在诉讼程序中，尽可能少地适用推定，即使存在推定规则的情境下，仍然扎实地做好基础事实的举证工作。如前文所述，有条件地证明行为人多项反常行为事实，尽量排除被告人提出积极抗辩的可能。

除了推定方法外，还有学者提出"变更待证事实""设置阶梯型罪名体系"等方法解决毒品犯罪中的主观方面的证明困难。某种程度上讲，这些方法确实提供了借鉴，但是"变更待证事实"来解决证明困难可能会面临刑法领域的质疑，"设置阶梯型罪名体系"有其适用的局限性。设置阶梯型罪名即针对某些犯罪设置兜底性条款，如无法查明行为人具有贩卖毒品目的时，可以非法持有毒品犯罪对其立案追诉；无法查明行为人具有制造毒品目的时，可以非法生产制毒物品对其立案追诉。这种方法可以缓解主观目的和客观行为间的证明困难，但在证明行为人明知毒品问题则功能阙如。

从司法现状来看，司法机关已经最大限度地将可以推定明知的情节纳入规范中，但仍然没有一套穷尽所有问题的解决方案，另一方面，立法上的弹性空间已经十分局促。现有的推定规则不可能让事实的裁判者"一推解千愁"，克服证明困难往往还需要从挖掘裁判者的主观能动性入手。

二、建立法官自由心证

（一）"印证"模式下的弊端

当前，我国刑事诉讼中运用证据证明案件事实主要采用印证模式，这体现在2010年最高人民法院、最高人民检察院和公安部联合颁发的《关于办理死刑案件审查判断证据若干问题的规定》第五条，对证据标准提出"证据之间相互印证""形成完整的证明体系"的要求。但由于该规定对"孤证不能定案"得出的结论较为片面，难免产生下列弊端：

首先，过于强调证据之间的"相互印证"，而不重视挖掘单个证据的内在真实性。这样做，一方面有重"外因"轻"内因"之嫌，而从哲学理论上讲，事物的本质在于其"内因"而非"外因"。例如在一起运输毒品案中，一名乘客指认装有毒品的皮包是嫌疑人所有，而嫌疑人则辩称该皮包非自己所有。没有其他目击者证言，也缺乏视频证据佐证，此时言词证据出现"一对一"情形。在印证模式下，双方均没有过多的外部证据予以印证，那么该证据通常会被排除定案证据之外。但实际上，在此案中一方的证言是没有利害关系的，而另一方的辩护具有利害关系，司法者可以通过利害关系形成内心的一种确信。

其次，"印证模式"固化了裁判者的思维。在证据的印证规则中，对于法官而言，审理案件往往不是为了追求事实的真相，而是为了得到一个可以令人接受的结论。对于基层法官来说，绝大多数案件的结论并不产生于对所有案件的证据进行深入思考和研究之后，"而是当对案件的基本证据事实了解之后，就已经产生了。此后，整个法律思维过程不在于寻求结论，而是寻找支持结论的理由，当找不到理由，法官就会放弃先前的结论寻找另一结论，再寻找支持该结论的理由。总而言之，法官一旦找到一个最有说服力的理由时判决就产生了"[1]。也就是说，当互相印证的证据一旦出现，法官的脑海中已经形成事实的轮廓。裁判者基于对相互印证证据的信任而相信该案件的"法律真实"，而无须再思考它的事实真实。

再次，局限了裁判者的自由裁量权。在毒品犯罪司法实践中，法官对证据的印证原则要求极高，通常坚持"一对一"的涉案事实不予认定、"毒品数量一对一"采取"就低不就高"、缺乏关键性证据"毒品"不予定罪。例如在一起贩卖毒品案件中，贩毒者与购毒者在河边交易毒品，当侦查员上前实施抓捕时，贩毒者跳入河中，身上携带的毒品全部被河水稀释销毁。而后，侦查员从购毒者供述中得知，二人商议交易的毒品是海洛因15克，但遭到贩毒者否认。由于毒品被毁，没有查到确切具体的毒品数量，鉴定意见仅证实从贩毒者的衣服上检测到吗啡的成分，最终由于没有其他外部证据予以印证，法官认定事实不清。

其实，上述案例均有可以定罪之可能，但由于受印证思维模式影响，最终法官作出的均为无罪判决。通常出于趋利避害人之常情，无人会自认其罪，自陷于不利。如果要求证明犯罪构成的每一证据

---

① 郑成良：《法律思维是一种职业的思考方式》，载葛洪义主编：《法律方法与法律思维》（第1辑），中国政法大学出版社2002年版。

都相互印证，只能让侦查人员更加追求获取口供，以达到所谓的相互印证，往往会与保障人权的初衷背道而驰。

（二）自由心证的引入

什么是自由心证？通说认为它包含两项原则，一是自由判断，二是内心确信。[①]在刑事诉讼中，准确认定案件事实的意义不同寻常。传统的大陆法系国家的证据法体系下，法定证据制度根深蒂固，由法律预设证明力的证明方式压抑着事实判断者的理性。而到了近代，孟德斯鸠、伏尔泰等启蒙思想家让人们意识到，"'理性'是人的本质，只要排除偏见和权威的影响，积极运用自身的理性，任何人都可以获得真知"。[②]立法者的预见总是有限的，但人的理性却是无限的。总有一些案件需要法官凭借自身的法律思维与素养，借他的经验和理性来评价证据，处理案件并得出结论。正如霍姆斯法官指出法律是经验的世界，而非逻辑的世界。[③]著名立法学家波尔塔利斯亦提出，法官面对很多法律没有规定的事项是必然的，在这种场合，应允许裁判法官有根据正义和良知的睿智光辉补充法律的权能。法律没有规定的场合，根据自然理性也可以说明。[④]于是在诉讼合理主义主导诉讼法领域后，自由心证取代法定证据原则，促成了证据法上的革命。

然而自由心证在我国的发展却是命运多舛。受到我国法制历史传统、政治意识形态因素等影响，"自由心证"中的"自由"会使人联想到"随心所欲""自由化"，而"心证"似乎也是"主观主义"的代名词。以至于在自由心证的问题上，刑事法领域主流意见在相当长的时间内均持否定意见。而司法实践证明，人们犯罪意图因其藏匿于行为人的内心而难证，这使得在大多数案件中，证明被告人

---

① 参见秦宗文著：《自由心证研究——以刑事诉讼为中心》，法律出版社2007年版，第1页。

② 参见E.卡西勒著：《启蒙哲学》，顾伟铭等译，山东人民出版社1996年版，第3-4页。

③ [美]E.博登海默著，邓正来译：《法理学：法律哲学与法律方法》，中国政法大学出版社2004年版，第160页。

④ 甘雨沛、何鹏主编：《外国刑法学》，北京大学出版社1984年版，第23页。

的犯罪意图，需要从他的行为证据中推定出来，或者从其他有关人员的反应中推断出来。但这种推断不仅需要满足"实质合理性"①的要求，还需要有"法律文本"予以承认，即运用法律推定才能使结论产生法律后果。推定规范不可能涵盖司法实践中关于明知认定的所有困难情形，有时对案件的判断只能通过掌握的客观事实材料，裁判者遵循心证的路径，实现主体的"内心确信"，排除合理性怀疑。当法官集中他的职业精神，运用他的专业素养与道德良知，面对法律的提问"你们是真诚地确信吗？"②可以作出肯定回答，那么自由心证制度的存在就有其合理性与积极作用。

法官的理性需要借助自由心证，自由心证的核心是自由裁量权的行使，它的关键词是自由，强调法官主观能动性的发挥。诚然，从我国司法实践中法官心证的"超级自由"现状看，心证机制约束不良可以引发法官的任意擅断，而且个体法官在教育背景、生活阅历、司法体验以及价值取向等方面存在着程度上的差异，往往也会导致自由裁量中的主观化倾向。因此，可从制度角度制约自由心证，防止滥用心证可能出现的弊端，而非否定自由心证的存在。

1. 自由心证的形成要素

在研究自由心证问题时，一个不能回避的问题就是"心证如何形成的"。早期的法学家们都认为，心证的形成与法律无关，而是一种纯粹的事实认定过程。例如德国法学家施米特认为，法官的事实判断与寻找法律是两个严格分立的行为，③"法律是法律，事实是事实，它们都是外在尚待发现的，它们彼此之间都是独立的"。④然而，这种割裂了事实认定与法律适用关系的认识受到美国现实主义法学

---

① 参见张云鹏著：《刑事推定论》，法律出版社2011年版，第77页。

② 参见1808年的《重罪审理法典》第342条对自由心证所作的表述，转引自秦宗文著：《自由心证研究——以刑事诉讼为中心》，法律出版社2007年版，第18页。

③ Kaufmann Rechtsgewinnung 1999, S.72, 转引自郑永流：《法律判断形成的模式》，载《法学研究》2004年第1期。

④ Ian K Mckenzie, Ray Bull:*Criminal Justice Research:inspiration, influence and ideaion*, Dartmouth Publishing Company, Ashgate Publishing Limited 2002, pp.192–193

家的质疑。他们力证在心证形成过程中，事实与法律并非彼此分裂而是相互交融的，并且这一观点逐渐取得主流地位。[①]法官的思维就穿梭在事实与法律之间。对于控方提出的案件事实，裁判者要摘选相关法律规范对其进行法律上的判断。同时法律的摘选又必须考虑被判断的案件事实，如此法官才能形成心证。

由上述心证形成过程来看，影响心证生成的要素包括以下几点：

一是法律解释。法律对事实形成的导引作用决定了事实生成不可避免带有法律因素。例如，当法官对行为人主观上是否"明知毒品"进行心证判断，首先他要对"明知"这一法律概念进行解释。在心证形成过程中，如果法律是明确的，那么事实的生成亦有了清晰的指引。例如，如果司法解释中明确规定了何谓"明知"，法官就可以在生成事实时套用现成的法律。但法律的确定性是相对的，当法官需要对概念或法条进行扩大及限缩解释时，法律的变化也影响到事实的形成。

二是价值因素。无论是现存的司法制度，还是法官在诉讼结构中的地位，都决定了心证形成过程中离不开价值因素。特别是心证的形成更无法拒绝主体的个性化因素影响。例如在法兰克看来，法官对案件中的每一位当事人不可避免带有同情或反感，或声音或举动可能造成正面或反面的反应，或痛苦或快乐的回忆，而这也会影响法官对讲话所赋予的分量或可靠程度。[②]此外，法律本身的抽象也提供了价值判断的空间。

三是经验法则。经验法则对事实认定的影响早已为众人所共认，霍姆斯的经典名言更为此做了生动的注脚。心证形成的过程是裁判者根据自身的经验来验证检察官描述的犯罪故事图景与辩护人提出的反证哪一个更可信。特别是当法官对待定事实进行推断时，往往亦是对当下经验法则的可靠性进行判断。

2.心证合理性标准

诉讼的目的在于定分止争，司法是解决纠纷的权威办法，它承

[①] 参见沈宗灵：《现代西方法理学》，北京大学出版社1992年版，第90-301页。

[②] 参见沈宗灵：《现代西方法理学》，北京大学出版社1992年版，第302-303页。

载着公平和公正的民众诉求。心证作为事实发现者对案件事实的最终认定将作为案件处理的基础。司法的公共性决定了裁判者的心证应当合理，不能恣意妄为。因此，心证的合理性判断是自由心证研究不可回避的问题。与法定证据制度对应，自由心证制度的基础是合理，它相信事实发现者能够借助自己的职业理性与良知，最终求得案件真的认识。但上文已述，价值判断、经验法则总是贯穿在心证过程的始终，那么心证的合理性判断标准亦应从以下两方面予以考量：

一是心证结果的可重复性。自由心证最初取代法定证据制度时，是以事实发现者的诚实人格为前提，寄心证的合理性于事实发现者本身。"法律要求事实发现者对案件进行全人格的判断，本着良心行事是对事实发现者的唯一要求①"，显然这种仅从主观上要求心证合理性的做法必将被司法现实击碎，心证客观化的努力成为必然要求，尽管这种客观化是有限度的。所谓心证客观化并不是摒弃以"主观确信"为主的心证形成基础，而是由于人的认识能力有限，而是让事实的认定者仍然要受到自然和经验规则的内在约束，使得心证的形成不是自由恣意地相信，而是"伴随着心想、自然和经验规则的以事实真相的内部决定②"。当法官的心证以经验法则为内在约束，以盖然性为基础，基于经验法则本身的普遍共识性，使得法官的合理心证亦可能是重复的。

二是心证形成的程序性。如果说心证结果的可重复性是心理合理标准的实体要求，那么心证形成遵循一定程序则是心证正当性的程序要求。诚然，法官心证形成的心理活动无法予以严格的程序化，但是在法官形成内心确信的过程中，促进心证形成的外在信息应在程序进行中提供给法官，这要求"通过排除各种偏见、不必要的社会影响和不着边际的连环关系的重荷，营造一个平等对话、自由判断的场所。这也是现代程序的理想世界"③。同时法官心证结果应予

① 参见秦宗文著：《自由心证研究——以刑事诉讼为中心》，法律出版社2007年版，第144-145页。

② [德]汉斯·普维庭著：《现代证明责任问题》，吴越译，法律出版社2000年版，第112页。

③ 季卫东：《法治秩序的建构》，中国政法大学出版社1999年版，第16页。

以公开。心证的公开通过两种方式表现：在法庭审判中公开，在判决文书中公开。公开是公正的前提。

3.心证合理性保障

前面已述，经验法则是影响心证形成的重要因素，而保障法官的心证结果具有合理性，亦可从分析该要素入手。保障心证的合理性，促进经验法则的正确实施必不可少。之所以推动法官积极地运用经验规则进行判断，是由于没有经验就没有判断，法官对任何证据、事实的判断都是以经验为基础的，"对现实生活一无所知者根本无法进行任何判断"①。当下问题是，法官对运用经验判断并无信心，遇到疑难时仍然希望找到直接的证据。事实上，根据经验法则进行判断并不会降低心证的准确性，或者说，司法证明也只能是高度盖然性结果，即使刑事诉讼排除合理怀疑下的结果也是如此。"如果承认这一点，而非以案件生活事实真相为证明标准，正确运用经验法则推理的结果就是可接受的"。②当然，依据经验法则的推断，需要法官提高运用经验判断的能力，对经验法则的选择、适用予以公开，给予当事人争辩的机会。最终还要对适用经验法则的推论加以书面明示，保障上诉审法官对经验法则的适用加以审查。如此种种，保障心证的合理性。

三、丰富证明手段

（一）注重使用客观证据

如今，刑事诉讼法的修订使得人权保障理念深入人心。犯罪嫌疑人的辩护意识越来越强，几乎每一起毒品犯罪案件都面临着"零口供"和"供述又翻供"的尴尬境遇，依靠言词证据断案的司法传统受到挑战。以审判为中心的诉讼模式下，依靠"客观证据"办案是司法审判对侦查工作提出的新要求。

---

①秦宗文著：《自由心证研究——以刑事诉讼为中心》，法律出版社2007年版，第237页。

②秦宗文著：《自由心证研究——以刑事诉讼为中心》，法律出版社2007年版，第238页，

　　"客观证据"并非法律专业术语，而是司法界对《刑事诉讼法》的第四十八条所规定的物证、书证、视听资料、电子数据等客观性较强、与言词证据相对应的一类证据统称。传统侦查思维模式下，毒品犯罪是即时犯，只能收集罪中证据。运用客观证据证明明知，需要打破收集证据的时间界限，不能仅限于收集犯罪发生时的客观证据，还需要借助技术侦查手段了解毒贩的犯罪动态，尽量收集罪前客观证据。例如传统侦查模式下破获运输毒品案件，通常都是先查获毒品，然后获取犯罪嫌疑人的口供，而后根据供述内容再结合查获的毒品物证，证明犯罪嫌疑人的主观明知。这种取证模式的弊端在于犯罪嫌疑人的口供对定案非常重要，一旦嫌疑人拒绝供述或者翻供，失去直接证据后案件的真实性大打折扣。如果将收集客观证据工作向犯罪前延伸，充分利用客观证据证明案件，对法官认定行为人的主观明知大有裨益。

　　例如阿加某某、齐某运输毒品案中，阿加某某与齐某为四川省凉州彝族自治州人，其中，阿加某某为彝族人。二人屡次组织本市的彝族妇女，利用人体藏毒方式，从四川至云南运输毒品海洛因。阿加某某与齐某通常利用处在孕期或哺乳期的妇女，一方面，她们特殊的身体状况不容易引起检查人员怀疑。另一方面，即使她们在运输毒品过程中被查获，由于语言不通，我国刑事诉讼法又规定了不得对处在孕期或哺乳期的妇女适用逮捕措施，抓捕后难于处理，这些妇女通常都被遣返居住地，由当地公安机关监视居住。①以往，对这类特殊人群运输毒品的案件，不论是实施抓捕还是后续的案件查处，公安机关均感十分为难。藏匿在这些妇女背后的组织运输者，他们本身并不直接参加运输毒品活动，很难获取证明他们犯罪的证据。出于同民族相互保护思想，被抓获的彝族妇女通常也不会供出指使运输的人，这一类案例曾经很长时间困扰警方，成为缉毒工作的难点。本案的侦查员打破传统侦查套路，充分利用技术侦查措施收集和固定证据，提供了另外一条解决问题的路径。当本案的阿加某某刚刚行动联系本市的同族妇女时，侦查人员已经开始锁定目标。通过外线跟踪，收集了齐某在市区内租房的证据，收集了阿加某某

----

　　① 本案例来源于笔者参与研究2015年公安部软科学项目"特殊群体涉毒问题研究"，赴四川省公安厅调研，与一线民警座谈交流经验时收集。

利用大巴车将十余位怀孕的彝族妇女运至出租房的证据，以及阿加某某与十余位怀孕彝族妇女同在出租房内共处两小时（实则对她们进行运输毒品前的培训）的证据，全程照相并录像。当怀孕的彝族妇女登上从四川开往云南的长途客车开始运输毒品时，警方的车辆也随后跟踪而上。在经过收费口时，大客车被截获，从妇女们身上均缴获了大量的海洛因毒品。尽管妇女们矢口否认明知毒品，阿加某某与齐某的辩护律师均作无罪辩护，但是结合侦查前期取得的客观证据，毒品的鉴定意见及相关的视听资料证据，法官已经掌握了案件的实情。最终法庭宣判阿加某某、齐某运输毒品罪成立，运输毒品3427千克，为全部涉案彝族妇女运输毒品数量的总和。

（二）情态证据的佐证使用

所谓情态，是指言词证据提供者在陈述时不由自主做出的各种动作或是某种下意识的反应。有学者将情态行为又称作情态证据，并将其归类于物证，[①]也有论者认为情态证据具有多样性，应当涵盖物证、证言、视听资料等。情态行为本身并不是法定证据的一类，而是以法定证据作为载体表现出来的，能够让法官加以借鉴，并形成内心确信的一种客观证据材料。例如，沈阳的王某运输毒品案[②]，王某从沈阳桃仙机场下飞机，搭乘出租车前往抚顺。出租车司机在行驶途中追尾其他车辆，交警前来调查并处理交通事故。王某在接受交警调查时，忽然神色紧张，语无伦次，警方随即在其携带的皮包中查获冰毒126克。王某否认毒品为自己携带，声称其下飞机后曾经去卫生间，当时皮包放在洗手台上，毒品应当是别人趁其不备时放进去的。尽管王某否认对毒品的明知，但由于其描述的情形不具有合理性，而且王某在遇到交警时的惊慌表现，一定程度上佐证了他对携带的毒品存在明知。最后，王某以运输毒品罪被立案追诉。此外，在前文引用的越南女子范黄某某走私毒品一案中，被告人藏匿毒品方式极其隐蔽，箱包一开始过检时，工作人员并未从中发现毒品。就是她在过海关时惊慌失措的神情以及不自然的肢体动作，

---

① 参见[俄]伊申科著：《刑事侦查学》，张汝铮译，中国人民公安大学出版社2014年版，第184页。

② 案例以笔者在沈阳市公安局禁毒支队参与办理的案件改编。

引起在场工作人员的强烈怀疑，最终发现了她是利用高技术改装的行李箱从事运输毒品行为。情态证据不是有形证据，但它可能被证人证言所表现，也可能被视听资料所固定。这一类证据在认定主观明知中的辅佐证据值得被重视，有时，可作为法官自由心证过程中补强其内心确信的因素。

四、法官职业同质化思维培养

毒品犯罪主观明知认定困难的消除，除了着眼于外在制度机制的完善，还应当思索内在的约束机制。法官自由心证的确立，在一定程度上也反映了法官职业群体同质化思维的重要性，而这种同质化思维的形成也是重在内在约束的体现。

（一）法官职业化与职业群体同质化思维方式

法官职业化是现代法治社会的产物，它要求法官以行使国家审判权为专门职业，具备中立的职业意识、专业的职业技能、高尚的职业道德与独立的职业地位。[1]由于"法律是一门艺术，它需要长期的学习和实践才能掌握，在未达到这一水平前，任何人都不能从事案件的审判工作"[2]，这使得法官职业就呈现出这样的特色：拥有专业的法律知识、独特的法律思维、正义的法律信念和公平的法律信仰。该群体应当具有一种专属的职业气质与内在力量，使其有抵抗外界干预的勇气和力量。

法官职业化的核心价值在于使法官职业群体形成与法治理念相适应的同质化的职业思维方式。尽管法律的确定性是相对的，但它有一个内在的准则，即在司法过程中，相同行为受到法律的相同对待。同类案件的审判能得到类似的处理，这既是法律公平性的体现，同时也让守法民众对法律规则可预期。法官的职业同质化思维就是个体法官在从事法律职业过程中，尽可能拥有共同语言，拥有共同

---

① 张云鹏著：《刑事推定论》，法律出版社2011年版，第159页。

② 褚福民：《刑事诉讼中的推定论要——以英国、加拿大、中国香港地区为例的分析》，载陈兴良主编：《刑事法评论》（第22卷），北京大学出版社2008年版，第170页。

的思维方式，对法律形成共同的理解与信念，以此保障在个案审理中，法官运用法律评价是非，判断取舍时秉承相同的标准。再往深了说，就是面对压力与诱惑时，法官仍然能秉承着对法律的忠诚，坚持着自己的法律信仰。使法官在每一个运用法律解决问题的场合下，均能"根据对法律诚挚的理解去解释法律，以持久的热情和不变的忠诚去执行法律"。[1]

（二）同质化思维方式的形成

任何专业思维方式的形成都离不开教育，而法官的职业思维方式更需要长期的系统培养与训练。法官教育通常包括三个环节：正规的法学院教育、法官职业培训与法官继续教育。其中，正规的法学院教育是为了传授系统的法学知识，培养基本的法律思维，形成维护正义、尊崇法律的信仰；法官职业教育侧重于传授法律职业技能，继续培养法律思维和形成职业素养；法官继续教育侧重于更新、补充法律知识，进一步提高业务技能。通过上述教育，使得每一位个体法官在思维上养成相同或类似的知识背景、思维逻辑和法律意识，进而促进法官职业群体在思维方式上的同质化。

---

① 参见《马克思恩格斯全集》（第1卷），人民出版社1956年版，第178-183页。

第三章

毒品数量认定

第一节 毒品数量对定罪量刑的影响

一、毒品数量与定罪关系

从我国刑法对毒品犯罪的规定看，毒品数量与定罪与量刑关系紧密。毒品数量与社会危害性相关，涉案的毒品数量不同，意味着该犯罪行为带来的社会危害性不同。每一起毒品案件公诉机关都应当提供毒品含量鉴定，这是为案件审理体现实质意义上的公平正义。

从我国《刑法》《治安管理处罚法》以及最高人民法院《关于审理毒品犯罪案件定罪量刑标准有关问题的解释》的相关规定可见，诸如非法持有毒品行为、非法种植毒品原植物行为、贩卖罂粟壳行为等，在两部规范性法律文件中均有体现。如何甄别某一涉毒行为究竟是触犯了刑法还是仅仅是治安违法行为？其中一个关键性要素就是看涉案的毒品（或毒品原植物）是否达到一定数量，它标志该行为的社会危害性已达到需要动用刑罚手段予以规制的程度。例如，我国刑法规定，行为人非法持有毒品海洛因10克以上，即可宣告非法持有毒品罪成立，否则依法予以治安管理处罚。如果案件涉及其他不同种类毒品的，可将其他毒品折算成海洛因的数量予以认定考量。①行为人非法种植罂粟500株以上、大麻5000株以上或者其他毒品原植物数量较大的，可构成非法种植毒品原植物罪。此外，我国亦对走私制毒物品，非法生产、买卖、运输制毒物品行为设置了立案的数量标准。②这些规定实质上均说明一个问题，即对于上述行为而言，毒品的数量决定了罪与非罪的界限，是国家公权利运用刑罚惩治该行为的依据。

在某些特殊情形下，涉案的毒品数量也是运输毒品罪的立案标准。在《全国法院毒品犯罪审判工作座谈会纪要》（简称"武汉会议纪要"）中规定了吸毒者可能构成运输毒品罪的情形，③

---

① 2015年《全国法院毒品犯罪审判工作座谈会纪要》指出，"走私、贩卖、运输、制造、非法持有两种以上毒品的，可以将不同种类的毒品分别折算为海洛因的数量，以折算后累加的毒品总量作为量刑的根据。对于刑法、司法解释或者其他规范性文件明确规定了定罪量刑数量标准的毒品，应当按照该毒品与海洛因定罪量刑数量标准的比例进行折算后累加。"

对于刑法、司法解释及其他规范性文件没有规定定罪量刑数量标准，但《非法药物折算表》规定了与海洛因的折算比例的毒品，可以按照《非法药物折算表》折算为海洛因后进行累加。

② 如《最高人民法院关于审理毒品犯罪案件适用法律若干问题的解释》第七条规定：违反国家规定，非法生产、买卖、运输制毒物品，走私制毒物品，达到下列数量标准的，应当认定"情节较重"：

（一）麻黄碱（麻黄素）、伪麻黄碱（伪麻黄素）、消旋麻黄碱（消旋麻黄素）一千克以上不满五千克；

（二）1-苯基-2-丙酮、1-苯基-2-溴-1-丙酮、3，4-亚甲基二氧苯基-2-丙酮、羟亚胺二千克以上不满十千克；

（三）3-氧-2-苯基丁腈、邻氯苯基环戊酮、去甲麻黄碱（去甲麻黄素）、甲基麻黄碱（甲基麻黄素）四千克以上不满二十千克；

（四）醋酸酐十千克以上不满五十千克；

（五）麻黄浸膏、麻黄浸膏粉、胡椒醛、黄樟素、黄樟油、异黄樟素、麦角酸、麦角胺、麦角新碱、苯乙酸二十千克以上不满一百千克；

（六）N-乙酰邻氨基苯酸、邻氨基苯甲酸、三氯甲烷、乙醚、哌啶五十千克以上不满二百五十千克；

（七）甲苯、丙酮、甲基乙基酮、高锰酸钾、硫酸、盐酸一百千克以上不满五百千克；

（八）其他制毒物品数量相当的。

③ 2015年《全国法院毒品犯罪审判工作座谈会纪要》指出："吸毒者在运输毒品过程中被查获，没有证据证明其是为了实施贩卖毒品等其他犯罪，毒品数量达到较大以上的，以运输毒品罪定罪处罚。"

即行为人以个人吸食为目的运输毒品，如果在运输过程中被查获，所持毒品数量达到刑法规定的较大以上，吸毒者可以认定为运输毒品罪。

此外，毒品数量与贩卖毒品罪的定罪亦向来是刑法中较有争议的话题。前面已述，我国刑法规定了贩卖毒品无论数量多少，均应以犯罪论。那是否意味着被告人即使只贩卖了海洛因0.1克，也要无条件地追究其刑事责任呢？如果答案是肯定的，那么这一规定是否与《刑法》第十三条规定的"情节显著轻微危害不大的，不认为是犯罪"存在冲突呢？针对该问题学者们意见不一。例如有学者就认为，"《刑法》第三百四十七条规定与第十三条规定并不矛盾，《刑法》第十三条的规定彰显了刑法的谦抑性原则，但社会危害性属于规范评价，缺少一个明确又统一的标准。而我国《刑法》第三百四十七条规定的走私、贩卖、运输、制造毒品，无论数量多少，都应当追究刑事责任，表明该罪规定的行为不属于《刑法》第十三条所规定的情节显著轻微的情形，因此必须以犯罪论处。"[1]也有学者持反对意见，认为"《刑法》分则中规定的'贩卖毒品数量无论多少，均应当追究刑事责任'的规定应当受到总则第十三条'情节显著轻微危害不大的，不认为是犯罪'的限制"。这其实也是一个"实质的犯罪排除标准"。[2]

笔者赞同后一种观点，同时认为对《刑法》分则规定的无论毒品数量多少均成立犯罪的条款应当进行实质性解读。不能纯粹拘泥于字面上理解，而应当结合刑法的基本原理和理念进一步分析。例如咖啡因既是列管在《麻醉药品和精神药品品种目录》（以下简称《麻精药品目录》）中的麻醉药品，同时也是生活中极为常见的一种食品添加剂，许多饮料中都含有咖啡因。如果说行为人贩卖1克咖啡因就构成贩卖毒品罪，相信所有人都会认为不合情理。更为明显的例子是罂粟壳。《麻精药品目录》中第九十七项列管的就是罂粟壳，理论上讲，它属于刑法管制的毒品对象。那么依据刑法规定，贩卖罂粟壳无论数量多少均应当追究刑事责任。但根据《治安管理处罚

---

① 郦毓贝：《毒品犯罪司法适用》，法律出版社2005年版，第8页。

② 高巍：《贩卖毒品罪研究》，中国人民公安大学出版社2007年版，第108页。

法》规定，①非法运输、买卖、储存、使用少量罂粟壳的行为不构成犯罪，而是接受治安管理处罚。在此，区别罪与非罪的关键标准就是罂粟壳的数量。

二、毒品数量与量刑的关系

尽管刑法规定走私、贩卖、运输、制造毒品罪立案追诉没有数量标准，但涉案毒品数量的多寡关系着法定刑幅度。此外，对于非法持有毒品罪、窝藏、转移、隐瞒毒品罪而言，毒品的种类与数量亦对犯罪量刑具有重要意义。

根据我国《刑法》第三百四十七条规定，"走私、贩卖、运输、制造鸦片一千克以上、海洛因或者甲基苯丙胺五十克以上或者其他毒品数量大的，被告人可处十五年有期徒刑、无期徒刑或者死刑，并处没收个人财产"；"走私、贩卖、运输、制造鸦片二百克以上不满一千克、海洛因或者甲基苯丙胺十克以上不满五十克或者其他毒品数量较大的，被告人可处以七年以上有期徒刑，并处罚金"；"走私、贩卖、运输、制造鸦片不满二百克、海洛因或者甲基苯丙胺不满十克或其他毒品数量少的，被告人可处三年以下有期徒刑、拘役或管制，并处罚金；有其他严重情节的，处三年以上七年以下有期徒刑，并处罚金"。第三百四十八条规定的非法持有毒品罪②中，毒品数量既是判断能否入罪的标准，更与量刑幅度有关，甚至当行为人非法持有毒品数量巨大，可以判处无期徒刑。毒品数量之于量刑

---

① 《中华人民共和国治安管理处罚法》第七十一条规定：有下列行为之一的，处十日以上十五日以下拘留，可以并处三千元以下罚款；情节较轻的，处五日以下拘留或者五百元以下罚款：（一）非法种植罂粟不满五百株或者其他少量毒品原植物的；（二）非法买卖、运输、携带、持有少量未经灭活的罂粟等毒品原植物种子或者幼苗的；（三）非法运输、买卖、储存、使用少量罂粟壳的。有前款第一项行为，在成熟前自行铲除的，不予处罚。

② 《中华人民共和国刑法》第三百四十八条规定：非法持有鸦片一千克以上、海洛因或者甲基苯丙胺五十克以上或者其他毒品数量大的，处七年以上有期徒刑或者无期徒刑，并处罚金；非法持有鸦片二百克以上不满一千克、海洛因或者甲基苯丙胺十克以上不满五十克或者其他毒品数量较大的，处三年以下有期徒刑、拘役或者管制，并处罚金；情节严重的，处三年以上七年以下有期徒刑，并处罚金。

至关重要，它折射出毒品犯罪行为人的社会危害程度。只有具有严重社会危害性的行为才具备犯罪的本质特征，才能将犯罪与违法行为区别开来，[①]故涉案毒品数量认定问题是正确定罪量刑之前提。

从我国刑法典规定的内容看，法官在审理毒品犯罪案件中，根据涉案毒品数量决定行为的法定刑幅度，但在同一法定刑幅度内仍然有较大的自由裁量权。就以走私、贩卖、运输、制造海洛因或者甲基苯丙胺五十克以上为例，可适用的法定刑从有限自由刑到无限自由刑，最终到生命刑，可谓"天堂地狱一念间"。这里起决定要素的无疑是毒品的数量以及纯度，因此毒品数量的认定是对犯罪行为准确定罪量刑的重要节点。

综上所述，毒品的数量是衡量毒品犯罪行为社会危害程度的一项指标，只有实质上达到了严重社会危害程度的贩卖毒品行为才构成贩卖毒品罪。当然，毒品数量是一个重要的但不是唯一的指标，在认定毒品犯罪中，除了毒品数量还需要综合考虑其他因素。

实践中，公安机关办理毒品犯罪案件时，一项重要证据即关于查获毒品疑似物的鉴定意见，需要对该物进行定性定量分析。所谓毒品定性定量分析，是指对涉案的物品进行鉴定并确认其有效成分是（或者含有）哪种毒品，判定其是否属于刑法规范中的毒品，确认其含量为多少，进而认定毒品的数量。尽管我国刑法中规定了认定毒品数量时，无须以纯度折算，但实践中，除了部分零星贩毒案件外，几乎每一起毒品犯罪案件均要求毒品的鉴定结论中应包括含量鉴定。特别是有证据证明毒品被大量掺假、有效毒品成分含量低或者经掺假后毒品数量才达到判处死刑标准的，更需要对毒品进行定量分析后计算毒品的数量。如2007年"两高一部"颁布的《办理毒品犯罪案件适用法律若干问题的意见》中明确规定："可能判处死刑的毒品犯罪案件，毒品的鉴定结论中应当有含量的鉴定结论。"

第二节　毒品数量认定的司法现状与争议

近年来，除刑法中规定的常见毒品，如海洛因、甲基苯丙胺的

---

① 参见马克昌：《犯罪通论》，武汉大学出版社1999年版，第19页。

犯罪势头有增无减，各种新型毒品或混合毒品占据国内的毒品交易市场，涉案的毒品种类日渐增多、复杂。现有法律文件未能针对所有毒品制定数量标准，给司法人员认定毒品数量带来极大困扰。刑法中确立了毒品的数量是对被告人定罪量刑的重要依据，但实践中关于毒品数量的认定与计算方法仍未形成定论。

根据我国《刑法》规定，结合2000年《关于审理毒品案件定罪量刑标准有关问题的解释》、2007年《办理毒品犯罪案件适用法律若干问题的意见》、2012年《最高人民检察院、公安部关于公安机关管辖的刑事案件立案追诉标准的规定（三）》（以下简称"立案追诉标准（三）"）、2013年《关于常见犯罪的量刑指导意见》的毒品犯罪部分以及"2016年毒品犯罪司法解释"，司法人员可直接对33种[①]毒品认定"数量大"和"数量较大"。在处理涉及这33种毒品的案件时，司法人员可根据查证属实的涉案毒品数量，再结合具体犯罪情节对被告人定罪量刑。本书将这种认定毒品数量的方法称作"直接认定法"。

根据2013年《麻醉药品与精神药品管理目录》规定，目前我国已列管121种麻醉药品和149种精神药品，如果加上被管制的非药用类麻醉药品和精神药品156种[②]，我国共计管制426种毒品，其中大部分毒品尚无明确的定罪量刑数量标准。为破解这一难题，最高人民法院于2008年颁布了"大连会议纪要"，其中确立了"估算

---

① 刑法中规定3种，分别为鸦片、海洛因和甲基苯丙胺；司法解释中列举了30种，分别为：可卡因、3,4-亚甲二氧基甲基苯丙胺（MDMA）等苯丙胺类毒品（甲基苯丙胺除外）、吗啡、芬太尼、甲卡西酮、二氢埃托啡、哌替啶（度冷丁）、氯胺酮、美沙酮、曲马多、ā-羟丁酸、大麻油、大麻脂、大麻叶及大麻烟、可待因、丁丙诺啡、三唑仑、安眠酮、阿普唑仑、恰特草、咖啡因、罂粟壳、巴比妥、苯巴比妥、安钠咖、尼美西泮、氯氮卓、艾司唑仑、地西泮、溴西泮。

② 这里的算式是116+4+4+32。"116"是指2015年10月1日起实施的《非药用类麻醉药品和精神药品列管办法》，一次性列管116种新精神活性物质；第一个"4"是指2017年3月1日起，卡芬太尼等4种芬太尼类物质列入管制；第二个"4"是指2017年7月1日起，U-47700等4种新精神活性物质列入增补目录；"32"即公安部、国家卫生健康委员会和国家药品监督管理局决定于2018年9月1日新增列管32种4-氯乙卡西酮等新精神活性物质。

法"①。司法机关根据毒品犯罪具体情节，量刑时综合考虑毒品的不同种类与数量进而裁判案件。由于法官衡量案情标准不一，在缺少统一、明确的数量标准时可能会出现同案不同刑之情形。于是，2009年最高人民法院刑一庭发布了《关于审理若干新型毒品案件定罪量刑的指导意见》②以及2015年最高人民法院发布的"武汉会议纪要"，其中提出"折算法"。③如果同一罪名涉及两种以上毒品的，可将全部涉案毒品折算成海洛因计算数量。折算可依照刑法、司法解释及其他规范性文件中规定的数量标准进行，如果上述法律文件未规定，可参照2004年的《非法药物折算表》中规定的阿片类以及苯丙胺类毒品与海洛因的折算标准，将一些药物依赖性强以及精神依赖性强的毒品折算成海洛因后累加计算，进而确定刑事被告人的量刑幅度。④

实践中，涉案的毒品不仅包括"单方毒品"，还存在大量的"混合毒品"，经鉴定含有海洛因与美沙酮、甲基苯丙胺与咖啡因多种混合成分。办理这一类案件，需要先对混合毒品定性，将其划归至某一类毒品后再计算数量。目前，有两部规范性文件规定了混合毒品的定性问题，一部是"大连会议纪要"，另一部是2014年颁发的《关于规范毒品名称表述若干问题的意见》。认定思路为，查获的毒品可疑物经鉴定含有两种以上毒品成分，如果成分中含有海洛因或甲基苯丙胺，那么就将该毒品可疑物确定为"海洛因"或"甲基苯丙胺"。如果未鉴定出海洛因或甲基苯丙胺成分，那么就以定罪量刑数量标准低的毒品成分确定该混合毒品的种类。因此，广义上的毒品数量计算问题还包括对混合毒品的定性。

---

① 2008年的《全国部分法院审理毒品犯罪案件工作座谈会纪要》提出对一案涉及两种以上毒品的不实行数罪并罚，结合毒品的种类、数量及危害综合衡量处理。

② 2009年的《关于审理若干新型毒品案件定罪量刑的指导意见》中对新型混合毒品的量刑应以其主要毒品成分为依据，将危害较大的主要几类毒品成分按其比例折算成海洛因后再确定数量量刑。

③ 2015年《全国法院毒品犯罪审判工作座谈会纪要》中指出：一案涉及两种以上毒品的，先将不同种类毒品分别折算为海洛因的数量，以累加的毒品总量作为量刑的根据。

④ 《非法药物折算表》，百度文库：https://wenku.baidu.com/view/ee34d873240c844769eaeef7.html. 最后访问日期：2019年4月10日。

尽管"折算法"的提出是为弥补"直接认定法"与"估算法"的不足，但实践中司法人员采用"折算法"认定毒品数量呈现何种样态，处理同一罪名涉及不同种类毒品的案件最终如何确定量刑，仍需进一步考察。

一、不同种类毒品数量计算的总体样态

样本选取自中国裁判文书网，以"走私、贩卖、运输、制造毒品罪"为案由，分别依关键词"多种毒品"或"不同种类毒品"并限制时间段为从2015年5月至今，采取高级检索方式，搜集各地法院的一审判决书共计71篇。从裁判文书分布的地区来看，遍布北京、上海、河北、山西、新疆、湖北、浙江、贵州、广东、广西、青海、四川、海南等省、直辖市、自治区，基本涵盖我国由南向北、由西向东的大部分区域。制作裁判文书的法院层级既有中级人民法院，也有县、区人民法院，样本基本上客观全面且具有代表性。其中有效样本58份，被剔除的文本表现为：重复样本6份、不同种类毒品用于吸毒的样本7份。

根据裁判文书的具体内容，实践中法官认定毒品数量问题分为如下若干情形：

情形1：裁判文书中明确提出折算法；情形2：未提折算但实际上仍按照折算方法给出毒品总数；情形3：未对不同种类毒品折算，也未计算毒品总量，仅将不同种类毒品作为从重处罚情节；情形4：未计算涉案毒品总量，仅表述"多次""毒品数量大"；情形5：未对不同种类毒品折算，未计算毒品总量，也未作为量刑从重情节。样本分析的具体结果见表2。

表2　　　　　　　　　　　样本信息及所占比例

5种具体情形	案件信息	所占比例
明确指出不同种毒品计算数量时需要折算	［2015］惠博法刑一初字第320号［2016］新23刑终48号，［2016］浙02刑终653号，［2016］粤1704刑初249号［2017］黔27刑终161号，［2017］晋0421刑初124号	10%

5种具体情形	案件信息	所占比例
未提折算，但实际上给出了折算后的毒品总数	［2015］鄂通山刑初字第86号，［2018］粤17刑终31号，［2015］汕城法刑初字第21号，［2016］粤0804刑初107号，［2017］粤0904刑初644号	9%
未对不同种类毒品折算，也未计算毒品总量，仅将不同种类毒品作为从重处罚情节	［2015］汕城法刑初字第82号，［2015］清城法刑初字第554号，［2015］清新法刑初字第329号，［2015］清城法刑初字第624号，［2015］惠城法刑一初字第681号，［2015］佛城法刑初字第956号，［2015］穗荔法刑初字第1000号，［2015］肇要法刑初字第17号，［2015］珠横法刑初字第74号，［2016］琼01刑初4号，［2016］粤1323刑初920号，［2016］粤18刑终391号，［2016］粤1802刑初357号，［2016］粤1322刑初535号，［2016］粤0904刑初377号，［2016］粤1802刑初680号，［2016］冀刑终377号，［2017］桂03刑终78号，［2017］粤1802刑初2号，［2017］粤1802刑初23号，［2017］粤1802刑初52号，［2017］粤0904刑初1116号，［2017］粤09刑终242号，［2017］粤0904刑初131号	41%
未计算涉案毒品总量，仅表述"多次""毒品数量大"	［2015］琼海刑初字第188号，［2015］通川刑初字第213号，［2015］海南一中刑一初字第25号，［2016］湘04刑初29号，［2016］鄂2827刑初136号，［2017］粤01刑初226号，［2017］晋0423刑初136号，［2017］粤0402刑初471号，［2017］粤1803刑初70号，［2017］粤1802刑初677号，［2018］粤0103刑初135号，［2018］粤08刑初26号，［2018］琼刑终26号	22%
未折算，未计算毒品总量，也未提量刑从重	［2016］浙03刑初7号，［2016］沪0115刑初3605号，［2015］惠中法刑一初字第112号，［2016］粤1702刑初407号，［2017］黔06刑初14号，［2017］豫0192刑初10号，［2017］鄂0102刑初278号，［2017］湘0408刑初254号，［2018］粤1621刑初348号，［2018］冀0426刑初1号	18%

根据"武汉会议纪要"规定，海洛因可作为基准毒品，将其他种类毒品折算成海洛因数量后，以累加的毒品总量作为量刑依据。分析上述裁判文书样本，情形1，明确提出折算的方法，但该情形只占全部样本的10%。情形2，并未提及折算，但法官的实际操作是先折算后计算毒品总量，该情节也只占全部样本的9%。也就是说，实践中仅有不到1/3的案件依"折算法"认定和计算毒品数量。需要指出的是，"武汉会议纪要"于2015年开始颁布实施，其中提出"折算法"就是为了解决实践中认定不同种类毒品数量时存在的疑难。但事实证明，法官通常将不同种类的毒品作为量刑情节考虑，计算毒品数量时并非优先考虑折算法。

二、认定毒品数量的现状分析

通过对搜集的样本进行分析，可得到如下结论：

一些案件中的法官即使认可"折算法"，也并非依照"武汉会议纪要"的规定将涉案毒品均折算为海洛因后计算数量。例如情形1中，4份裁判文书指明要将毒品折算成海洛因[①]，有1份文书中指出将含有甲基苯丙胺成分的"麻谷"（甲基苯丙胺片剂）折算成甲基苯丙胺；[②]1份文书中指出将其他种类毒品折算成甲基丙胺后计算。[③]还有一些法官意识到在计算毒品数量时可以运用折算法，并且直接在判决书中确定折算后毒品的总数，但未提及"折算"一词。

多数情形下，司法人员并未对不同类型的毒品进行折算，只是将"不同种类毒品"作为定案的量刑情节。在具体表述上，有"查获多种毒品，且数量较大，量刑时可以酌情予以考虑"[④]"贩卖多种毒品，应酌情从重处罚"[⑤]"贩卖多种毒品，依法应从重处罚"[⑥]几种方式。由此可见，即使法官在量刑时将"不同类型毒品"作为需

---

① ［2014］宜刑初字第325号，［2016］浙02刑终653号，［2016］粤1704刑初249号、［2017］黔27刑终161号。

② ［2016］新23刑终48号。

③ ［2017］晋0421刑初124号。

④ ［2015］穗荔法刑初字第1000号。

⑤ ［2015］清城法刑初字第624号。

⑥ ［2015］惠城法刑一初字第681号。

要考虑的量刑情节，但是不同地区做法不同。有的法官将其作为"酌定"情形，认为"可以"适用；有的法官将其作为"法定"情形，认为"应当"适用。

司法实践中对同一罪名涉及两种以上毒品情形的处理方式，还存在两种情形：一种情形下，法官在文书中客观记述查获的毒品具体数量，统一认定为"数量大"或"数量巨大"，作为量刑情节予以考虑，这也是估算法的沿袭适用；①另外一种情形下，法官在裁判文书中不折算毒品的总数量，不认定"毒品数量较大"、"数量大"或"数量巨大"的量刑情节，在记述毒品具体数量后，直接对被告人定罪量刑。

综上分析可见，实践中相同地域的法官计算毒品数量时方法趋同，但是不同地区间相差极大。若要追求法律适用的统一性和判罚结果的公平性，就需要寻找解决方法，打破因计算标准不同导致的刑罚个别化困境。

三、常见毒品数量认定方法之缺陷

（一）折算法存在的问题

依据折算法，同一罪名涉及两种以上毒品时，如果现有刑法、司法解释明确规定了数量标准，可先将涉案的其他毒品按照比例关系折算成海洛因，以累计得出的海洛因数量作为量刑依据。如果案件涉及的毒品尚属现有刑法、司法解释未规定范畴，但属于《非法药物折算表》中规定的毒品种类，那么就参照《非法药物折算表》设置的折算比例，将该涉案毒品折算成海洛因后，以累计得出的海洛因数量作为量刑依据。尽管折算法为计算不同种类毒品的数量提供了可操作的方案，但不妥之处也显而易见。

折算法参照的规范并不统一。实践中，法官采取折算法计算毒品数量时，参照的规范主要有刑法、司法解释与《非法药物折算表》。刑法、司法解释中规定的毒品种类通常在实践中较为常见，已

---

① 在［2018］粤0103刑初135号裁判文书中表述，"被告人非法持有多种毒品，数量巨大，情节严重"。

形成一定的滥用规模且纯度较低，为定罪量刑设置的毒品数量标准依据的也是低纯度毒品与海洛因毒品间的比例关系。而《非法药物折算表》中规定的比例关系却是以纯品海洛因为基准，两者之间不具备严格对应性。例如，根据司法解释规定，1克海洛因相当于5克哌替啶（度冷丁），而在《非法药物折算表》中，1克海洛因相当于20克哌替啶（度冷丁）。法律依据不统一，折算的毒品数量不一致，折算法的权威性大打折扣。

折算法未能考虑毒品的纯度问题。根据刑法规定，司法实践中认定毒品数量时不以纯度折算。然而，《非法药物折算表》中规定的折算比例却是依据毒品标准品确定，可见，依据该表认定毒品数量，纯度就是必须要考虑的因素。例如，行为人以走私毒品为目的非法携带纯度25%的阿芬太尼10克出境，过关时被查获，构成走私毒品罪。由于现有司法解释中未规定阿芬太尼与海洛因的定罪量刑比例，按照《非法药物折算表》的规定，1克阿芬太尼相当于15克海洛因，那么将阿芬太尼折算成海洛因后认定行为人走私毒品150克（15×10=150克）。根据刑法规定，走私毒品"数量大"可能面临的刑期甚至是死刑。但同样情形下，如果考虑纯度问题就会得到另外一种结果。行为人走私毒品的数量为37.5克（15×10×0.25=37.5克）。依据这样的毒品数量，行为人的量刑幅度肯定为十五年有期徒刑以下。由此可见，纯度问题影响着量刑的结果，行为人面临的刑罚可能会有天壤之别。

折算法还未考虑毒品的毒性问题。司法解释中确立的海洛因与芬太尼的比例关系为1∶2.5，根据刑法规定，只有当行为人走私芬太尼数量达到125克以上时，方可构成走私毒品罪且"数量大"，面临的刑罚是有期徒刑15年、无期徒刑或死刑。如今，我国对芬太尼实行类管制，芬太尼药物家族的绝大多数物质均作为毒品列管，其中包括阿芬太尼。阿芬太尼为芬太尼的衍生物，其镇痛强度为芬太尼的四分之一，作用时间也比芬太尼短，是它的三分之一。[①]我国的刑法、司法解释中未对阿芬太尼设置数量规定，依据折算法，只能参照《非法药物折算表》，先将涉案的阿芬太尼折算成海洛因，而后

①参见吴寅：《双效麻醉药方复方丙泊酚-阿芬太尼乳剂的制备及药效学研究》，第四军医大学2014年博士学位论文。

计算数量。由于《非法药物折算表》中规定1克阿芬太尼相当于15克海洛因，那么行为人走私阿芬太尼4克以上已达到刑法规定的"数量大"，可能面临着无期徒刑，乃至死刑。从药效上看，芬太尼类物质的药性（毒性）均强于海洛因，《非法药物折算表》的规定有着药理学依据。实践中，海洛因与芬太尼很少以纯品形态出现，多数情形下案件查获的芬太尼为药品，含量较低，于是司法解释规定了海洛因与芬太尼的比例为1：2.5。由于折算法分别参照两套不同的规范，折算时也不考虑毒品的毒性问题，于是出现行为人走私毒性较低的阿芬太尼、数量较少但获得量刑却更重的法律后果，显然损害刑罚的实质性公平。

如果案件中并未查获海洛因，但仍然将涉案毒品折算成海洛因，实属不妥。根据《2018年中国毒品形势报告》显示，在240.4万名现有吸毒人员中，滥用阿片类毒品人数已从当年的占有半壁江山，退位至如今仅占总数三分之一，[①]绝大多数吸毒人员滥用的是化学合成毒品。缉毒侦查实践也表明，毒品犯罪案件中最常见、缴获数量最大的是甲基苯丙胺（冰毒）与甲基苯丙胺片剂。毒品市场花样多，大量新类型毒品涌现，海洛因已不再是"主流毒品"。而且传统毒品与新型毒品的成瘾性不同，吸毒者每次可吸食的毒品分量亦不相同，二者之间不具有等质性，折算的依据不足。如果犯罪行为涉及的主要毒品并非海洛因，而法官计算时还要将所有毒品折算成海洛因，未免多此一举。既增加办案难度，又浪费司法资源。

（二）直接认定法存在的问题

在"2016年毒品犯罪司法解释"中，明确了《刑法》第三百四十七条走私、贩卖、运输、制造毒品罪中的"其他毒品数量大""数量较大"的法定情形。[②]该解释中规定，在认定一些类型毒品的数量时，无须折算，而是直接按照给定的标准进行裁量。这种对不同种类毒品数量直接给出认定标准的做法，直观简洁，便于操作。如刑

---

① 《2018年中国毒品形势报告》，中国禁毒网：http://www.nncc626.com/2019-06/17/c_1210161797.htm.最后访问日期：2019年9月15日。

② 同时也包括《刑法》第三百四十八条规定的"数量大""数量较大"标准。

法中就直接列举部分种类的毒品，同时确定相应的刑罚幅度。当然，如果《麻醉药品和精神药品品种目录》中列管的所有毒品均能确立各自数量认定的标准，那么直接认定法无疑是最为理想的一种毒品数量计算方法。然而，实践中合成毒品种类层出不穷，每每变化一组分子式就能衍生出无数种毒品，这就意味着毒品管制的目录也是不断变化中。如果每列管一种毒品就需要通过立法或司法解释明确其"数量大"或"数量较大"的标准，法律规范就随时处于修订变动中，法律成本过大，并且法律的稳定性受损。由此可见，直接认定法这一操作模式尽管理想，但缺乏现实可行性。

第三节　毒品数量认定的新思路

一、"分类折算后从重处罚"设想提出

在《非法药物折算表》中，非法药物①共分八种类型：阿片类、苯丙胺类、可卡因类、大麻类、其他兴奋剂类、苯二氮卓类镇静安眠药、巴比妥类以及其他类镇静安眠药。而在阿片类与苯丙胺类毒品下，表中又进一步区分出"药物依赖性强且医疗中禁止使用""药物依赖性强但医疗中可以使用""药物依赖性弱且医疗中可以使用"三种情形。由于《非法药物折算表》中列举的每一种物质，根据其药理属性均能找到与他物质间的比例关系。这为分类折算提供了药理学基础。

通常，缉毒实践中查获的毒品种类没有《非法药物折算表》中涵盖的药品种类丰富，但这种分类方式为司法人员认定毒品数量提供了一个新思路。

首先，可将实践中涉案毒品分为两大类：麻醉品类和精神物质类。麻醉品类进一步划分为阿片类、大麻类、可卡因类；精神物质类进一步划分为苯丙胺类、苯二氮卓类镇静安眠药、巴比妥类。该分类基本涵盖了实践中常见的涉案毒品，也对应着《非法药物折算表》。

---

① 这里的非法药物也是刑法中规定管制的毒品。

其次，在每一类别下甄选出一种代表性药品（毒品）作为基准，同时确定其他毒品与基准毒品的比例关系，将其他毒品折算成基础毒品后确定数量。甄选每一种代表毒品时，可依据其司法常见性再结合药理属性综合判定。例如，阿片类毒品的基准毒品为海洛因，大麻类的基准毒品为大麻（可以是大麻叶、大麻脂或大麻油），可卡因类为可卡因、苯丙胺类为甲基苯丙胺（冰毒），巴比妥类为巴比妥，苯二氮䓬类镇静安眠药的基准毒品定为溴西泮。在《非法药物折算表》中还规定了"其他兴奋剂类"和"其他类镇静安眠药"，可以将这两类下的药品纳入其他大类中。其中，"咖啡因"在司法解释中有规定，"麻黄碱"是制造冰毒的重要原料，在我国按照制毒物品管控。"其他类镇静安眠药"可与"苯二氮䓬类镇静安眠药"共用一种基准毒品。

再次，在"阿片类"与"苯丙胺类"这两大类毒品下，还可以进一步划分为没有药用价值的"毒品"和有药用价值的"药品"。折算时，药品可按照说明书明示的有效成分含量计算数量，不适用"不以纯度计算"规则。[①]对有药用价值的"药品"折算为"海洛因"时，应当考虑该药品的临床治疗效果、实践中的滥用程度综合确定比例关系，而并非仅仅依据物质的药理性。

最后，需要强调的是，如果刑法、司法解释已有明确数量标准的，依据规定认定毒品数量，不再适用本规则。

"异种毒品先分类折算，后从重处罚"的具体操作为，先对同一罪名涉及的两种以上毒品进行分类，如果不同种毒品仍然属于同一分类，就依照其与本类下基准毒品的比例关系，将该毒品的数量折算成基准毒品数量，累计计算。如果不同种毒品同时属于不同的分类，那么先将毒品划分至具体的分类中，依据其与该类下基准毒品的比例关系确定数量。由于行为人一行为涉及两种以上毒品，社会危害性更强，可酌情量刑从重。通常，行为人从事走私、贩卖、运输、制造毒品可能面临的刑罚区间分为：有期徒刑三年以下（A区间）、有期徒刑三年以上至七年（B区间）、有期徒刑七年以上至十年（C区间）、有期徒刑十年以上至十五年（D区间）、无期徒刑和死刑

---

① 司法实践中，法官在认定查获的麻精药品数量时，亦是采取这种办法。参见判决书2017（粤）15刑终42号、2017（粤）5224刑初171号。

（E区间）。例如行为人贩卖两类以上毒品，法官先根据每一类毒品对行为人判处刑罚，如果累加后的宣告刑仍与原刑罚在同一量刑区间，那么取其上限；如果累加后的宣告刑已处于下一量刑区间，就以法定刑升格的方式确定最终的刑罚。举例说明，如果行为人贩卖氢可酮12克、甲基苯丙胺（冰毒）7克，法官先将氢可酮划入阿片类毒品，根据其与海洛因的比例关系2∶1[①]，将12克氢可酮折算为6克海洛因。假设贩卖6克海洛因的宣告刑是有期徒刑一年半，贩卖7克甲基苯丙胺（冰毒）宣告刑是有期徒刑一年，那么累加后的宣告刑为有期徒刑二年半，仍然位于A区间。根据"异类从重处罚"原则，对行为人判处有期徒刑三年（该区间上限）。如果行为人贩卖氢可酮18克、氯胺酮50克，那么18克氢可酮折算成9克海洛因。假设贩卖9克海洛因对应的宣告刑是有期徒刑二年，50克氯胺酮的宣告刑是有期徒刑一年半，那么累加后的宣告刑为有期徒刑三年半，处在B区间。此时，对贩卖两种毒品的行为以升格方式处罚，即在B区间（三年以上至七年）内对被告人确定最终的刑罚。

二、设想的理论依据

"异种毒品先分类折算"是根据我国《刑法》规定，被列管的毒品是"麻醉药品"和"精神药品"，可见将毒品分为"麻醉品类"与"精神物质类"的分类方式是可以被认可的。"从重处罚"源自不同种类毒品带来更大的社会危害性。这亦有法律依据，如《吸毒成瘾认定办法》第八条第二款规定："有证据证明吸毒成瘾人员采取注射方式使用毒品或者多次使用两类以上毒品的"，公安机关可认定其吸毒成瘾严重。该规则就是基于行为人同时滥用两种以上毒品，社会危害性更大。

一部分受管制的"毒品"还是医疗中广泛使用的药品，但医疗上允许使用的品种与医疗上禁止使用的品种间存在着很大差异，二

[①] 在临床上氢可酮是一种可以缓解疼痛的麻醉药品，可作为海洛因成瘾者的替代药品使用。具体药理特征可参见《氢可酮》，360百科：https://baike.so.com/doc/8714719-9037089.html.最后访问日期：2019年4月1日。由于司法解释中没有规定氢可酮的定罪量刑数量标准，在此参照《非法药物折算表》。

者的滥用危险性与社会危害性截然不同，不能将这两类毒品简单折算，否则导致量刑的实质不公平。根据司法解释规定，海洛因与咖啡因的比例为1∶4000，如行为人贩卖200千克咖啡因相当于贩卖50克海洛因。虽然看似刑法对咖啡因规定了很高的定罪量刑标准，但咖啡因与海洛因之间的实质性差别亦不可忽视。咖啡因作为一种重要的食品添加剂，广泛应用在生产生活中，无论是毒性还是使用价值，与海洛因均不可同日而语。现有法律在惩治非法贩卖这两种物质的行为时，仅建立一种数量对应关系，显然有损刑罚公平之要义。

三、设想的实现路径

（一）确立刑法规范意义上的折算比例体系

当前，刑法、司法解释与《非法药物折算表》是折算法参照的依据，但前者是从司法层面确定毒品的数量认定标准，它与《非法药物折算表》中单纯以药理属性确定比例关系存在着极大的差异。以度冷丁（Pethidine）为例，司法解释规定，行为人走私、贩卖、运输、制造、非法持有哌替啶（度冷丁）250克以上，属于刑法规定中的"其他毒品数量大"，但在《非法药物折算表》中，20克度冷丁才相当于1克海洛因，1000克度冷丁才达到"数量大"标准。应当通过专门立法理顺相关法律规范中设置毒品数量标准不一致的地方。最佳做法是，可参照《非法药物折算表》认定尚未规定在刑事法律中的毒品种类，赋予其刑法规范效力。但在确定其他种类毒品与基准毒品的比例关系时，需要考虑"药品"与通常意义上"毒品"的差别。

（二）完善行政法上的毒品定义

从刑法的谦抑性看，其条文中适宜对毒品进行实质定义，只要明确毒品的管制要素即可。但以管制毒品为职能的《禁毒法》以及作为《刑法》参照规范的《麻精药品管理条例》，可以对毒品进行形式定义，划定毒品的外延范围，确定毒品的数量标准。例如，可以在毒品定义的条文中增加第二款："本法所称的麻醉药品、精神药品以及非药用类麻醉药品与精神药品具体分为阿片类、苯丙胺类、大麻类、可卡因类、苯二氮䓬类镇静安眠药类及巴比妥类，海洛因、甲基苯丙胺（冰毒）、大麻、可卡因、溴西泮以及巴比妥作为基准毒品，其他类型毒品依据法律规定的比例关系，折算为本类基准毒品数量后再确定量刑。"以及增加第三款：涉案毒品为两种以上且分属不同类别的，分别折算为本类的基准毒品后确定数量，根据量刑叠加的结果以从重或加重方式确定最终刑罚。

虽然"异种毒品先分类折算，后从重处罚"的认定方法比折算法和直接认定法复杂一些，但可以弥补现有计算方法可能出现的误差与量刑不均，对刑罚公平意义重大。而且立法上无须针对《非法药物折算表》中已规定的毒品重复设置数量标准，是实现毒品分级管控前具有可操作性的计算毒品数量模式。

第四章

毒品犯罪既遂认定

犯罪既遂是现代刑法理论中一个重要概念，划分故意犯罪形态也是司法人员一项重要工作。在立法模式上，当前各国刑法均未在刑法分则中规定具体犯罪的既遂标准，通常是在总则中规定了犯罪的未完成形态——犯罪预备、犯罪中止与犯罪未遂，进而间接确定犯罪既遂的概念。以我国刑事立法为例，"犯罪未得逞"明确写入刑法作为犯罪未遂与犯罪既遂的区分标准，但该标准的确切内涵并不明确。特别是随着社会关系日益复杂，犯罪行为呈多样化特征，在毒品犯罪领域体现为法网日渐严密，罪名设置日趋细致，一些指导司法活动的规范性文件对毒品犯罪行为的规定更加具体。与此同时，一些特殊侦查措施介入让毒品犯罪的既遂与未遂界限更为模糊。何谓犯罪既遂？在查阅相关国外文献与国外刑法学专著时发现，国外学者鲜少对犯罪既遂问题深入进行专题性研究，似乎这是一个不需要规定的问题。究其原因，以德国、日本为代表的大陆法系国家的刑法体系下，总则中并没有处罚所有未遂犯的原则性规定，而且《刑法》分则的规定直接是按照既遂犯的模式设立，只有当某些犯罪未遂需要处罚时，才例外地规定"本罪未遂的，处……刑罚"。[1]然而我国情形并非如此，我国《刑法》总则仅规定了犯罪预备、犯罪未遂和犯罪中止，但犯罪既遂的标准为何，这并非不言自明的问题。特别是当传统学说不断被质疑，新的学说不断提出、

---

[1] 徐光华著：《犯罪既遂问题研究》，中国人民公安大学出版社2009年版，第3-4页。

修正，关于犯罪既遂标准的探讨，更是一场牵动刑法学诸多理论神经的学术思辨。

当前，我国学界对犯罪既遂的研究存在诸多争议与讨论，各种学术观点林立，各种学说在发展并极力完善的同时，也呈现出混乱局面。因此，关于犯罪既遂问题的讨论具有理论与实践双重价值。研究犯罪既遂，应当尽量避免站在自身立场研究，再基于自身立场对他人进行批判，而应当探寻刑法设置犯罪既遂的更深层含义。犯罪既遂标示犯罪发展至最终结局。这里的"最终结局"指犯罪行为的自然进程状态，还是立法者站在国家立场进行法律评价的结果？立法者是否有权力在自然的行为进程中人为地设定具体犯罪的既遂标准，如果有，须明示其依据。特别像毒品犯罪，本身就属于法定犯而非自然犯，刑法分则对毒品犯罪构成特征的描述往往基于罪名本身而过于概括简单，找到犯罪既遂的标准，显然难度甚大。司法实务界的工作人员认为，除了实践中出现的极为典型未遂案件按照犯罪未遂处理，对于毒品交易双方约定交易地点尚未见面，在途中被抓获的，对卖方也应当认定犯罪既遂。显然，这一规定着眼于禁毒刑事政策，在充分考虑毒品犯罪严重危害性的前提下对犯罪既遂形态的认定，但这一规定是否有刑事政策向刑事司法领域过度扩张之嫌？对犯罪既遂的厘清，关涉着对行为人的定罪量刑，值得深入探讨与研究。

第一节　犯罪既遂标准新界说

一、"犯罪构成要件齐备说"之反思

当今世界各国除了俄罗斯、巴西等极少数国家的立法例中提出犯罪既遂的概念外，大多数国家均未在刑法上明示犯罪既遂的概念及标准，通常是通过在总则中对犯罪未遂的规定，间接确立犯罪既遂的概念。日本、意大利、美国等国家的刑法中未设置犯罪既遂的标准，因为上述国家的刑法典中已经明确区分了犯罪既遂与犯罪未遂。例如《意大利刑法典》第五十六条第一款明确指出犯罪未遂仅

存在于直接故意犯罪中，过失犯罪没有未遂形态。英国于1981年颁布了《犯罪未遂法》，美国一些州的刑法典也直接对可罚的犯罪未遂做出规定，在这些法域下显然没有讨论犯罪既遂标准的必要。俄罗斯刑法中存在犯罪既遂的概念，但"犯罪构成要件的实现即犯罪既遂"明确地写在法典中。[1]同世界多数国家一样，我国刑法也未明确规定犯罪既遂的概念及标准。刑法理论通说将"犯罪构成要件齐备说"作为认定犯罪既遂的标准，正如何秉松教授所言："犯罪既遂是犯罪构成的完成形态，它是由刑法分则条文规定的……犯罪既遂是犯罪构成的典型形态。"[2]尽管该观点得到学界诸多学者的认同，但质疑的呼声仍此起彼伏。缘何我国学界存在观点争议，值得思考。

反对论者指出：犯罪构成要件齐备说混淆了犯罪构成、犯罪成立与犯罪既遂的关系。按照通说观点，犯罪构成是我国刑法所规定的，决定一行为成立犯罪所必需的客观要件与主观要件的有机统一体。犯罪既遂是行为在成立犯罪后，根据犯罪行为发展进程所作的判断。犯罪未遂的前提也是犯罪成立，自然也要求行为符合某一犯罪构成的全部要件。如此一来犯罪成立与犯罪既遂标准重合，犯罪未完成形态并无存在的余地。[3]如果承认《刑法》分则条款以犯罪既遂为模式规定，意味着所有的犯罪包括过失犯罪也存在犯罪既遂形态，显然与通说理论的"过失犯没有犯罪既遂与未遂之分"不符。上述批判可谓正中靶心，于是支持"犯罪构成要件齐备说"的论者又借鉴了"修正的构成要件"理论对学说进行完善。《刑法》分则的规定是根据基本犯罪构成要件设计的，以"完整"的犯罪构成要件规定了各种犯罪。总则条文在基本犯罪构成要件基础上"修正"了一些内容，进而形成中止犯、未遂犯。因此，不能以基本的犯罪构成模式衡量修正的犯罪构成要件是否完整齐备。同时论者进一步提出，"既遂罪与未完成罪尽管具有同质的犯罪构成，但在构成要件的

---

① *Уголовный кодекс РФ. Москва*，ООО《Проспект》，КноРус，2013-224с.

② 参见何秉松著：《犯罪构成系统论》，中国法制出版社1995年版，第333页。

③ 陆诗忠：《对我国"犯罪既遂标准说"的反思——"犯罪对象侵害说"之倡导》，载《安徽大学学报》（哲学社会科学版）2012年第4期，第125页。

具体内容上存在差异。对于某些犯罪未遂，其犯罪构成中只是缺少了某一要素，然而犯罪已经构成"。①可见，对于坚持"犯罪构成要件齐备说"的论者看来，犯罪的未完成形态是符合"修正的犯罪构成"的行为。该学说本身并无问题，只是需要明确指出区分犯罪既遂与未遂的可操作的、实质性的评价基准而已。

尽管支持"犯罪构成要件齐备说"的论者对该学说作了延伸性辩护，但仍然存在某些让人难以信服之处。例如，我国《刑法》分则的规定是否以犯罪既遂为模式，这一问题需要进一步确认与研究。以德、日为代表的大多数国家并未出现关于犯罪既遂标准的争议，是因为这一争论并无必要。②根据《刑法》规定，处罚未遂由《刑法》分则具体条款规定，除了特别注明处罚未遂犯的条款外，分则中其他条款均是针对既遂犯的。既然《刑法》分则已经有了清楚的规定，当然就没必要再从总体上研究"既遂标准"。但德、日刑法中的犯罪构成要件与我国的犯罪构成要件法律意义不同，能否将它们的标准直接拿来为我所用，需要论证。而且，"犯罪构成要件齐备说"对危险犯既遂后行为人主动排除危险状态的行为无法认定。在我国刑法学的权威教材中，将"行为造成法律规定的发生某种危害结果的危险状态作为既遂标志的犯罪"称作危险犯。也就是说，对危险犯而言，行为人在制造危险状态后即构成犯罪既遂，而其事后自动排除危险阻止实害结果发生的行为将不再评价，显然这一规定不利于鼓励犯罪人中止犯罪。

尽管"犯罪构成要件齐备说"存在着反对论者指出的问题，但该学说仍有值得称道与肯定之处。因为它坚持以犯罪构成要件符合性作为判断"犯罪既遂标准"，以一个客观标准适用于所有犯罪行为，以求法律适用的统一性。该观点是站在立法者立场而非犯罪人立场判断犯罪既遂，显然要比偏离社会危害性程度，单纯从犯罪人的犯罪目的现实化程度理解犯罪既遂的观点更具法律客观性。但由于我国《刑法》分则中并未对每一项罪名都规定明确、具体的"构成要件要素"，这也让"犯罪构成要件齐备说"的可操作性大打折扣。

---

① 王志祥著：《犯罪既遂新论》，北京师范大学出版社2010年版，第109页–111页。

② 张明楷著：《未遂犯论》，法律出版社1997年版，第132–133页。

二、"犯罪目的实现说"与"犯罪结果发生说"之检视

在"犯罪构成要件齐备说"观点备受争议之时，部分学者又提出"犯罪目的实现说"与"犯罪结果发生说"，试图从另一角度揭示犯罪既遂的标准。前者认为，所谓犯罪既遂就是实终了的犯罪行为达到了行为人预期的目的；后者强调，发生法定的犯罪结果是犯罪既遂的标准。二者试图克服"犯罪构成要件齐备说"的"形式主义"缺陷，力图揭示"齐备"的具体标志是什么，以增强"犯罪构成要件齐备说"的可操作性。

关于犯罪未遂，我国《刑法》第二十三条的权威表述为："已经着手实行犯罪，由于犯罪分子意志之外的原因而未得逞的，是犯罪未遂。"于是有学者指出："'既遂'，顾名思义，就是已经遂愿。按照'未得逞'是'未遂'的规定推论，'既遂'应指'得逞'……是指人的一种有目的的行为所引起的结果使其某种愿望得到了满足的状态……"该观点亦被称作"犯罪目的实现说"①。由于"犯罪目的"是犯罪人希望通过犯罪行为达到的主观上的预期效果，该学说提出以行为人预期目的是否得到满足、其主观上是否"遂愿"作为判断犯罪既遂的标准，显然这一标准让人无法接受。"目的"一词具有极强的主观色彩与个体差异性，犯罪既遂的标准需要统一性与客观性。如果从犯罪人的角度判定犯罪行为是否既遂，显然犯了立场错误。实践中，犯罪目的实现与否，无法作为判断犯罪既遂的标准。以贩卖毒品罪为例，行为人的主观目的通常为"牟取利益"。但在实践中，行为人只要贩卖毒品行为一经完成即可认定犯罪既遂，而不需要等"牟取利益"的目的实现。行为人主观意识的内容不同，目的不同，不同个体之间往往差异很大。仍以贩卖毒品罪为例，"贩卖"包括出售与以出售为目的的购买，相应的，行为人的目的就包括"完成交易""获取毒品""获得毒资""安全转移"等。认定贩卖毒品罪既遂，需要以哪种目的实现作为判断标准，依据"犯罪目的实现说"判断势必陷入进退维谷之局面。罪犯对法律的认识具有局限性，刑法中规定的犯罪目的不一定是罪犯实施犯罪意欲达到的犯

---

① 侯国云：《对传统犯罪既遂定义的异议》，载《法律科学》1997年第3期，第78页。

罪目的，如果以"犯罪目的实现"作为犯罪既遂的标准，如何克服"法定犯罪目的统一性"与"个体犯罪目的差异性"之间的矛盾，也是"犯罪目的实现说"需要回答的问题。

同样存在争议的还有"犯罪结果发生说"。该观点的提出本意是为了增强犯罪既遂认定标准的可操作性，因为犯罪结果具有较强的客观性，以犯罪结果发生作为判断既遂的标准，在处理案件时简便易行，操作性强，极易为司法人员所接受。但也有论者指出反对意见，认为"结果"一词在刑法中本是一个极具争议的概念，以这样一个概念作为犯罪既遂的标准，必然引发诸多质疑。对于实害犯而言，犯罪结果作为既遂标志没有问题，但认定行为犯的既遂也是以出现犯罪结果为条件，似乎就说不通。现代社会中，犯罪行为造成的危害结果日渐复杂，犯罪结果的内涵也呈现出宽泛性与多层次性。如果说古代刑法以结果责任为原则是因为犯罪行为简单化，实害结果出现犯罪也就宣告完成，那么现代刑法中"犯罪结果"一词的内涵已经开始模糊，进而导致犯罪既遂标准定位的模糊性。再者，在我国刑法中，"危害结果"还可能作为量刑情节要件存在，如强迫他人吸毒罪中就可能存在"致使被害人重伤、死亡"的危害结果，但显然该结果无法充当犯罪既遂的认定标准。

针对上述反驳，"犯罪结果发生说"的支持者也力图对理论予以修正。例如有学者建议重新界定"犯罪结果"的内涵，"所谓法律规定的结果，不仅包括已经发生实际损害的结果，还包括某些（限于法律特别规定）可能发生严重危害的结果在内"。①刑法之所以区分犯罪既遂与未遂，归根结底是不同的犯罪行为侵害法益的程度不同。故从保护法益观点来看，应以"是否发生了行为人所追求的、由其行为所引发的或是基于该行为性质必然会发生的法益侵害结果出现"作为判断犯罪既遂的标准。

尽管"犯罪结果发生说"中描述的"结果"内涵并不确定，但这也不意味着刑法中的"危害结果"就是一个完全抽象、捉摸不透的概念。我国刑法理论以行为人对行为危害结果存在故意或过失的心理态度确定罪过，可见"危害结果"具有认识可能性。从行为人

---

① 参见杨春冼、杨敦先主编：《中国刑法论》，北京大学出版社2000年版，第186—187页。

角度观察，一般以犯罪结果的发生作为犯罪完成。从立法者角度观察，一般也是以犯罪行为造成实害结果作为犯罪完成的标志。"犯罪结果发生说"是对犯罪既遂最直观、最自然的认识，法律区分犯罪既遂与未完成形态的主旨，在于将危害程度不同的犯罪情形区别开来，以便正确地适用刑罚。在这一点上"犯罪结果发生说"的提出存在着积极意义，因为结果是反映程度的最好指标。当然，这一判断标准也存在缺陷，即未能对"标志犯罪完成的结果"作实质性说明，进而让该标准的说服力存在欠缺。

三、犯罪既遂标准再分析

当今世界各国的刑事立法将犯罪既遂、犯罪未遂以及犯罪预备和犯罪中止作为故意犯罪发展的不同程度的停止形态，是在成立犯罪后对犯罪进程做出的判断。区分犯罪行为发展进程的主要目的在于对行为人科以不同的刑罚，这也是包括我国在内的各国刑法之共识。由此可见，犯罪既遂标准是立法者站在国家立法评价的角度，基于法益保护立场来评价犯罪及其完成。司法的公正性要求法律适用统一，"犯罪构成要件齐备说"力图为犯罪既遂设定统一的标准，从这一意义上讲，它的提出非常有意义。但该学说的差强人意之处在于仅从形式上确立认定犯罪既遂的标准，未从实质上说明法律设置犯罪停止形态的目的及缘由，无法回答犯罪构成要件对犯罪成立与犯罪既遂有何不同的意义。对于大多数毒品犯罪而言，犯罪的完成是一个动态过程，例如贩卖毒品罪既遂是毒品交易完成，交易完成就包含着"见面""交付毒品""支付钱款"等一系列环节，这往往是一个动态过程而并非一个节点，因此运用"犯罪构成要件齐备说"设置统一的标准显然力不从心。我国刑法学界对分则的规定模式，存在"犯罪成立模式说"和"犯罪既遂模式说"两种观点。"犯罪成立模式说"论者认为，分则条文规定的是犯罪成立的基本条件，与其对应的法定刑也应该是适用于所有犯罪形态的刑罚。构成要件只有犯罪成立意义，而不是犯罪既遂的标准。但如果依据"犯罪成立模式说"，故意犯罪的构成要件原则上应当为犯罪预备的构成要件，罪与非罪的区分其实是罪与犯罪预备的区分。因为对于故意犯罪而言，按照时间的逻辑顺序也应当先是犯罪预备，而后方可能犯罪既遂。但是，犯罪预备阶段的情形各不相同，如贩卖毒品罪的预备行为可能有多种形式，筹集毒资、去毒源地购毒、联系毒品买家等等，在哪个阶段成立犯罪预备，本身就有疑问。从犯罪预备行为中往往无法窥到具体犯罪的轮廓，犯罪构成要件无法发挥认定犯罪之功能。有些情形下毒品犯罪甚至不存在预备阶段，如受雇佣替他人运输毒品的行为人，可能直接登上他人准备好的汽车开始运输毒品，这时成立犯罪的行为就不再是预备行为，而是着手行为。这样一来，成立标准就无法算作一种"标准"。可见，我国《刑法》分则对具体犯罪的规定应当是针对犯罪既遂形态的。事实上也的确如此，尽管我国刑法确立了犯罪预备的可罚原则，但并非所有的预备犯均会受到刑罚。刑法原则上处罚业已完成的犯罪行为，有一些行为虽然尚未完成，但已经在"通往犯罪既遂的道路上"走出较远的距离，其社会危害性已经达到应受刑罚处罚的程度，于是刑法对这一类未完成的犯罪行为也要予以惩治。刑法以既遂模式确定基本的犯罪构成要件，未完成形态的犯罪比照"既遂犯"符合修正的犯罪构成要件。从这一意义上讲，这种"修正构成要件"的提出并不是否认"犯罪只有一个犯罪构成"这一刑法公理。只是在"基本的犯罪构成"内容下，增添了"准备中但意志外原因未能着手"、"自动放弃"或"着手但因意志外原因未得逞"这些时空要素形成了犯罪预备、犯罪中止或犯罪未遂。由此可见，犯罪构成的不同内容决定了不同的犯罪停止形态。

前面已述，犯罪既遂是一种法律上的规定，立法者在设定犯罪既遂标准时有选择权。这种选择并非基于立法者的主观任性，而有其客观依据。通常情形下，立法者以人们观念中的犯罪完成之标准作为犯罪既遂的标准，有时候出于法益保护等特定事由也会将犯罪既遂形态的终止点提前。这种改变关系着犯罪既遂与未遂的区分，关系着刑罚的强弱之分，需要为其寻找正当性理由，而这一理由归根到底应落实在行为对法益（一说犯罪客体）的侵害程度上。

法益侵害说最初作为规范违反说的对立学说提出，认为违法性的实质与犯罪的本质在于法益的侵害或法益侵害的危险性。①但是单纯以法益侵害性作为判断犯罪既遂的标准仍然不够明确，因为这也是判断犯罪成立与否的标准。如果单纯从形式上为犯罪既遂寻找标准，很难找到一个面面俱到的标志，应当建立实质的犯罪既遂观。在此可借鉴张明楷教授提出的实质客观说之危险结果说②，将该学说观点作为认定犯罪既遂的标准。具体理由从以下三方面论证。

首先，犯罪的实质在于法益侵害性，而这种侵害性总是与一定的危害结果相关。犯罪的本质是什么？这一问题可谓刑法理论大厦的根基。我国刑法学的权威教材认为，行为具有一定的社会危害性，是犯罪最基本的特征。也有学者把"社会危害性"进一步具体为"刑罚当罚性"。关于社会危害性，刑法学界还存在着"事实说"与"侵犯关系说"的分歧。前者强调实际造成或可能造成的危害是行为的社会危害性；后者认为社会危害性是对刑法所保护的社会关系的破坏。但无论从哪种属性来看，有一点是共同的，即犯罪行为所具有的"社会危害性"总是要严重到一定程度，产生某种结果。因为出现了"结果"的指征，立法者才会关注到这一行为并将其规定为犯罪。"思想不犯罪"就在于无论人们脑海中幻想着多么恶劣的情境，客观上没有侵犯的客体，不会产生危害社会与他人的后果。立法上，一行为被规定为犯罪，都是以该行为侵害某种法益的现实结果为依据。对法益侵害的评估离不开它的逻辑结果。

其次，犯罪造成的危害结果不仅包括有形的物质性结果，也包括对刑法所包括的社会关系（法益）造成改变的无形结果。"犯罪结果发生说"最让人诟病的一点，是根据该说只能解决实害犯的犯罪既遂问题，不能解决行为犯与危险犯的犯罪既遂问题。如果换一种思路，将"结果"分为"广义结果"与"狭义结果"看待问题，就会得到不一样的答案。传统刑法理论认为，行为犯指以法定的犯罪行为的完成作为既遂标志的犯罪。这类犯罪的既遂并不要求造成物质性的和有形的犯罪结果，而是以行为的完成为标志。仔细推敲这

---

① 张馨元：《从规范违反说和法益侵害说看认定未遂犯着手的差距》，载《社会科学战线》2004年第6期，第168页。

② 犯罪未遂论存在客观未遂论与主观未遂论之分，其中客观未遂论又进一步分为形式的客观说与实质的客观说，而实质客观说下又包括行为危险说、危险结果说与综合的危险说。本书同意张明楷教授观点，支持客观未遂论，支持客观说中的危险结果说。

句话可以发现，既然强调行为犯的既遂不要求造成物质性和有形的犯罪结果，那么是否意味着犯罪也可能产生非物质性的、无形的结果？物质性的、有形的结果容易把握，人们也偏向于将其划入犯罪结果范畴。而非物质性的、无形的结果难以把握、不容易确定，如果直接将其排除在犯罪结果之外，那么也人为地缩小了犯罪结果的外延。当行为发生后产生的结果未能或无法对法益造成侵害，那么该行为就不能被评价为犯罪。行为一旦改变了刑法保护下的人或物的存在状态，也就意味着某种结果产生了。运输毒品罪为典型的行为犯，犯罪既遂不以出现"送达毒品"这一结果为标志，行为人只要从事运输毒品行为，就应当认定犯罪既遂。但在实践中，如果行为人已着手运输行为，但行使不远的距离即因交通工具损坏或其他意志以外的因素中止运输行为的，法官通常不再以"起运说"作为认定犯罪既遂的标准。有学者提出，认定毒品犯罪既遂可以采用"行为一定程度说"作为既遂标准，以兼顾个案公正。但是如何判断实行行为达到"一定程度"，通说并没有给出答案。于是又有学者提出，行为犯其实也是"结果犯"。[①]在行为犯的场合，犯罪行为并非一经实施即宣告既遂，仍然要在实施的过程中到达某一点，产生了"改变刑法所保护的人或物的存在状态"的结果，方可认定既遂。只是这一结果不同于结果犯场合下，行为与结果之间存在明显的时间间隔。传统刑法理论仅从"狭义"上理解犯罪结果，认为行为犯不需要产生结果就可达既遂状态。

再次，以"实质客观说之危险结果说"作为既遂标准，可以更好地说明刑法处罚犯罪未完成形态的内在缘由。尽管我国刑法没有像德、日刑法那样，将未遂犯处罚之例外明确规定在《刑法》分则条文中，但仔细斟酌《刑法》分则第二十三条第二款背后的立法目的，可以看出我国刑法是有限制地处罚犯罪未完成形态。表面上看每一种犯罪均有成立未遂（预备）的可能性，但事实并非如此。有一些犯罪行为的犯罪预备、犯罪未遂与犯罪中止的有责性并未达到值得科以刑罚的程度，故此要么不成立犯罪，要么处以较轻的刑罚。对行为的违法性进行实质考察时，主要依据罪质判断一行为是否成

---

① 参见徐德华：《再论犯罪既遂标准——以对犯罪结果的重新解读为切入点》，载《学术探索》2008年第4期，第69-70页。

立犯罪，以及犯罪特殊形态的可罚性。而对罪质轻重的判断，往往与行为对法益侵害程度——行为产生的结果相关。正如张明楷教授指出，犯罪既遂的标准应当是一种实质的客观说标准，即对法益侵害的危险性是未遂犯的处罚依据，而作为未遂犯处罚依据的危险应当是一种"作为结果的危险"，即行为造成的危害而非行为本身的危险。[①]

第二节 毒品犯罪既遂标准重新解读

毒品犯罪作为一类犯罪，具体包含着若干罪名，是否存在着统一的既遂标准，值得研究与探讨。"实质客观说之危险结果说"标准的提出，旨在为犯罪既遂标准提供新的参考，原则上也适用于认定毒品犯罪的犯罪既遂。诚然，毒品犯罪具体包含了11个罪名，即使在一个罪名下涵盖的犯罪行为方式也各种各样。如走私毒品罪的行为方式就包含了瞒关走私、绕关走私、邮寄走私等。毒品犯罪还是一种特殊的链条型犯罪，国家从毒品的生产、流通、销售各环节全方位防控，使得毒品犯罪也表现为制造、运输、贩卖、持有等不同样态特征。如果从毒品犯罪的自然进程来分析，制造行为还属于贩卖行为的预备行为，运输行为还属于贩卖行为的帮助行为，如果想为这些错综复杂、样态各异的行为设定统一的既遂标准，显然十分困难。但是毒品犯罪的既遂标准仍然存在共通之处，这表现为：

毒品犯罪中不存在过失犯，均为故意犯罪。毒品犯罪不属于传统意义上的结果犯[②]，应归为行为犯，行为在符合基本犯罪构成时，通常可认定犯罪既遂。毒品犯罪也不属于实害犯，一旦犯罪对刑法的保护法益——社会管理秩序以及不特定群众的身心健康的危害与威胁具有紧迫性，立法者可以基于处罚的必要性将犯罪既遂点适度提前。因为刑法规范除了报应功能外，还承担着预防的作用，而且应该是积极的预防。同时，毒品犯罪并非具体危险犯，即使具体的贩毒行为业已完成，这也只是提供了购毒者使用毒品并造成身心伤

---

① 张明楷著：《刑法学》（第五版），法律出版社2016年版，第338页。
② 此处的结果属狭义的"结果"。

害的可能性，并未直接侵害吸毒者个人的身体健康法益①，也未对作为社会法益存在的不特定多数人的身体健康法益造成直接的伤害。从这一角度看，毒品犯罪行为多具有抽象危险性质。

尽管不同的毒品犯罪行为"着手"方式不同，但判断"着手"要以行为侵害法益的危险达到紧迫程度为标准。行为着手后，判断犯罪未遂与既遂的标准也要以侵害法益的危险是否产生"抽象的结果"为标志，无须等到实害结果出现。

毒品犯罪属于一类犯罪，不同犯罪行为的犯罪构成要件要素不同，不同行为侵害法益的紧迫性也略有不同。传统刑法理论根据不同的犯罪既遂标志，将犯罪分为结果犯、行为犯、危险犯与举动犯。近年来，该观点受到一些学者的质疑，有人提出所有犯罪的既遂都应当是实害结果发生，行为犯与结果犯，危险犯与实害犯是基于不同标准进行的分类。②事实上，关于犯罪类型的划分在刑法理论上本就属一个存在争议的话题。这说明犯罪既遂形态的划分不具有绝对性，不同犯罪形态之间存在交叉。如果坚持行为犯与结果犯、危险犯与实害犯是对全部犯罪依据不同标准进行的划分，那么划分出来的犯罪就有竞合的可能。任何犯罪行为总要产生一定的结果，只是这种结果可以是有形的，也可能是无形的，刑法中规定的结果也并非整齐划一。刑法理论通说认为，抽象危险犯不以法益受到侵害或具体危险为必要，这种危险属于规范的或拟制的范畴，其既遂是以出现对法益造成抽象危险的危险结果为标志。而行为犯的既遂要求犯罪结果的认定寓于行为之内，在此问题上采取的是行为无价值立场而非结果无价值立场。但无论在理论上如何划分，最终的结果都应当有利于犯罪形态的认定，最终目的也是为了刑罚的正当与规范适用。

抽象危险的概念是一个极具争议性话题，由德国学者借助于实害犯与具体危险的比较得出。实害是指具体损害发生，具体危险是指实害发生的可能性，而抽象危险是指具体危险发生的可能性。③毒

---

① 需要指出的是，以侵犯人身健康法益为特征的教唆、引诱、欺骗和强迫他人吸毒罪不在此情形下。

② 李洁著：《犯罪既遂形态研究》，吉林大学出版社1999年版，第264页。

③ 参见林东茂：《危险犯的法律性质》，载《台大法学论丛》第24卷第1期，第282页。

品犯罪能否作为抽象危险犯类型，对该问题的回答决定了毒品犯罪既遂标准的判定。尽管《刑法》第三百四十七条为选择性罪名，将走私毒品、贩卖毒品、运输毒品和制造毒品四种行为确定在同一罪名下，但上述四种具体行为的危险程度并不完全一致。从本质上讲，制造毒品行为属源头性犯罪，使毒品由无到有产生。走私、运输毒品行为属于帮助行为，最终为贩卖毒品服务。如果将毒品犯罪侵犯的法益界定为社会公众的身心健康，那么从法益侵害的紧迫程度上看，贩卖毒品罪对法益的威胁最为直接。从这一意义上讲，贩卖行为让毒品由上游生产向消费终端扩散，危害社会公众身心健康的可能性更强，造成法益侵害的紧迫程度更强。将贩卖毒品罪归于抽象危险犯类型进而审视犯罪既遂标准，具有理论上的正当性。抽象危险犯是一种与实害犯相对的犯罪类型，它的产生与刑法的预防性理念相关，它与科技进步带来的现代生活风险有着内在联系。在德国刑法理论中，贩卖毒品行为一般也被视作抽象危险犯，我国台湾地区也有诸多学者持相同观点。①行为犯通常与结果犯相对应，由于抽象危险犯并未引发实际损害，也未引起法益的具体危险，其危险是立法者所拟制的就其行为本身所具有的一般危险，因此其与行为犯在构造及性质上基本相同。有学者就主张抽象危险犯是行为犯，只是"行为犯的应受处罚性，是以符合构成要件行为对特定法益的一般危险性为基础的"。②由此可见，将贩卖毒品行为视作抽象危险犯类型并非否定其行为犯特征，只是强调贩卖毒品行为作为犯罪而处于刑罚之下是基于一种抽象的危险。该危险为立法者拟制，并不要求具体危险发生，根据行为的形式就可以肯定其实质的不法性。贩卖毒品罪往往被称作"无被害人犯罪"，买卖双方均是毒品交易的获益人，但是立法者根据经验可以得出贩毒行为必然对社会公众健康造成严重危害的结论，这恰恰说明了该行为的抽象危险性质，即该行为被立法者假定为具有危险性，应当受到惩罚。当然，抽象危险犯并不以行为犯为限，也包括结果犯，但对贩卖毒品行为的讨论则

---

① 高巍著：《贩卖毒品罪研究》，中国人民公安大学出版社2007年版，第72页。

② [德]汉斯·海因里希·耶赛克、托马斯·魏根特著：《德国刑法教科书》，徐久生译，中国法制出版社2001年版，第322页。

是从具有"抽象危险"的行为犯视角下予以研究。

一、争议观点聚讼

（一）走私毒品行为认定争议

实践中，走私、贩卖、运输、制造毒品犯罪行为最为常见，围绕上述行为认定犯罪既遂与未遂产生的争议亦最多。走私毒品罪规定在《刑法》第三百四十七条中，指违反国家对毒品的管制秩序、逃避海关监管，明知是毒品且非法携带、运输、邮寄毒品出入国（边）境的行为。结合司法实践情况来看，常见的走私毒品行为包括瞒关走私、骗关走私、绕关走私、邮寄走私以及准走私，后者指直接向走私毒品的犯罪分子非法收购毒品的行为。学界通说观点认为走私毒品罪为行为犯，"因为行为人的走私毒品行为往往是在过关检查时被发现，此时走私行为的危害结果还未完全实现。如果认定走私毒品犯罪为结果犯，那么结论就是永远不会存在走私既遂"。[①]还有学者认为，走私毒品罪与走私罪属于特殊法条与一般法条的关系，原则上与走私罪侵犯的客体一致，侵犯的客体是国家的海关监管制度，应以是否越过国（边）境作为认定该罪既遂的标准。此外，还应当结合具体行为方式对犯罪既遂的认定细化。具体来讲，运输、携带毒品进出境的行为可分为通关和绕关两种方式。以通过验关作为通关（瞒关）走私的既遂，以毒品跨过国（边）境线为绕关走私的既遂。通过邮寄方式走私毒品的，应以邮件通过海关为既遂。

上述观点代表了我国理论与司法实务界的基本立场，但也有几个问题需要澄清：如果将走私毒品罪看作行为犯，刑法规定的走私行为完成作为既遂标志，那么如何认定"法定的走私行为完成"就非常重要，而该问题在实践中显然并未完全达成共识。此外，随着快递行业日渐发达，越来越多的犯罪分子不再拘泥于传统的人体藏毒、汽车运输等方式运输毒品，邮寄走私、运输毒品已成常态。如何认定邮寄走私毒品的犯罪既遂，成为实务界争讼的焦点。实践中，

---

① 陈明蔚：《邮寄型走私毒品犯罪的既遂标准》，载《人民司法》2016年第2期，第17页。

司法人员与辩护律师在认定邮寄走私毒品行为是否构成犯罪既遂时，秉持的标准相去甚远。研究该问题具有重要的理论与实践意义，对认定邮寄方式实施运输毒品犯罪既遂具有参考价值。

案例1：2014年4月，犯罪嫌疑人莫某雇请并指使何某、谭某二人将甲基苯丙胺藏于事先购买的电子器件内，并安排何某将毒品交付寄递。何某于4月23日将藏有毒品的电子器件交给本市某国际货运公司寄往澳大利亚，办好快递手续后离开。而后，该物流公司在发货前的检查中发现照明灯中藏有可疑物品。经鉴定，白色固体晶体为甲基苯丙胺，共计3包，累计净重1000克，纯度均在70%以上。

物流公司及时向公安机关报案，侦查人员根据物流公司的视频监控录像找到何某，根据何某的供述又将莫某、谭某一并抓捕归案。法庭上，检察机关指控莫某、何某与谭某三人的行为均已构成走私毒品罪且走私毒品数量大。被告人莫某指使何某向海外邮寄毒品，且于同年4月23日被告人谭某已经前往货运公司完成毒品交寄，构成走私毒品罪既遂。但辩护律师提出抗辩，毒品尚未发出时已被查获发现，属于"因犯罪人意志外其他原因造成的走私行为未得逞"，应认定被告人犯罪未遂。[①]

本案中，控辩双方争议的焦点是：采取邮寄方式走私毒品，应以毒品完成交付作为犯罪既遂标志，还是以毒品逾越国（边）境为犯罪既遂标志？目前法律上并未对此明确规定，本案的一、二审法院均以被告人在货运公司完成交寄手续为既遂，但这种认定结论需要理论支持。

（二）制造毒品行为认定争议

同样的，在认定制造毒品罪的既遂与未遂形态时也存在争议。制造毒品罪是与走私、贩卖、运输毒品罪并列，具有严重社会危害性的行为。认定制造毒品罪既遂，学界有"开始制造说""制造成功说""制出成品说"等不同标准，矛盾集中在"制造毒品罪是行为犯还是结果犯"这一问题上。大多数学者包括司法工作者普遍认为制造毒品罪是行为犯。也有论者坚持制造毒品罪应为结果犯，只有当

---

① 本案例来自［2015］深中法刑一初字第56号判决书，并对内容有所删改。

制毒行为结束并制造出毒品成品方可构成既遂，反之为未遂。"开始着手制造毒品"与"制造出毒品成品"属于两个完全不同的时间节点，二者之间存在着时空距离。"开始制造说""制造成功说""制出成品说"反映着不同的犯罪既遂认定标准。按照"开始制造说"的标准，行为人只要着手制造毒品即已构成犯罪既遂，而无论毒品最终是否制造成功。"制造成功说"意味着行为人最终制造的物品经鉴定为毒品，方能构成犯罪既遂。而如果坚持"制出成品说"的既遂标准，不仅需要行为人最终制造出毒品成品，而且还要确定毒品成品的数量，最终确定量刑幅度。

案例2：2006年6—7月间，朱某与倪某等4人商议制造氯胺酮（俗称"K粉"）。朱某购入制毒原料500克，安排其他3人购买制毒工具和物品。4人多次尝试制造毒品，因技术、制造方法问题，制造出的150克成品质量很差，味道与吸食效果不像K粉，其中50余克被丢弃，余下部分被吸食或送人。而后4人又陆续制造氯胺酮7次，累计数量1130克。除案发时查获的280.8克以外，其余全部用于吸食或者贩卖。①浦江县人民法院认定，被告人朱某等人最初制造的150克毒品氯胺酮属制造毒品罪（未遂）。因为现有证据未能对之前制造失败的毒品进行鉴定，不能证明毒品含量并确定毒品属性，本着疑点证据利益归于被告人的原则，对该部分制造毒品事实认定为犯罪未遂。

上述案件发生在"大连会议纪要"颁布之前，反映了当时实务界在认定制造毒品罪既遂与未遂存在疑难时的通行做法。尽管该案作为典型案例被最高人民法院编写的《刑事审判参考》收录，但关于该案的认定结论也存在诸多值得探讨之处。案例2中，法官在判决书中确认被告人"以制造毒品为目的，实施了制造毒品的行为，已构成制造毒品罪。其制造的K粉不论是否成功或是否经过检验，其数量均应计入毒品数量，并据此定罪量刑"。由此看来，法官坚持以"开始制造说"作为判断制造毒品罪既遂的标准。此案中，可以查证的毒品数量不仅包括后来制造成功的1130克，原则上也包括之前制造失败的150克。根据我国《刑法》第三百四十七条规定，未经处理

① 《朱某、倪某等三人制造毒品既遂案件》，毒品辩护律师网：http：//www.dpbh580.com/dupinfanzui/zhizao/20180517/274.html.最后访问日期：2019年7月1日。

的毒品数量累计计算，因此法官在认定毒品数量时应将二者合并计算，即被告人累计制造1280克毒品氯胺酮。事实上，法官是将最初制造150克氯胺酮的行为认定为犯罪未遂，制造失败的毒品数量并未计算在总数内。此时，法官又像是以"制出成品说"作为认定犯罪既遂的标准。由此引发思考：制造毒品罪的既遂是行为的既遂还是结果的既遂？既然有证据证明行为人制造毒品行为结束，已经产生毒品，为何在无法鉴定毒品时就将该部分行为认定未遂？被告人丢弃毒品是因为毒品的质量太差，那么判断制造毒品罪的既遂与未遂应当以个人意图得以实现为标志，还是以行为完成为标志？行为人虽然前几次制造毒品行为失败，但最终仍成功地制造出毒品，能否将数次行为看成连续的整体，整体认定行为人犯罪既遂？二人以上的行为人同一犯意下实施的行为部分认定既遂、部分认定为未遂是否合理正当？这些问题需要用刑法理论研究与回答。

（三）以贩卖为目的购毒行为认定争议

贩卖毒品罪是司法实践中最为多发常见的毒品犯罪，但在刑法条文中，该罪却以简单罪状予以描述，并未详细说明其构成特征。当条文只简单规定罪名或简单描述犯罪的基本构成特征，谓之简单罪状，立法者使用其用意在于简练法律条文，且这类犯罪特征通常易于被人理解和把握，无须在法律上做出具体描述。然而无论是司法实践中还是学理研讨上，贩卖毒品罪的构成特征并未达到众所周知且无须描述的程度，即使"贩卖"这样普通的词语也远没有达到"不论自明"的程度。而且恰恰由于贩卖毒品罪的构成要件在条文表述上过于简洁，使得该罪在法律适用中造成理解上的诸多歧义。关于"贩卖"一词展开的争议，探其根源，就在于法律用语与生活语言间存在着差异性。生活用语中的"贩卖"一词属于偏正结构，"卖"是该词语的核心动作，内涵为低价买入后再高价卖出的一系列行为，如果仅买不卖，则并非一般所指的"贩卖"行为。纵观我国《刑法》分则条文中，涉及"非法收购及交易"内涵的法律用语有"拐卖""非法买卖""贩卖"等不同词语，有学者指出，贩卖毒品罪这一罪名之所以使用"贩卖"而不是"非法买卖"，其本义应当是仅指毒品的有偿转让他人或交易行为。《刑法》分则中规定的贩卖并不当然地必须具备买和卖两个环节。贩卖毒品罪中的"贩卖"一词，通常也只是被规范地解释为出售、销售或出卖，并不必然包含着先买后卖的环节。

然而，2012 年"立案追诉标准（三）"中对"贩卖毒品行为"的定义是：明知是毒品而非法销售或者以贩卖为目的非法收买毒品的行为。此外，部分刑法学教材中亦采用这一说法，提出贩卖毒品是指行为人有偿转让或以出售为目的的非法收购毒品行为。贩卖毒品罪中的"贩卖"一语在我国现行法律中不仅指"卖"，也涵盖了以贩卖为目的的"买"。于是，在判断贩卖毒品行为的"着手"问题上，理论界与实务中，存在着多种解读声音，下述案例可见一斑。

案例 3：2018 年 10 月 26 日，被告人孙某主动找到同乡沈某，孙向沈表示想贩卖海洛因赚钱，并询问其是否可购得海洛因。沈某当场承诺可以购毒，并收受孙某人民币 10 万元作为预付款，二人以 18 万元购买 4000 克海洛因的价格达成协议。而后，沈某致电孙某约其在某宾馆附近大桥边会面。同年 12 月 2 日，孙某携带余款，而沈某指使王某携带毒品前去交易。双方验货过程中，被正在办案的侦查员当场抓获。侦查员从王某身边搜到可疑物，经鉴定，该物品为海洛因，重 3998.8 克。而后又将沈某在其住所处抓获。从沈某、孙某的供述中得知，孙某购买海洛因是以出卖为目的。

虽然最终法院判定孙某构成贩卖毒品罪既遂，但合议时仍存在不同意见。主审法官认为，被告人沈某与孙某违反国家对毒品的管理制度，以非法贩卖牟利为目的而买卖毒品，其行为均已构成贩卖毒品罪，属犯罪既遂。但也有人提出质疑，认为孙某仅在购买毒品阶段即被警方抓获，属犯罪未遂。其实关于贩卖毒品罪既遂和未遂的认定，从形式上看是如何理解贩卖毒品罪构成的问题，但实质上却是如何妥当适用刑法中罪刑责相适应这一基本原则的问题。

以邓又天教授为代表的部分学者提出，"卖"的行为是"买"之延续，二者不可分割。行为人无论实施买入或卖出毒品任一行为均说明犯罪已进行实行阶段，买入毒品的成功意味着已经完成犯罪，已然达到犯罪既遂。①该观点亦被称作"买入即既遂说"。持该观点

---

① 参见李立众：《贩卖毒品中"买入毒品即既遂说"之反思》，载《华东政法大学学报》2020 年第 1 期，第 27 页。

学者认为，实践中绝大多数贩卖毒品行为均始于购买，终于销售，两阶段不可分割。行为人无论是买还是卖毒品，均侵害国家的毒品管理秩序，具备了刑事意义上的可责难性。因此，只要买和卖二行为择其一完成，就构成了本罪既遂。我国台湾地区刑法采用该说，认定以营利为目的将毒品无论贩入或卖出，二者择其一完成，其犯罪即属完成。我国司法实践部门是该说支持者。

关于贩卖毒品罪的既遂标准，除了"买入说"外，刑法理论界还存在"毒品交易说""卖出说""交付说"等几种主要观点。

"毒品交易说"将毒品进入交易环节视作犯罪既遂的标志。至于购毒者是否支付对价，贩卖者是否从中获利，均不影响本罪既遂。在该说观点下，因意志以外客观因素使得毒品未能进入交易环节，视为未遂。但毒品进入交易环节并不能说明犯罪行为的实施程度。而且何谓毒品交易环节亦存在争议，有人将达成契约收受钱款视作毒品交易环节，有人认为将毒品带入交易现场才算进入交易环节。特别是在指定交付毒品的情形下，有人认为只要毒品放在指定的交付地点即视作进入交易环节，还有人则提出当毒品被购买者拿到手才算真正意义上的交付环节。由于"毒品进入交易环节"这一规定本身过于模糊，标准不确定相当于没标准，因此绝大多数学者认为该学说不可取。

"卖出说"观点的支持者坚持从刑法客观主义立场出发，认为贩毒者从完成购毒到贩出毒品仍有极大的不确定性，此时法益侵害的结果尚不确定，认定犯罪既遂尚为时过早。因此，在出卖意思表示前进行的收买毒品、联系下家仍然属于准备工作或制造条件行为，在此阶段被查获的，仅可视作犯罪预备行为，而非既遂。

"交付说"也称"毒品转移说"，持该观点学者认为，行为人只有事实上交付了毒品时，才构成犯罪既遂。若没有实际交付毒品行为，双方仅就交易毒品达成协议，即使交付了毒资亦不能认定既遂。交付毒品但未支付对价不影响既遂的认定。这一观点亦得到刑法学界多数学者的支持。理由之一，将为了贩卖而购毒的行为认定为贩卖毒品的实行行为已属牵强，进而将购毒行为实施完毕即认定犯罪既遂更为不妥，显然这种抽象的危险并没有达到贩卖毒品罪所要求的危险程度，只有毒品交付与否才对认定犯罪既遂具有质的意义。

理由之二，如果承认贩卖毒品罪是行为犯，那么达到犯罪既遂标准的行为应当是一个交付毒品已经完成的完整行为。购毒只是这个完整行为的一部分，或者说是全部行为过程的第一阶段，那么这种片断性行为当然不能视为犯罪既遂。否则，就意味着行为人只要实施了贩卖毒品的相关行为就认定为既遂，有将此罪归于举动犯之嫌。以行为人是否实际交付毒品作为认定贩卖毒品罪既遂的标准，"是基于刑法学规范分析所得出的结论"。

通过上述分析可见，无论是理论界或是实务界，普遍认可贩卖毒品罪的实行行为大致分为两种形式：一种是销售型，即将自己生产或者保存的（在此可以是祖传的或是他人赠送的）毒品进行出售的行为；另一种即倒卖型，即低价买入、高价卖出的行为。对于"销售型"贩卖毒品罪，普遍形成的共识即应以是否实际完成毒品交付作既遂标准。这种交付可能需要一个过程，如果犯罪人由于意志以外的因素未能达到法律要求的程度，即毒品没有实际交付就被公安机关抓获，应当认定其为犯罪未遂。但针对"倒卖型"贩卖毒品罪，何为实行行为的着手以及如何认定犯罪既遂，是当前理论界与司法界矛盾分歧之所在。特别是近几年我国各地法院对贩卖毒品案件出具的判决书，均刻意回避了对贩卖毒品罪既未遂状态的认定。实践中通常的做法是要么模糊处理，即只认定被告人构成贩卖毒品罪，但不明确该贩卖毒品罪是既遂还是未遂；要么秉承严惩毒品犯罪的思想，在认定贩卖毒品罪既未遂时，如产生争议、把握不准的，依据从严打击犯罪的要求，认定为既遂。然而，不容否认的是，犯罪未遂与犯罪既遂之间存在着质的差别。根据主客观相统一的原则，刑法对危害程度不同的犯罪停止形态设置了轻重不同的处罚原则，这种不加区别或者含糊其辞的司法判决，只能降低司法公信力与权威性。

尽管司法解释将"购买"这一严格意义上的犯罪预备行为作实行化处罚，但作为理论研究者仍然不免提出诘问：这样的规定是否符合立法精神，是否有反罪刑法定原则？对此回答需要从刑事立法的本意出发，寻找契合刑法目的的理论根源。当前，毒品犯罪的司法审判既面临着犯罪日渐升级的挑战，亦要顺应追求实体正义的刑事立法理念。应当在限定的刑法基本理论框架内确定毒品犯罪既遂标准，既能满足打击毒品犯罪的实践需要，也要兼顾刑法的严谨性。

二、"实质客观说"下认定犯罪既遂

（一）走私毒品罪既遂的认定

上述问题涉及不同的罪名，不同犯罪具有不同的犯罪构成要件，在判断具体的既遂标准时，须结合各罪的犯罪构成寻找答案。归根结底是在对犯罪过程作判断，寻找立法者设置犯罪既遂的那个点。

对于走私犯罪而言，如果行为没有侵害或严重威胁国家的进出口管理秩序，就不能称之为犯罪。走私毒品罪的既遂显然是指完成的行为已经产生了某种侵害或严重威胁国家进出口管理秩序的特定后果。当行为人携带毒品或是藏匿于货物中的毒品进入海关检查区域，意味着侵害或严重威胁海关监管秩序的行为已经出现特定的结果；如果在通关检验时查获毒品并有证据证明行为人主观明知，可以认定犯罪既遂。由此可见，行为犯下的犯罪既遂也以某种结果的出现为标志。

在判断走私毒品行为是否构成犯罪既遂时，既要以毒品是否越过国边境为判断标准，也要结合具体的行为路线，具体分析。走私毒品的行为路线通常分为陆路、海路与空路三种。陆路走私有两种，一种是以隐瞒、藏匿、伪报等欺骗手段，意图骗过海关而走私毒品出入境。在这种情形下，以毒品是否通过验关为既遂。这里还需要对"通过验关"作扩大解释，在验关过程中发现藏匿的毒品即可认定犯罪既遂。否则，只要安检人员在待检物品中发现毒品就认定行为人走私毒品犯罪未遂，而没有发现毒品相当于不存在法律意义上的犯罪，那么在通关（瞒关）走私的情形下永远不存在"犯罪既遂"的形态，有悖司法公正。另一种是行为人在没有设立海关或边境检查的地方，绕关非法进出国边境，那么以所走私的毒品跨过国边境为既遂。

海路走私毒品包括两种方式，一种是船舶通过海关的瞒关走私，另一种是私自登陆未设置海关与边境检查海（河）岸的绕关走私。认定方法同上，前者以毒品通过验关为既遂，后者以毒品登陆陆地为既遂。

空路走私毒品也分为瞒关走私与绕关走私两种方式，前者以航空器着陆、藏有毒品的货物通过验关或行为人携带毒品通过验关为既遂；绕关走私又分为私人飞机非法入境和非法投递毒品两种情形。前者以飞机着陆为既遂，后者以毒品离开飞机为既遂。

通常，认定走私毒品罪既遂是以行为严重侵害或威胁海关监管秩序并已产生特定结果为标准。但是，在认定邮寄走私毒品的犯罪既遂时，如何判断行为已经严重威胁或侵害海关监管秩序，该问题存在进一步探讨的空间。对于行为人自身携带毒品实施走私犯罪而言，物品就在行为人身上（或身边），如果行为人在通关（或者绕关）前自动放弃犯罪，尚可成立犯罪中止。但邮寄走私毒品行为，显然与传统的瞒关、绕关走私有所不同。

邮寄走私毒品行为具体可分为三个阶段：寄出毒品、毒品运输在途和毒品到达。有论者认为，应当以毒品到达收货人手中视作邮寄走私毒品犯罪的既遂。[1]理由是参照《中华人民共和国合同法》第三百零八条规定，在承运人将货物交付收货人之前，托运人在依法赔偿承运人损失的前提下有权中止运输、返还货物或变更到达地。所以，当托运人将物品交付给货运公司时，理论上物品的控制权仍在托运人处，托运人有权通知货运公司随时终止运送行为。[2]笔者对该论点持不同见解。由于毒品运输与一般货物运输不同，不能将合同法中的规则直接套用在认定毒品运输（走私）行为上。当行为人办理运输相关手续并将毒品交付货运公司后，运输合同开始履行，意味着毒品已经进入公共流通环节。如果说，之前行为人非法持有毒品行为意味着侵害了国家禁止私人藏匿毒品的管理秩序，那么交付行为意味着破坏了国家禁止毒品非法流通的秩序，对法益的现实危害已经发生。当行为人在走私毒品的犯罪故意下实施了邮寄毒品的走私行为，毒品到达目的地，行为人当然构成走私毒品罪的既遂；如果毒品在到达目的地之前被托运部门的工作人员发现，认定行为人犯罪既遂还是犯罪未遂，需要根据具体情况具体分析。如果托运人在交付货物时当场被查出其中藏匿毒品，此时可认定犯罪行为已经着手，但由于意志外因素未能得逞，认定犯罪未遂。而案例1中，何某已经在货运公司完成交付并且离开现场，毒品是在工作人

---

① 该情形也适用于运输毒品罪犯罪既遂的认定。

② 邵宁：《以邮寄方式购进毒品的犯罪形态认定》，载《中国检察官》2018年第7期，第79页。

员后续的检查中发现。那么即使行为人并没有实现其走私毒品的犯罪目的，也不宜认定犯罪未遂，而是构成走私毒品罪的犯罪既遂。原因在于，毒品交付托运意味着行为人在其主观意志支配下的自由行为已实施完毕，当毒品进入流通渠道，运输的风险已发生转移。换句话讲，如果货运公司在收取物品时并未从中检验出毒品，当藏匿的毒品一旦进入海关货运区，海关人员在堆积如山的货品中再查验出毒品的可能性极低。如果严格依照"毒品是否越过国边境"作为认定走私毒品罪既遂的标志，那么认定标准过于苛刻，难免有放纵犯罪之嫌。

采用邮寄方式走私毒品与行为人携带毒品走私最大的区别在于，后一种情形下，携带毒品的行为人亦是主观上具有实施走私毒品犯罪意图的罪犯。当行为人着手实施犯罪行为后，可能会在犯罪既遂前基于主观因素自动放弃继续实施犯罪，此时构成犯罪中止。而采取邮寄方式走私毒品的情形下，毒品犯罪分子往往需要将毒品交由第三方，由物流公司完成毒品的实际运送。因此，对于毒品犯罪分子而言，当其将毒品交付寄递即意味着在其主观犯罪意图支配下的走私或运输毒品行为已实施完毕，侵害或严重威胁法益的结果已经发生，构成走私（运输）毒品罪的既遂。

（二）制造毒品罪既遂的认定

我国刑法条文中并未对"制造"一词展开注解。实践中，司法人员认定"制造毒品"行为往往依据联合国"八八公约"的规定，将其具体细化为"生产、制造、提炼、配制"等行为。[①]立法者规制"制造"毒品的主要意图在于控制毒品"从无到有"地产生，从源头上控制毒品犯罪。尽管学界和实务部门曾经将"制造毒品"单纯归结为"化学方法合成毒品"，不过，根据"立案追诉标准（三）"的规定，以提升毒品效用性为目的的物理方法也纳入"制造"范畴下。这一规定的原因在于这种物理方法增加了毒品的滥用潜在性，落脚点仍在法益的现实侵害性上。行为人在制造毒品过程中，有时会因为技术、设备、原料等外在原因未能生产出毒品，此时行为尚未对

---

① 《联合国禁止非法贩运麻醉药品和精神药物公约》，道客巴巴：http://www.doc88.com/p-245831966591.html. 最后访问日期：2019年4月13日。

法益造成现实侵害，若是以"开始制造说"作为认定制造毒品罪既遂的标准，显然标准过低，有损法律的公正性。

"制出成品说"曾经一度是法官较为认可的判断犯罪既遂的标准。[1]在该标准下行为人制造出毒品"成品"后方能认定犯罪既遂。一方面，获取的物证因有鉴定意见的佐证而确实可靠；另一方面，法官可以确定毒品（成品）的精确数量，进而根据数量确定量刑幅度。毒品犯罪诉讼程序中最重要的证据是毒品，毒品的数量不仅关系着定罪，也决定着量刑。对于侦查机关而言，只要有鉴定意见证明涉案之物为毒品，犯罪嫌疑人主观上明知是毒品，客观上从事的毒品犯罪行为有充分的证据证明，就可以立案追诉。但对法官而言，不仅要有充分的证据证明毒品犯罪事实，还需要查证涉案的毒品数量，这样才能对被告人准确量刑。实践中，毒品通常要经过多步化学反应制得，例如甲基苯丙胺（冰毒）就需要经过卤化反应、氢化反应和纯化结晶三个步骤，才能制造出冰毒成品。[2]如果侦查机关在破案收网时，缴获的只是含有甲基苯丙胺成分的固液混合物，该物质的重量往往是冰毒成品的几倍甚至十几倍。此时法官难以确定毒品数量，往往只能认定被告人制造毒品罪未遂，比照犯罪既遂从轻处罚。可以说，在"大连会议纪要"颁布之前，许多地方法院都是依此标准认定被告人制造毒品罪未遂。这种处理方式带来诸多弊端，催生了"订单式"生产毒品半成品行为。在我国制造毒品犯罪的多发地——四川，行为人往往在生产出"毒品半成品"时停止生产。只有接到购毒者的"订单"后才进行后续生产，以规避法律制裁。制毒案件侦破难，统计的毒品数量不真实。行为人制造出毒品成品后很快就会转移毒品，易制毒化学品也会迅速销毁灭迹。警方很难掌握犯罪分子刚刚生产出毒品成品的时间节点，侦破案件时查获的毒品数量往往比实际生产出的毒品数量少许多。"制出成品说"提高了认定犯罪既遂的标准，造成实践中大量制毒犯罪最终均以犯罪未遂定案。

因此，制造毒品罪的既遂标志应是行为人的制毒行为结束，生

---

[1] 王太宁：《论制造毒品罪的既遂标准》，载《法学杂志》2011年第4期，第78页。

[2] 参见周鑫一：《制造冰毒犯罪的个案研究——以"谭A等人制造毒品案"为例》，西南政法大学2011年硕士学位论文。

产出的物质经鉴定含有毒品成分且并非含量极低，①即可认定行为人制造毒品罪既遂。"制成毒品说"也是对"实质客观说"标准的诠释，此时犯罪行为已经对法益造成了实质侵害。根据这一标准认定犯罪既遂，既不像"制出成品说"那么苛刻，也不像"开始制造说"有扩大既遂认定范围之嫌。

需要强调的是，尽管"制成毒品说"将制毒行为结束作为犯罪既遂的时间节点而非生产出结晶的毒品成品，但这也不意味只要在生产的物质中鉴定出毒品成分，就认定制造毒品罪既遂。应当将制毒的废料、废液与"半成品"严格区分。实践中，两种情形下可能产生废料与废液。当行为人制造冰毒结束，冰毒结晶后产生废液，经鉴定其中也含有甲基苯丙胺成分，但是含量极低，不宜再认定为毒品。另一种情形是行为人由于制毒工艺或原料的原因，制造出的物质即使可以从中鉴定出毒品成分但含量极低，该物质亦属于废液、废料范畴。毒品的"半成品"与废液、废料性质完全不同，它是指制毒过程中产出的毒品含量较高的固液混合物，进一步结晶就是可以正常吸食使用的毒品成品。根据"大连会议纪要"的规定，行为人"已经制造出粗制毒品或者半成品的，以制造毒品罪的既遂论处"。这里毒品"半成品"与"废液、废料"有质的差别。

案例2中朱某等4人之前生产的150克毒品氯胺酮，只有经鉴定属于废料时，才能认定犯罪未遂；反之，即使毒品的颜色、气味、吸食口感不佳也不能认定制毒失败，犯罪未遂。但由于该案中这部分毒品已经灭失无法鉴定，根据刑事诉讼法规定，证据不能排除合理性怀疑，无法确定被告人制造出的物质为何物，可认定制造这部分毒品的行为是犯罪未遂。同时，还有1130克毒品氯胺酮（其中280.8克被查获）有证据证实。当同案被告人口供一致，根据制毒原料推算出的产品数量与口供基本吻合且排除诱供、串供等其他情形后，应当认定朱某等4人构成制造毒品罪（既遂）。本案属于典型的制造毒品既遂与未遂并存的案件。根据连续犯理论，在既未遂并存

---

① 有人认为毒品含量高低是一个抽象的概念，很难界定达到何种要求才算"含量极低"。但笔者认为，任何事物在质的界定上都有一个度，如果生产出的物质的毒品含量与通常吸毒者吸食的毒品含量相差甚远，根本无法正常吸食使用，就可以认定为"含量极低"。

并且既遂部分行为已经构成犯罪的情形下，整个犯罪就已经既遂。但是还需要确定制造毒品的数量以及确定法定刑。在此可借鉴《关于办理诈骗刑事案件具体应用法律若干问题的解释》对诈骗犯罪的处理规定，"当既未遂情形同时存在且并分别达到不同量刑幅度的，可依照处罚较重的规定论处。在同一量刑幅度内以犯罪既遂处罚"。案例2中，有证据证明被告人朱某等4人连续制造毒品，累计制造毒品氯胺酮1130克。因此认定朱某等4人构成制造毒品罪既遂，1130克氯胺酮为犯罪既遂的数量。但由于余下的849.2克氯胺酮未被查获，无法确定毒品的真实含量，那么本着"疑点利于被告"原则，可在量刑上酌情从轻处理。

制造毒品罪中，并非只有生产出可供吸食的"毒品成品"才意味着发生了危害性结果。当制造毒品的行为正常结束，"粗制毒品"或"半成品"已经产生，此时，行为对本罪的保护客体——国家对毒品的管制秩序已经形成实质性侵害，就可以认定行为的危害性结果已经产生。刑法设置犯罪既遂的标准并非以行为人主观目的是否实现为基准，而是基于保护客体、惩罚犯罪的目的将危害行为类型化，并通过设定既遂的时点对行为予以不同程度的惩罚。如果从行为人角度出发，只有当制出成品才意味着"得逞"，而制造出半成品仍属犯罪目的"未得逞"。因此，认定制造毒品罪既遂只有从立法者对客体保护的角度出发才能得出正确的认定结论。

尽管行为人制造"粗制毒品"或"毒品半成品"的行为可以认定是犯罪既遂，但生产"合成毒品中间体"行为是否可以认定犯罪既遂，仍需格外慎重。近年来，随着禁毒执法部门加强打击毒品犯罪力度，在重刑威慑下，我国的西南四川、云南、沿海广东等地，许多制毒犯罪分子先利用制毒原料生产出"合成毒品中间体"[①]这种过渡产品，只有在接到买家的订单后，再由中间产物进一步合成毒品，分段分批地生产毒品，以规避刑事追究。这种制造毒品犯罪的新模式，给当前禁毒工作带来极大困扰。根据我国刑法规

---

① 在制造甲基苯丙胺过程中，卤化反应会得到一种中间产物（氯代麻黄碱），有学者将其称作合成毒品中间体。这种中间体既不在《麻醉药品品种目录》和《精神药品品种目录》之列，也不属于联合国规定管制的"新精神活性物质"，同时也没有作为易制毒化学品列入管制。

定，只有毒品、毒赃、制毒物品、毒品原植物、毒品原植物的种子、幼苗以及他人属于毒品犯罪对象，中间体不属于上述对象中的任何一类。它的化学属性与制毒物品相近，但我国对制毒物品实行目录管制，只有《易制毒化学品分类和品种目录》中列管的物质才属于刑法意义上的制毒物品，显然"合成毒品中间体"未被涵盖其中。实践中，也有部分法院将行为人非法生产合成毒品中间体的行为定性为制造毒品罪，[①]判决的理由是将"合成毒品中间体"扩大解释为刑法意义上的"毒品半成品"，[②]但这种类推解释也引来质疑。我国司法实践中对"毒品半成品"的认定通常基于两方面考量，一是经鉴定毒品成分含量较高，二是不须再经过化学步骤即可转化为毒品。比如缉毒实践中经常查获收缴的"液态冰毒"，仅需将其放入冰箱中冷凝，即可得到冰毒晶体。然而，对合成毒品中间体检测不出毒品成分（比如氯麻黄碱与甲基苯丙胺属于完全不同的两种物质），如果将其转化为毒品仍然需要进一步的化学反应，显然把它直接认定为刑法意义上的"毒品半成品"有失刑法的规范性。制造毒品罪的既遂标准只能是制造毒品行为结束且产出毒品，中间体氯代麻黄碱是由麻黄碱催化加氢法而得，而此步骤尚未得到甲基苯丙胺，当然不能认定是"毒品"。

有司法人员提出，"氯代麻黄碱是介于麻黄碱和冰毒之间的化学产品，它的唯一用途就是制作冰毒，行为人制造中间体的目的也是为了下一步合成冰毒"。这属于"为犯罪准备工具，创造条件"，如果此时中间体被警方查获，属于因行为人意志外的其他原因而未能着手实施犯罪（制造毒品罪），所以以制造毒品罪（预备）定性符合本罪的构成要件及司法解释精神。[③]这种认定有其法律上的合理性，

---

① 《生产氯代麻黄碱（â-氯代甲基苯丙胺）的定性/李X金、杨X忠制造毒品二审刑事判决书》，为你辩护毒品网：http://www.scdplaw.com/zhizaodupinzui/caipanwenshu/2827.html. 最后访问日期：2019年10月20日。

② 关于"毒品半成品"的表述，并无刑法条文上的依据，而见于2008年《全国部分法院审理毒品犯罪案件工作座谈会纪要》和2015年《全国法院毒品犯罪审判工作座谈会纪要》的规定。

③ 《龙岩永定区今年第一例毒品犯罪案宣判，制毒主犯获刑12年》，人民网：http://fj.people.com.cn/n2/2018/0622/c181466-31734544.html. 最后访问日期：2019年4月13日。

但亦存在量刑不足的问题。虽然我国刑法上规定了犯罪预备具有可罚性，但实践中处罚犯罪预备是极为例外的现象。而且，由于生产出来的中间体不等同于毒品，那么对其数量的认定也不同于毒品数量的认定。通常，犯罪嫌疑人制造出来的中间体数量巨大，具有严重的社会危害性，应当予以严惩。根据刑法规定，制造出甲基苯丙胺50克以上，即可处有期徒刑15年、无期徒刑甚至死刑。然而，生产中间体的行为却不能按此标准处理，而且处罚预备犯时需比照既遂犯从轻、减轻或者免除处罚。一方面生产大量中间体的行为具有严重的社会危害性，另一方面是刑罚上的轻缓化，显然无法匹配宽者宽、严者严的毒品犯罪刑事政策导向。

原则上讲，生产合成毒品中间体的行为不宜认定制造毒品罪预备、未遂与既遂的任何形态，但可以认定为非法生产制毒物品行为。虽然该结论也属于类推解释，但属于可允许的类推。我国刑法理论并不禁止所有的类推解释，甚至允许法官依据"有利于被告人原则"，作有利于被告人的类推。麻黄碱是一种具有双重属性的化学品，一方面它是医药制剂原料，有重要的医学价值；另一方面它有流入非法渠道的危险，因此我国把它作为一类易制毒化学品管理。氯代麻黄碱唯一用途就是制造冰毒，其社会危害性远远高于麻黄碱，生产合成毒品中间体行为的罪质亦应高于生产制毒物品，原则上应处以更重的刑罚。因此，将生产中间体的行为认定为非法生产制毒物品符合罪刑均衡原则，作出的处罚系有利于被告人的结果，没有违反罪刑法定原则。

（三）贩卖毒品罪既遂的认定

通常，法律系统中的"法律"这一符号代表两种不同层次的含义，一为法律字义，二为法律目的。前者属于法律语言系统范畴，后者意指法律的社会系统范畴。① 由于语言天然具有模糊与不确定性，这就要求国家权力机关在依据法定权限、遵循法定程序对法律进行解释时，应遵循两种方法要素：字义解释与目的解释。字义解释要求严格遵循法律规范的字面含义，其目的为尊重和体现立法者

---

① 参见张文显主编：《法理学》（第三版），法律出版社2007年版，第250-253页。

意志特征。一般而言，字义解释应为刑法概念解释之先提，缘由就是法律用语应以公众的理解与预测范围为限。当语义单一、确定时，解释不能超出文义可能的范围。但是，语义并非永远是单一确定的。例如贩卖一词虽然源自生活用语，但当其一旦被运用在法律条文中成为法律语言后，势必从语言的内涵上有了自身特定所指的含义，或扩张解释或限制性使用，进而使得法律概念与生活用语分离。此乃目的解释。目的解释是立足立法精神的解释，在承认刑法的诸多解释方法之间存在位阶的前提下，目的解释被视作"解释之冠"。一般而言，"贩卖"的字面含义虽然对认识该罪名具有参考价值，但也不能忽视"刑法的独立性"理念，贩卖的刑法意义必须要根据我国的立法现状、禁毒政策以及立法目的得以确定。回到上述问题，在对贩卖毒品罪中"贩卖"一词进行解释时，需要探究立法者在刑法中设置贩卖毒品罪的目的以及该罪的特性，进而才能回答何为贩卖毒品罪中的"贩卖"行为。

从罪名设置上看，贩卖毒品与走私、运输、制造毒品行为并列，以选择性罪名方式构成法定的一罪，由此可见，司法实践中上述行为相伴相随的情形十分常见。这亦说明，"贩卖"毒品绝不仅仅是一个单独出售的行为，而是一种过程性、系统性的行为，甚至包含了"以卖出为目的的买进、存储与中转行为"。毒品的犯罪化并非基于其自身蕴含的危害性，而在于它对国民健康的危害与威胁。例如刑法秉持"自伤不罚"的原则就未将吸毒行为入罪，仅作治安违法行为处理。但如果故意将毒品流通于社会并向其他公众扩散，或为吸毒者吸食提供方便，或者引诱、促使其他普通民众吸毒，那么这些行为便可能被评价为刑法上的危害行为。从刑法角度看，毒品的根本危害在于它流向社会为吸毒人群吸食，进而危害了不特定社会公众的人身健康。当罂粟长在深林或野外时，并无危害性可言，毒品本无原罪，只有当它与损害社会公众身心健康发生联系，才具有危害性与危险性特征。刑法禁止毒品是为了切断它与吸毒者之间的联系，这种联系抽象地表现为毒品的流通。刑法禁止毒品流通也说明了为何单纯的吸毒行为不为罪，因为吸毒者购买毒品吸食本身属于自损行为，不具有法益侵害性，因此不认为是犯罪行为。只有当毒品在社会上非法流通与扩散，将公民的人身健康置于危险中，刑法才有了惩治贩毒行为之必要。打击毒品犯罪与控制防范毒品流通互为手段与目的，这也就不难理解"以贩卖为目的购买毒品行为"能否被扩张地解释为贩卖的实行行为。立法者对以贩卖为目的的购毒行为的危害拟制一般循此路径展开：购毒者意欲购买毒品用于贩卖，购毒者必然已经联系好下家并筹集毒资用于购毒，购毒者一旦购毒成功即可迅速出手，售出毒品。那么当行为的核心表现——毒品购买成功就意味着毒品从购买者到最终使用者之间的距离缩短，处于一种比毒品交付前更加危险的状态，以贩卖为目的的购毒行为已经让毒品处于流通、扩散的进程中。因此，将"以卖出为目的而非法收买毒品的行为"解释为贩卖毒品的实行行为，是贩卖毒品罪的特性决定的，属于扩张解释，并不违反罪刑法定原则。

风险社会理论的提出使得刑法的提前防备、预备行为实行化开始成为刑法学关注的范畴，为"贩卖"一语的扩张性解释添加新的注脚。古典刑法侧重于惩罚实害犯，认为只有当行为对法益的侵害产生现实性结果才具有刑事可谴责性，方予以认定为犯罪（既遂）并科以刑罚。然而，现代社会各种形式的风险为人们带来诸多危机与不安全感，如果当行为已经产生现实的危害后果再予以刑罚规制似乎已然来不及，为了消除或降低这种不安全感，作为社会防御最后一道防线的刑法开始向这些危险领域扩张。如《刑法修正案（九）》将一些犯罪的准备行为规定为实行行为，不再以犯罪预备论处。这种改变背后，便是我国刑事立法对现代社会风险特征的回应。毒品犯罪是链条型犯罪，实践中除了贩卖祖传毒品或者自产自销毒品外，大多数毒品都需要经过购买与贩卖两个环节才能实现毒品的扩散。换言之，从贩毒分子购买毒品起，已经使得该毒品处于向社会扩散并危及不特定群众身心健康的危险状态下。当贩卖毒品行为一旦作为抽象危险犯被刑法所禁止，那么无论危险发生与否，都应当认为该行为符合具体的犯罪构成，构成犯罪。于是刑法将以贩卖为目的的购毒行为作为贩卖毒品的实行行为，提前纳入刑法规制的范围内。

然而，风险社会理论只是为刑法介入提前化找到一个理由，人们仍然不免产生诘问：这种扩张性解释是否违背罪刑法定原则？是否违背刑法的谦抑性原则？如果这种被扩张解释的犯罪预备行为属于高频率发生，对法益侵害具有紧迫的现实危险性，并且该行为已经是犯罪实行行为不可或缺的前置行为，刑法提前介入所保护的法的社会价值具有优先性，那么这种提前介入应当判断是正当的。

如果将贩卖毒品罪划归抽象危险犯类型，就可以找到刑法对预备行为实行化的根源。实践公认贩卖毒品罪是一个链条式犯罪，买、卖均为这一链条中高频率、常态化的行为方式。除了少数行为人是自制自销毒品或是拿出祖传毒品出售外，多数贩卖毒品的行为模式均是"购买后贩卖"。无论是以贩养吸的零星贩毒，或是大宗贩毒犯罪，或是居间倒卖毒品，购毒始终作为贩卖毒品的前置环节，频繁地出现于毒品交易中，特别是不吸毒的行为人购买毒品几乎可以肯定是为了卖出。[1]从现实层面看，该购毒行为的高频率出现已具有法益侵害的现实可能性，从法理层面看，刑法的防卫功能要求法益保护早期化，预防社会危害的深化与蔓延，进而保护公共利益免受侵害。

法律严惩"贩卖"毒品行为，是基于该行为直接实现了毒品的扩散，违反国家对毒品的管理秩序，对公众身体健康已然造成现实威胁。基于出售目的而实施的购毒行为已然使毒品进入贩毒者自由支配中，且该部分毒品亦最终将流向毒品消费市场，社会管理秩序已经遭到破坏。于是，以贩卖为目的的购买就具备了惩罚的现实迫切性。

从法的价值衡量来看，社会范围内的公共安全价值具有更高的位阶次序。毒品的社会危害性不言而喻，当行为人非以个人吸食为目的非法收买毒品，已经使毒品对社会公众扩散的危险进一步现实化，潜在威胁变得更加具体，向社会扩散的抽象危险进一步增强，使得该罪的保护法益处于抽象的危险之中。如果等到公众健康已经受到毒品的现实侵害再启动刑罚权为时已晚，对社会价值的保护让刑法防线前置，避免这种现实危害的发生。因此，行为人只要在贩卖目的的支配下实施了非法购毒行为，就可以认定为实施了贩卖毒品罪，而无须等到出卖再发动刑罚权。

由是，"立案追诉标准（三）"的规定确认了贩卖毒品行为的实质化解释，是风险刑法理论在毒品犯罪研究中的有益补充。但这一解释只是表明"以贩卖为目的的购毒行为"具有刑事可谴责性，将其视作贩卖毒品罪成立的条件情有可原，能否作为犯罪既遂的认定标

---

① 胡海：《对贩卖毒品罪既遂标准之从严刑事政策的审视与重构》，载《学术界》2016年第2期，第54页。

准则有待商榷。案例3中，尽管认定孙某构成贩卖毒品罪既遂通常为司法实务界的"常规操作"，但这种操作为司法机关认定犯罪停止形态提供便利的同时，随之也产生其他问题。有学者就指出，将"基于贩毒故意购买毒品的行为认定为贩毒既遂，导致对犯罪人处罚过于严厉，有违反罪刑法定原则，侵犯人权之虞"[①]。"这一规定难免给人一种重国权轻人权之印象，有刑事政策过度影响罪的形态认定之嫌"[②]。当刑法不够完备时，法官以刑事政策作为办理案件的直接依据尚属不得已而为之，但是依照刑法规定已能认定绝大多数案件，此时法官仍以刑事政策作为认定、惩罚犯罪的依据，难免会架空我国现有的刑事法律规定。刑法是一部关系着公民生命与自由的学科，对于罪与非罪、重罪与轻罪这种关乎公民重大权利的行为的认定更应当格外谨慎，如果存在争议，应当本着有利于犯罪嫌疑人、被告人之原则，作出有利认定。否则过于功利的司法认定方式，不仅是对犯罪嫌疑人、被告人诉讼权利的破坏，也违背了刑法的谦抑性和严谨性。

　　实践中贩卖毒品的行为方式千变万化，行为人先购毒后贩毒在具体实施过程中亦存在多种情形。以贩卖为目的的购毒行为一经完成能否直接认定为犯罪既遂，应当在具体情形下予以探讨。一般来讲，"买入说"不宜认定为犯罪既遂的标准，否则可能导致认定悖论。例如行为人以贩卖为目的购买毒品，该行为完成后并未被警方发现，而后拟将毒品向下家交付时迟迟未能接到对方的电话，最终毒品交易因行为人意志外的因素未能完成。依据"买入说"观点，以贩卖为目的购毒行为一经完成即成立犯罪既遂，那么该行为人在购毒成功后已构成贩卖毒品罪既遂，无论后续的毒品交付成功与否均不影响犯罪既遂的认定。显然，这种认定结论与我们对犯罪停止形态的认识是相悖的。但有些情形下，行为人的购毒行为一经完成往往意味着其贩卖行为也宣告结束。例如，行为人甲意图从毒贩乙手中购买毒品贩卖给丙，当甲与乙交易完成之时即指示乙将毒品放至指定地点，由丙前往提取，此时甲的购毒行为一经完成，意味着

----

① 参见陈京春：《控制下交付案件中犯罪既遂与未遂的认定——以贩卖毒品罪为研究对象》，载《法学论坛》2012年第4期，第84-87页。

② 蔡庆：《贩卖毒品罪既遂标准的理性思辨与去情绪化》，载《黑龙江省政法管理干部学院学报》2017年第3期，第25页。

他与丙的毒品交易也进入交付阶段。那么此时丙是否实际获得毒品，并不影响甲犯罪既遂的认定。由此可见，"基于贩卖目的支配下的购毒行为"在不同情形下产生的法益侵害性是不同的。在后一种情形下，购毒行为一经完成已产生与出售毒品行为相当的法益侵害性。当行为人的购毒行为完成，所购毒品已处于行为人的实际控制下，已有指示交付的可能性，毒品的传播与扩散已经现实存在。无论该行为人的下家是否实际获得毒品，均不影响犯罪既遂成立。[1]那么对于该情形而言，行为人的贩毒目的与购毒行为之间存在着紧密的联系，购毒行为完成的同时贩毒目的亦同时实现。然而，行为人购毒行为的完成并不一定总是伴随着毒品交付发生，如案例3中孙某仅在被抓获时供述其有贩毒目的，结合案例来看，并无证据证明孙某已着手实施出售或交付毒品的行为。就案例3而言，认定孙某构成贩卖毒品罪未遂似乎更符合立法旨趣。根据"实质客观说"要求，犯罪行为实施过程中，只有产生了"改变刑法所保护的人或物的存在状态"的结果时方可认定既遂，否则宜认定为犯罪未遂。刑法对犯罪既遂与未遂的区分，其实是对行为停止时对法益产生的侵害（或危险性）进行评价，进而为量刑提供依据。贩卖毒品罪是行为犯，犯罪的发展过程可以根据侵害法益的紧迫程度划分为若干阶段。实践中，购毒行为并非一直与出售行为同时发生，即使人购毒的目的是为了贩卖，但也可能需要进一步联系下家，商议交货，那么从购毒到贩毒仍存在一定的时空距离。停止在购毒完成阶段的行为与停止在售毒完成阶段的行为相比，二者对法益的现实危害性不同，将购毒行为一经完成即认定犯罪既遂显然为时尚早。对停止在购毒完成阶段的行为的惩罚力度往往小于对出售完成行为的惩罚，将其认定为犯罪未遂更合适，且亦与"未遂犯比照既遂犯从轻或减轻处罚"的原则相契合。

如果行为人的购毒行为一经完成即可实现毒品交付，意味着此时的购毒行为已经与售毒行为具有相当的法益侵害性，该行为产生了"与售出毒品行为相当的"法益侵害结果。根据"实质客观说"

---

[1] 在此，可从《刑法》第二百四十条规定的拐卖妇女、儿童罪的既遂标准的认定中得到启示。以出卖为目的，采取收买等措施将被害人置于行为人或第三人的实力支配下，即可构成犯罪既遂。

标准，已符合认定犯罪既遂的条件。可见，同样基于贩卖为目的的购毒行为，在不同情形下犯罪的停止形态却不相同，究其原因在于二者产生的抽象结果不同。

其实，即使将以贩卖为目的的购毒行为一经完成认定为犯罪未遂，亦不存在放纵犯罪之嫌。在德、日刑法理论中，犯罪未遂分为可罚的未遂与不可罚的未遂，具体情形规定在刑法分则条文中。如《日本刑法典》第四十四条规定，"处罚未遂的情形，由各本条规定"。[①]在德、日刑法体系下，犯罪既遂与未遂的认定不仅关系着量刑，还发挥着划定犯罪圈的作用。并非所有犯罪都惩罚未遂，某些轻罪不惩罚未遂犯，罚与不罚均以法律规定为限，法无明文规则不为罪。反观我国刑法理论并不存在犯罪未遂不可罚之规定，理论上任何故意犯罪在成立后均有存在犯罪未遂的可能。由于犯罪未遂均具有可罚性，这就决定了我国刑法体系下的既遂犯与未遂犯并无云泥之别，未遂犯也可能面临严峻的刑罚。

三、诱惑侦查侦破案件时犯罪既遂的认定

毒品犯罪侦查中离不开诱惑侦查（隐匿身份侦查措施）[②]，它作为一种重要的秘密侦查措施，被广大国家的立法与实践认可。在我国的侦查实践中，由于毒品犯罪、假币犯罪等无被害人犯罪隐蔽程度高，获取证据难度大，查处十分困难。在这种情形下，侦查机关越来越多地采用诱惑侦查措施来侦破这一类案件，以应对日益复杂的犯罪形势。随着国家建立了一整套机制来规制诱惑侦查措施，刑事诉讼法也明文确定了隐匿身份侦查在刑事诉讼中的合法地位，实践部门越来越积极地采取诱惑侦查措施，该手段在合法使用前提下产生的法律后果亦应当引起警醒与思考。应当承认，诱惑侦查手段天然自带诱导性和欺骗性，由于行为人都是在警方控制下着手实施的毒品犯罪，那么原则上讲，犯罪的社会危害结果也在侦查人员的

---

① 张明楷著：《日本刑法典》，法律出版社2006年版，第22页。

② 我国刑事诉讼法中规定的隐匿身份侦查措施与缉毒实践中"诱惑侦查"属于同一侦查措施，只是实践中广泛使用后一种称谓，所以本书仍沿用"诱惑侦查"指代"隐匿身份侦查"。

掌控下几乎销匿于无形。在认定犯罪既遂时，是否该行为不具备实质的危险后果，因此诱惑侦查措施破获的案件中犯罪行为一律按照未遂处理。如何匡正诱惑侦查下毒品犯罪形态的认定，以实现司法公平与公正，是每个法律工作者应当思考解决的当下课题。

（一）犯罪形态认定的实务现状考察

当前，我国司法实务部门对诱惑侦查措施介入下的犯罪行为如何认定？是否将诱惑侦查措施纳入认定犯罪未遂的考量因素？关于上述问题的解答，需要在实证数据中寻找答案。以"走私、贩卖、运输、制造毒品罪""刑事案件""诱惑侦查"为关键词，对中国裁判文书网最近6年的案例进行筛选，一共可选出189份文书。再增添"犯罪未遂"检索关键词，共有42份司法裁判文书符合检索要求。通过阅读与分析上述判决文书可发现，司法实践中，法官通常认为公安机关采取诱惑侦查手段为"合法使用诱惑侦查，不存在数量引诱与犯意引诱"，因此不影响对案件既遂的认定。收集的样本中，认定"犯罪未遂"的案例不足十条。其中，"因犯罪人意志外其他原因导致的毒品交易未完成"而判定犯罪未遂是一种情形。如祁文海、刘洋贩卖、运输毒品一案[1]的判决书中指出，"经查被告人所贩卖的毒品实际上未转移给对方，因此被告人属犯罪未遂"。另一种认定犯罪未遂的理由是因"涉案物经鉴定未能检测出毒品成分"。如何颖恩、伍子岳、陈超明走私、贩卖、运输、制造毒品罪一案[2]的判决书指出，"由于用于交易的疑似毒品14.9克未检出常见毒品成分，故该疑似毒品属于犯罪未遂"。对于辩护律师提出的"因案件采取诱惑侦查手段破获，应判定犯罪未遂"的辩护意见，法官基本均未采纳。但鉴于案件侦破过程中采取诱惑侦查手段，所以有些案件中，法官以"涉案毒品未流入社会"为由对被告人采取从轻处罚。

通过样本分析发现，当前我国司法实践中对采取诱惑侦查措施破获的贩卖毒品案件中，法官认定犯罪形态的大致情形呈现如下：

不会单纯因诱惑侦查这一情节存在而将犯罪界定为未遂，即使法官因案件涉嫌使用诱惑侦查手段而采取从轻处罚，也并未因此认

---

[1]　［2017］皖刑终172号判决书，来源中国裁判文书网。

[2]　［2017］粤0304刑初445号判决书，来源中国裁判文书网。

定犯罪未遂；实践中除了合法的诱惑侦查外，仍然可能存在犯意引诱或是数量引诱的情形，但在该情形下法官并未明示犯罪形态的认定；在辩护律师明确提出采取诱惑侦查的案件中，仍然有一部分审理案件的法官对此不作回应。这充分说明在司法审判中，法官并不认为使用诱惑侦查措施对认定犯罪形态有影响。

一方面，学者对审判中忽视诱惑侦查这一介入因素对毒品犯罪形态的影响产生质疑、另一方面也要承认，诱惑侦查措施只是公安机关的一种破案手段，易言之，这是公安机关为在人赃并获情形下将犯罪嫌疑人绳之以法而采取的侦查谋略。行为人贩卖毒品的犯罪意图以及其意欲贩卖的毒品数量，均是在其自由意志支配下主动做出的选择，相应地，对犯罪结果应当罪责自负。如果案件一旦采取诱惑侦查破获，就认定犯罪未遂，那么该措施几乎没有存在的必要，而且也有放纵犯罪之嫌。如何根据罪刑均衡、罪责相适应原则妥善认定犯罪形态，将惩治犯罪与保障人权有机结合，是一个值得研究的重要课题。

（二）混合标准认定犯罪既遂

实践中的诱惑侦查通常分为"机会提供型"与"犯意诱发型"，前者是指侦查机关为了促使已有贩卖毒品意图的行为人更快暴露其犯罪行为，于是提供有利于其实施犯罪的机会或客观条件，进而达到抓捕时人赃并获的效果。而"犯意诱发型"诱惑侦查又称违法的诱惑侦查，是指犯罪人的犯意是在侦查人员或是第三人（通常为特情人员）的诱惑下产生或者进一步强化，进而实施毒品犯罪或实施过限的犯罪。在此，可援引"实质客观说"再结合刑法中的连续犯理论，针对不同的诱惑侦查类型来讨论如何认定犯罪的既遂与未遂。

对于机会提供型诱惑侦查介入下侦破的贩卖毒品案件，本书的基本观点是：原则上应当认定为贩卖毒品罪未遂，但也容许存在例外，区分情形分别掌握既遂标准。

实践中，机会提供型诱惑侦查通常指如下情形，侦查人员自己化装成购毒者，在"特情人员"的引见安排之下与贩毒者约定好交易的时间、地点及交易的毒品数量，交易时（或交易刚刚结束后）将贩毒者与毒品人赃俱获。由于犯罪嫌疑人事先已有犯罪意图并且拥有一定数量的毒品，其贩毒的犯罪故意基于其自由意志产生，而不是受到公安机关的侦查活动引诱而产生，因此对其行为定为贩卖毒品罪应当并无异议。但同时在这类案件中，购毒者是侦查机关事先安排的，行为人实施的贩卖行为不可能产生实质意义的危害结果，毒品刑法所保护的法益未受到真正的危害或威胁，因此应当认定为贩卖毒品罪未遂。这一观点在日本刑法理论中得到普遍认可，如日本刑法学者西田典之提出，行为人已经着手实施犯罪，但在事后看来或从客观上看，其实并无结果发生的可能性。那么这种从客观上看完全不具有危险结果发生之可能性的行为便不具有可罚性，即所谓的不能犯，或称作不能未遂。①

然而实践中的贩毒情形又是多种多样的，如下场景亦不鲜见：警方已有证据证明犯罪嫌疑人之前相当长一段时间里多次贩卖毒品，只是抓捕条件不理想而一直未能将其绳之以法。根据情报得知，此时贩毒人员又积极寻找毒品买家，于是公安机关安排侦查人员或特情人员前去购买，在交易毒品时将犯罪分子人赃并获。如果已有充分证据证明该行为人不止一次贩卖毒品，认定其贩卖毒品罪既遂。在此，可以运用刑法中的"连续犯"理论予以解释说明。上述案例中，行为人多次实施数个独立成罪的贩毒行为，触犯贩卖毒品罪同一罪名，这属于罪数形态理论中的"连续犯"。连续犯情形下数个独立成罪的行为本质上为数罪，但刑法上以一罪论，裁判上以一罪科刑。行为人之前的全部犯罪行为均已既遂，最后一次因警方采用诱惑侦查措施被抓捕，可认定最后一次行为没有产生现实的犯罪危害后果，行为人构成贩卖毒品罪（未遂）。如果部分罪行既遂、部分未遂，根据部分全体的认定原则，亦应当认定为犯罪既遂。②

对于有证据证明行为人已多次实施贩毒行为且最后一次查获的毒品数量尚未达到死刑量刑标准的，应尽量扩大既遂认定，缩小未遂适用。如果有证据证明行为人之前多次实施贩毒行为但毒品数量不大，只有最后一次贩毒数量达到死刑量刑标准的，认定犯罪未遂

---

① ［日］西田典之著：《日本刑法各论》，刘明祥、王昭武译，武汉大学出版社2005年版，第251页。

② 曹坚：《连续犯既遂与未遂的界定问题研究——以个案为视角》，载《北京人民警察学院学报》2006年第5期，第37页。

更为适宜。正如有学者所言，"为永恒的公平感导致既遂未遂尺的摇摆，并没有错"。①也正是基于此，对毒品犯罪既遂的标准可以有限度地区别对待。

如果侦查机关采取犯意诱发型诱惑侦查措施破获贩卖毒品案件，原则上不能认定犯罪嫌疑人构成犯罪。但如果行为人原本已有贩毒故意，基于数量引诱而实施了数量更大的贩毒行为，可认定贩卖毒品罪未遂，比照既遂犯标准从轻或减轻处罚。展开论述为：

如果嫌疑人之前并没有贩卖毒品的犯罪意图并且没有非法持有毒品的行为状态，只是在特情人员的引诱下，出于牟利的目的临时从他处获得毒品用于贩卖。此时，由于行为人的毒品交易是在警方的监控下进行，那么只能构成贩卖毒品罪不能犯的未遂。因为此时的毒品交易不能认定为法益侵害行为，它不可能产生实质意义上危害结果，故不应按照一般的未遂来处理。同时也不能判定行为人构成非法持有毒品罪。因为嫌疑人原本没有持有毒品，其持有毒品的状态是基于司法机关侦查手段派生而生的状态。对这种由司法机关的活动所导致的行为如果定罪处罚，势必违反司法公正原则。

如果有证据证明嫌疑人在被查获前曾经贩卖毒品，但这次被查获时仍然受到了犯意引诱，那么对于之前的贩毒行为查证属实的，毒品数量可累计计算，而此次犯罪嫌疑人的贩卖毒品行为仍然应当作未遂处理，并且此次的贩毒数量不计入贩毒的总数中。量刑仍然要遵循"大连会议纪要"的相关规定处理。对因犯意引诱实施毒品犯罪的被告人，应当从轻处罚，无论涉案数量多少，均不宜判处死刑立即执行。

---

① 阮齐林：《论盗窃罪数额犯的既遂标准》，载《人民检察》2014 年第 19 期，第 12 页。

第五章

毒品犯罪共犯认定

　　共同犯罪问题一直是现代刑法学家热衷研究的话题。刑法学界关于共同犯罪的研究学派林立，观点各异，学者各抒己见，共犯论可谓犯罪论之迷宫，日本学者大谷实教授甚至称其为"令人绝望的一章"①。随着科技与交通的发展，参与者多，涉及地广，毒品犯罪共犯态势日渐主流化。以福建省2018年侦破的毒品犯罪案件为例，福建全年共破获毒品犯罪案件3913起，其中制贩毒团伙就高达118个。这一数字大体表明了共同犯罪案件在毒品犯罪中处于较高比例，研究的实践意义不言而喻。

　　共同犯罪作为一种特殊的犯罪形态，向来为各国刑法惩治的重点，同时亦是刑法理论关注的热点。毒品犯罪中的共犯关系大多为典型形态，认定起来并不困难。但如果各参与主体的行为相互较为独立、关系松散且利益关联度不高时，准确认定共犯关系就是关系刑事审判工作质量的一个重要问题。

　　"共犯"一词其实具有双重内涵，在刑法理论中既指"共同犯罪"，有时也将共犯人简称为共犯。本章仅在前一含义下使用"共犯"一词，意指二人以上共同实施犯罪的情形。由于毒品共同犯罪是共同犯罪与毒品犯罪的下位概念，因此研究毒品共同犯罪问题，必然要以上位概念的认定为前提。既要研究毒品犯罪，也要研究共同犯罪。既要准确认定以共犯论处的情形，也要将一些具有表象特征的"共犯"行

---

　　① 袁建伟著：《共犯罪数问题研究》，武汉大学出版社2014年版，第1页。

为排除在外。本章在解读我国毒品犯罪共犯问题"罪与罚"的实践困境时，考量共同犯罪参与人刑事责任的有无及其程度问题。

第一节　毒品犯罪中共犯的争议问题

一、"明知说"与"共谋说"之争辩

根据《刑法》第二十五条规定，认定毒品共同犯罪需要满足三个条件：两个主体以上、共同犯罪故意和共同犯罪行为。其中，"共同过失犯罪"不在毒品共同犯罪范畴内。实践中，共同犯罪行为外观可查，难点在于如何认定不同的犯罪参与人是否存在共同犯罪故意。由于我国刑法的规定仍属"统括式"规定，[①]这种"统括"性表现为现有刑事法律并未对共同犯罪中的"共同故意"进行严格界定。于是，在办理毒品犯罪的司法实践中，关于"共同故意"的认定产生了"明知说"与"共谋说"两种观点，二者各执一词、针锋相对，往往导致司法裁判标准不一。

持"明知说"观点者认为，行为人只要明知毒品进而主动加入其他共同犯罪人的走私、贩卖、运输、制造、持有、窝藏等行为中，意识到自己是与他人共同实施毒品犯罪，即可认定存在共同的犯罪故意。此时，行为人对可能引起的社会危害后果持放任心态，该故意为间接故意。[②]而秉持"共谋说"论者认为，共同犯罪故意包括认识与意志两方面因素。认识因素是指行为人需要与其他人存在意识联络，认识到自己是与他人共同实施行为，而不是单独行动；意志因素是指行为人明知其行为可能发生的危害后果，但仍愿意与其他人配合，共同实施毒品犯罪。[③]

---

① 王志远：《我国共犯制度的本体解读及实践困境》，载《佛山科学技术学院学报》（社会科学版）2014年第4期，第8页。

② 《涉毒案件中共同犯罪如何认定/王鼎》，法律资料网：http://law655.infoeach.com/view-NjU1fDE1NDEzOA%3D%3D.html. 最后访问日期：2019年8月1日。

③ 参见最高人民法院刑事审判第一、二庭：《刑事审判参考》（2005年第6集），法律出版社2006年版，第47-51页。

　　"明知说"与"共谋说"的对立，导致司法实践中对于相似的案件却出现截然不同的审判结果。例如私家车主非法运营为贩毒者提供运输服务这类案件，上海与重庆两地法院作出的裁判结果截然不同。上海市某法院认定司机构成运输毒品罪的共犯，系从犯。[①]认定依据在于，虽然被告人没有与乘客事先通谋运输毒品，但结合乘客所指示的反常行车路线、行为方式隐蔽以及作为一名司机应当具有的驾驶经验与正常的智力水平，被告人应当明知乘客从事贩运毒品活动。共同犯罪人的意思联络可以是事先联络也可以是事中联络，意思联络既可以明示，也可能是心照不宣的默示。本案中的被告人在明知他人从事毒品犯罪活动后，仍然愿意向其提供运输服务，可以认定其与同犯达成事中同谋，具备故意犯罪的认识因素与意志因素，可依法认定其为运输毒品的帮助犯。

　　然而，重庆市法院审理类似案例却得到另一番结论。重庆市司法机关认为，根据现有事实和证据，不足以认定被告人与同车毒贩具有毒品犯罪的共同故意。[②]理由在于：毒贩与被告人驾驶员之间并未明确就运输毒品事宜进行交流，二人之间并未形成意思联络。运输行为本身具有中立性，被告人只是按照市场价格提供运输服务并收取运费，即使被告人怀疑同车人可能实施毒品犯罪，但不能以此判定被告人有放任毒贩运输毒品的犯罪故意。因此，被告人不构成运输毒品罪的帮助犯。

　　上述两个案件的案情相似，处理结果却大相径庭，足以证明当前关于毒品共同犯罪认定的标准不统一，对"共同故意"的认定需要进一步厘清。

　　刑法研究共同犯罪，归根结底是为了分清共同犯罪中共犯人的地位与作用，确定相应的罚则，以打击这种社会危害性更强的犯罪形式。当前根据我国刑法规定，对共同犯罪行为进行"整体认定"，毒品共同犯罪人的处罚原则是"部分行为，全部责任"。即使部分共犯人并未实际参与到犯罪的实行行为中，但只要认定各参与人之间构成共同犯罪，那么行为人整体对犯罪结果承担刑事责任。实践中，

[①] 参见上海市浦东新区人民法院［2010］浦刑初字第1473号判决书。

[②] 参见重庆市第五中级人民法院［2013］渝五中法刑初字第0030号判决书；重庆市高级人民法院［2013］渝高法刑终字第00169号判决书。

多数毒品犯罪团伙或集团内部成员都是事先达成共谋，按照分工实施犯罪。多数情形下，共犯人的共同故意较为清晰，并且成员之间分工明确，相互配合，共同对犯罪结果予以加功，故整体认定毒品共同犯罪行为，遵循"部分行为，全部责任"对被告人归责并无争议。正如张明楷教授所说："在共同正犯的场合，由于各正犯者相互利用、补充他人行为，使自己的行为与他人行为成为一体导致结果发生。那么即使只是分担了一部分实行行为的正犯也要对全部结果承担正犯的责任。"

但也会存在着大量主体关系松散的"共同"犯罪形式，每个主体的行为相对独立且利益关联不紧密，这时认定共犯关系就会较为复杂。特别是运用"部分行为，全部责任"的原则处理某些特殊的共同犯罪行为，往往显得力不从心。需要对现有的共犯认定条件与原则进行反思。

案例4：甲想要生产毒品甲基苯丙胺，商定由乙负责提供毒品生产工艺技术。结果甲在生产过程中发现，根据乙提供的工艺流程图根本无法制造出甲基苯丙胺。甲无奈只好自己研究，最终根据自己研究的方法生产出毒品。此案如何处理？如果依据传统刑法理论，乙与甲有共同制造毒品的犯罪故意并且乙对甲有帮助行为，乙应当成立制造毒品罪的共犯。但值得商榷的是，本案中乙虽然提供了制毒工艺图但并未在甲的制毒活动中真正发挥作用。那么乙应否对甲的制毒结果承担刑事责任？

案例5：13岁的丙邀请15岁的丁与自己一同在校园贩卖LSD毒品，并承诺事成之后将贩毒收益的20%作为酬劳。丙负责向同学售卖毒品，丁负责发布消息，在丙贩卖时帮助望风。在丁的帮助下，丙顺利完成毒品交易。按照传统观点，丁不构成犯罪。理由在于，丙未达到刑事责任年龄，不属于共同犯罪中的主体，因此丙与丁当然不构成共同犯罪。发布消息与望风行为均不符合贩卖毒品罪的构成要件，也不能认定丁单独构成贩卖毒品罪。丁应丙的邀请，实施辅助性的帮助行为，也不能认定为间接正犯。刑法理论上，间接正犯是指行为人利用无行为能力人或无犯罪意图的人实施犯罪，最终达到自己的犯罪目的，实现自己的犯罪意图。本案中的丁显然并非如此，是否丁就毋须承担刑事责任？

上述案例反映出当前我国司法实践中混合认定共犯刑事责任时面临的困境。根据我国共同犯罪理论，对毒品共同犯罪的评价过程概括为，判断行为人是否构成共同犯罪（评判的标准是共同犯罪的成立条件）；将共同犯罪人分为主犯、从犯、胁从犯和教唆犯；根据各人在共同犯罪中的作用量刑。即使部分共犯人未参与实行行为，但仍然对整体犯罪承担刑事责任。这一观点处理一般共同犯罪没有太大争议，但在一些狭义共犯场合下，从事了部分帮助行为（或是教唆行为）的行为人是否仍需对整体危害结果承担责任？如上述案例4，乙给甲提供了制毒工艺图，但该提供行为并未对甲的实际制毒行为发挥作用，当帮助行为与危害结果间欠缺因果关系时，要求乙承担刑事责任是否妥当？混合认定共同犯罪的方式有待商榷。

二、明知型共犯司法认定的悖论

我国《刑法》分则中，关于毒品犯罪共犯规定的条款共有两处，分别为第三百四十九条规定的"事先通谋"情形和第三百五十条规定的"明知"情形，在分则中均表述为"以……罪共犯论处"。类似于这种"明知他人……客观上提供某种帮助，最终以某罪共同犯罪论处"的立法模式，有学者将其总结为"明知型共犯"立法。[1]然而，比较这两处条款的规定可发现二者的立法旨意与表述存在着极大的区别。其中，《刑法》第三百四十九条规定了帮助人应当与实行正犯事先有通谋，按照通说理论，成立共同犯罪需要行为人形成犯意联络，因而该条款可援引日本刑法中的"共谋共同正犯"理论解释。对于事先存在共谋的犯罪而言，尽管一部分人实行犯罪，另一部分共谋人通常采取的是帮助行为，但基于"部分行为，全部责任"原则，"共谋者的全体成员都直接成立共同正犯"。[2]尽管我国刑法中并无"共谋共同正犯"之规定，但我国刑法确立了二人以上存在着共同犯罪故意是共同犯罪成立的主观要件。对于这种事先共谋型犯

---

[1] 邢志人：《经济犯罪"明知共犯"的解释适用》，载《辽宁大学学报》（哲学社会科学版）2015年第4期，第136页。

[2] 张明楷著：《刑法原理》，商务印书馆2011年版，第387页。

罪，共谋者事先往往给予实行犯积极的心理暗示，并且在犯罪行为结束后，继续对正犯提供物质上或行为上的支持。陈兴良教授提出，"共同犯罪的共同性并非客观行为的共同，而是法定的构成要件的共同"①。从文理解释上看，"通谋"意指"合意共谋"，因而事先有通谋的犯罪"以共犯论处"在文理解释上符合刑法条文关于共同犯罪的特征。对于毒品犯罪分子而言，与包庇者的事先通谋行为可以让其在后续的毒品犯罪中获得强大的心理支持。故此，在直接正犯犯罪既遂的情形下，共谋者基于其行为对共同犯罪发挥了实质性作用，因此须承担共犯的刑事责任。

如果说共同犯意是认定成立共犯的主观条件，那么《刑法》第三百五十条的规定却抛弃了该关键性要素——共谋的规定。在该条款下共同犯罪的成立不再以行为人之间存在"事先通谋"作为主观条件，"单方明知"下实施帮助行为也可以成立帮助犯，并且严格限定了帮助者的行为方式——生产、买卖、运输制毒物品。这一规定被称作"明知型共犯立法的原型"，②相对于刑法总论而言，这种"明知型共犯"的规定显然突破了传统关于共犯犯罪构成的限制。这一立法规定是否违反刑法的谦抑性原则，如何在罪刑法定原则范围内准确认定"明知型共犯"成立条件，仍需要进一步探讨。

"明知型共犯"立法的初衷是为了打击社会危害性强，但是查处起来又十分困难的一类犯罪。例如，当前我国制毒活动猖獗，犯罪隐蔽性强，取证十分困难。多数制毒物品均属生产生活中常见的化工原料，其双重属性（合法与非法）造成监管困难，极易流入非法渠道。为有效地惩治毒品犯罪，"明知型共犯"立法应运而生。只要有证据证明行为人在明知的情况下实施某种特定的帮助行为，即可认定构成共同犯罪。有学者指出，这种规定改变了刑法中关于共同犯罪的原有构成，降低了某些帮助犯的入罪门槛，属于"法律拟制"，即实质上创造了一种新型共犯（准共犯）。也有学者认为

---

① 参见陈兴良：《共同犯罪论》，载《现代法学》2001年第3期，第49-51页。

② 除了《刑法》第三百五十条第二款外，我国刑法中还存在着以骗购外汇罪共犯规定为代表的其他"明知型共犯"立法以及近年来两高做出的系列经济犯罪司法解释，均规定了"明知型共犯"立法例。

《刑法》第三百五十条第二款的规定仍属于刑法中的"注意规定"。实践中多数情况是帮助者明知实行正犯的制毒行为，实行者也的确实施了制毒行为，那么这一规定旨在提醒裁判者在处理这一类案件时，应当关注共同犯罪可能存在的其他情形。①按照这种解释，"明知型共犯"立法仍然属于传统的共同犯罪。还有学者提出以"片面共犯"理论来解释"明知型共犯"立法，②尽管我国刑事立法上没有正式确立片面共犯，但司法实践中很大程度上肯定了片面正犯的成立。特别是近年来的司法解释集中规定的"明知型共犯"就是有力证明。

由上述可见，无论是将"明知型共犯"理解为刑法的"注意规定"也好，还是肯定"片面帮助犯"的立法意义也罢，刑法规定中承载的内容及表达方式显然是立法者有意而为之，其目的是为惩治制毒犯罪的需要，变更了部分《刑法》总则的规定。尽管这一规定在打击毒品犯罪中具有积极效果，但也让某种情形下的司法裁判陷入悖论之困境。

案例6：甲、乙二人为朋友，甲曾因制造毒品罪被判处有期徒刑8年。出狱后不久，甲主动多次联系乙，委托乙帮忙购买制毒原料麻黄碱。而后，乙弄来麻黄碱1437千克以高于化学原料市场价格卖给甲。二人交易完成时，被警方查获。被捕后，乙在多次供述中均承认明知甲制造冰毒而为其提供麻黄碱，但甲多次供述中仅承认自己购买麻黄碱是为了非法买卖而非用于制造毒品。公安机关认为，根据刑法规定，乙涉嫌制造毒品罪，甲也定为涉嫌制造毒品罪。然而，仔细推敲该案就会发现有很多问题。根据一些学者的结论，"明知型共犯"立法的意义在于肯定片面共犯的成立，③那么该案中，甲应为制造毒品罪的正犯，乙属于帮助犯，属于狭义共犯。该案却没有这么简单，根据甲的供述，其购买制毒物品并非用于制造毒品，因此其涉嫌的罪名也应当为非法买卖制毒物品罪而非制造毒品罪。而一

---

① 魏再金：《司法实务中共犯认定的误区及其出路——论刑法第350条第2款的适用》，载《甘肃社会科学》2016年第4期，第197页。

② 参见黎宏著：《刑法总论问题思考》，中国人民大学出版社2007年版，第488页。

③ 郑泽善：《片面共犯否定说证成》，载《政治与法律》2013年第9期，第122页。

旦甲不是制造毒品罪的正犯，根据共犯的从属性原理，就很难认定乙构成制造毒品罪的共犯。显然，"明知型共犯"的规定存在着司法认定上的悖论。特别是刑法中限定的特定行为是"生产、买卖、运输"这一类与人们生产生活相关的中立行为，关于"中立行为可罚性"的探讨学界至今尚无定论。如何妥当地处理"明知共犯"问题，也需要进一步研究探讨。

综上，根据现有的共犯认定与处罚原则，惩治毒品共同犯罪存在的问题包括：对共同犯罪的"共同故意"处理不细，帮助性行为定罪争议较多，整体认定共犯责任，忽视部分共犯行为与危害结果之间的因果关系，难以判定复杂共同犯罪中的责任分担。本节案例中的疑问将会在本章第三节中予以解答与澄清。

第二节 "共同故意"内涵之解读

一、共同故意是共同犯罪成立的前提条件

根据《刑法》第二十五条规定，认定毒品共同犯罪需要满足三个条件：两个主体以上、共同犯罪故意和共同犯罪行为。在具体案件中，共同犯罪人的数量往往是确定的，司法人员主要认定的是"共同犯罪故意"和"共同犯罪行为"。其中，共同犯罪行为是各行为人在共同犯罪故意支配下实施的行为，因此，共同的犯罪故意是发生共同犯罪行为的前提，它使得不同行为人的行为有机结合成一个整体。认定共同犯罪，先要认定共同犯罪故意。

犯罪故意是行为人明知自己的行为会发生某种危害社会的后果，希望或放任这种危害后果发生的心理状态。[①]在故意犯罪中，行为人在故意的心理状态支配下实施了危害社会的行为，此时，危害行为是行为人主观故意的客观化、物质化展示。可以说，只有基于行为人的主观故意才能判断其客观行为是否具备犯罪性质。例如，行为人甲错将乙存放于自己车中的海洛因认定成面粉，即使他实施了

---

① 参见杨春洗、杨敦先主编：《中国刑法论》，北京大学出版社2000年版，第115页。

帮助乙储存海洛因的行为，也不能认定其构成非法持有毒品罪，原因就在于甲不具有实施毒品犯罪的故意。与单独犯罪相似，成立共同犯罪也脱离不了共同故意的存在。它犹如桥梁，将原本独立的单个犯罪行为联系成整体，让每个行为都成为整体的一个组合部分。欠缺共同故意的连接，就不可能有共同行为，当然也就无所谓共同犯罪。正如高铭暄教授指出，共同犯罪行为并非单独犯罪行为的简单相加，而是复合主体的行为在共同犯罪故意的基础上的有机结合。①

二、共同意志是认定共同故意的决定性因素

共同犯罪故意是我国刑法中规定的共同犯罪的罪过形式，但对故意的形式、内容以及标准均没有明确规定。在共同犯罪中，共同故意绝不是简单的两个单独的故意相加，其研究的立足点也不是简单的犯意联络。共同故意应当有其深刻的内涵。

《刑法》第十四条规定，犯罪故意包括认识因素和意志因素两方面内容，因此共同犯罪中的共同故意同样也应当包括共同认识因素和共同意志因素。

从认识因素看，每一位共犯人应当认识到自己行为的性质，明知行为标的为毒品，意识到自己是与他人相互配合实施犯罪，否则不构成共同犯罪。例如行为人甲意图贩运毒品从北京至天津，甲请乙帮忙出车运输但欺骗乙所运之物为抗癌药物。随后毒品被警方查获，那么乙的行为并不构成运输毒品罪的共同犯罪。每一位共犯人应当预见到自己的行为与犯罪结果之间的危害关系。这种预见可以是一种概括性认识，知道该共同行为可能会产生的危害结果。例如丙帮助朋友丁制造毒品，虽然不知道具体制毒工艺以及该毒品具体的种类，但知道自己的行为是制造毒品，那么丙即可构成制造毒品罪的帮助犯。每一位共犯人都意识到自己并不是孤身一人，而是与他人共同实施犯罪行为。共同犯罪与单独犯罪最大的区别就在于，行为人不仅需要对自己的行为有认识，同时还包括对自

---

① 高铭暄、马克昌主编：《刑法学》（第五版），北京大学出版社、高等教育出版社2011年版，第174页。

己与他人共同实施犯罪的认识，犯罪的结果是自己与他人共同合作产生的成果。

多数情形下，毒品共同犯罪行为人的"知"与"意"高度统一，行为人在明知他人实施毒品犯罪这一认识因素支配下，通过积极行为表达自己的意志态度。通过具体行为即可判断参与人的共同意志因素存在，进而认定共同犯罪故意。但有时认识因素与意志因素并非完全重合，"明知说"惹人诟病的一点就是忽视行为人"认识"与"意志"分离的情形。简单地认为，只要行为人明知毒品而参与他人从事的毒品犯罪活动中，即可认定行为人与其他共犯人之间存在共同犯罪故意。这种认定思路往往会造成认定谬误。特别是出现中立行为时，如药店售货员明知行为人购买处方药是为了去娱乐场所贩卖，但仍然按照正常的商品价格向其出售。这就属于售货员的"知"与"意"并非完全统一。如果认定售货员构成贩卖毒品罪共犯，显然有违法律公正。因此，共同犯罪成立的基本条件之一是共犯参与人具有共同的犯罪故意，而共同意志是共同故意成立的决定性要素。

（一）意志因素是支配共同行为的根本动因

共同犯罪的意志因素，是指行为人不仅对自身行为造成的危害结果持有希望或放任态度，同时还对其他共同犯罪人实施的危害行为持追求或放任的态度。共同犯罪人之间的意思联络包括他们之间的认识联系与意志联系。前者指行为人应当认识到犯罪是他本人与其他共犯人追求的目标，犯罪结果是他本人与他人共同完成的"合作成果"。后者不仅包括行为人对自身实施危害行为的选择，即在适法行为与危害行为之间主动选择可造成危害结果的犯罪行为，还包括自己愿意与其他共犯人相互配合实施犯罪，是各个共犯人对危害行为与危害结果的共同追求或者放任。在共同认识与共同意志的关系上，前者属于知的范畴，而后者属于行的范畴，"知行合一"才产生了共同犯罪。因此，我们说共同意志才是决定不同行为人之间是否构成共同犯罪的"灵魂"，此语不足不过。没有共同意志，就没有共同犯罪故意。例如，几名毒贩各自出资，乘坐同一辆火车前往毒源地购买毒品，购得毒品后各自想办法藏匿毒品再乘坐同一班飞机回到居住地。即使他们彼此心知肚明，都知道对方是"道上人"，那也不能认定他们构成共同犯罪。因为，各犯罪人彼此之间没有共同实施犯罪的意志，也没有相互配合的行为联系，显然不构成毒品共同犯罪。

与此相反，如果行为人之间存在共同意志，那么即使彼此远在天边，其行为也是有机联系的整体，构成共同犯罪。毒品犯罪集团通常如此，各犯罪人往往天各一方各行其是，但是他们通常也是在共同意志支配下实施着整体毒品犯罪行为的一部分。于是，各参与人的行为仍然基于"共同意志"形成整体，构成共犯。

（二）牟利型毒品犯罪中的意志因素为直接故意

有论者指出：从我国刑法对胁从犯的规定来看，胁从犯是指"被胁迫参与犯罪的人"，其主观方面一般都是对犯罪结果持容忍或放任的态度。那么某些毒品犯罪情形下，直接故意与间接故意均能构成共同犯罪。[①]

对于牟利型毒品犯罪而言，行为人的意志形式应当为希望，而不是放任。牟利型毒品犯罪主要指走私、贩卖、运输、制毒品罪，走私、非法生产、买卖、运输制毒物品罪，非法提供麻醉药品、精神药品罪等一类犯罪。尽管我国刑法并未规定"牟利"是这一类毒品犯罪的构成要件要素，但实践中犯罪人实施这一类犯罪往往以追求经济利益为目的，意图从毒品犯罪中"安全"地牟利。正如俗语有云"无利不起早"，如果没有积极筹备与精心谋划这一环节，基本上就没有牟利型毒品犯罪。间接故意表现为行为人对犯罪结果的放任态度，显然牟利的意图难以用"放任"的态度来解释。

在认定居间人是否与他人构成贩卖毒品罪的共犯时，"直接故意"就是重要的判断要素。实践中，毒品交易双方互不相识，缺乏信任，往往通过居间人完成毒品交易。"大连会议纪要"和"武汉会议纪要"中都对居间介绍毒品交易行为做出相关规定，实践中，居间人的行为方式可能存在六种情形，产生不同的法律后果。详情见表3。

---

① 参见张洪成：《毒品犯罪争议问题研究》，武汉大学2010年博士学位论文。

表3 居间介绍行为方式与处理结果

居间人的行为方式		处理结果
明知他人的贩毒行为，仍然积极为其联系毒品买家的，无论牟利与否		以贩卖毒品罪共犯处罚
受以贩卖为目的的购毒者委托为其联系毒品卖家，无论牟利与否		以贩卖毒品罪共犯处罚
受买卖双方委托，为其牵线搭桥、居间介绍的		以贩卖毒品罪共犯处罚
受吸毒者委托帮助其购买毒品	购买的毒品数量达到刑法规定的"数量较大"标准的	吸毒者与居间人以非法持有毒品罪共犯处罚
	购买的毒品数量未能达到刑法规定的"数量较大"标准的	吸毒者与居间人接受治安管理处罚
居间人主动教唆或积极帮助买卖双方实现毒品交易，或是以居间为业，并从居间介绍毒品交易中收取居间费用的		居间人构成贩卖毒品罪

由表3可见，认定居间介绍毒品交易行为的基本原则为：如果居间人明知他人贩卖毒品仍然为其介绍毒品买家，或者明知他人以贩卖为目的购买毒品仍然为其介绍卖家的，无论牟利与否，均以贩卖毒品罪的共犯论。当居间人仅以帮助吸食毒品为目的为吸毒者介绍毒品卖家的，与吸毒者共同构成非法持有毒品的违法或犯罪行为，接受治安管理处罚或刑罚。对于"职业居间人"以贩卖毒品罪单独定罪，不宜再认定为从犯。实践中，在后两种情形下认定居间介绍毒品交易行为通常不存在争议，但在认定居间人是否构成贩卖毒品罪的共犯时，学界与实务界存在不同的声音。例如甲、乙、丙三人均为毒友，一次聊天时甲得知乙想向丙购买毒品。于是甲主动邀请乙、丙到自己经营的茶庄见面聚会，席间甲离开并提供茶庄的房间供二人商谈事宜。在此情形下，即使认定甲对乙、丙二人的毒品交易行为存在明知，也不宜认定甲与丙二人构成贩卖毒品罪的共犯。甲欠缺与丙共同实施贩毒行为的直接犯罪故意，即使没有甲的提供方便行为，乙、丙二人也会在其他时间和地点完成毒品交易。可见，对于牟利型毒品犯罪而言，共同犯罪的意志因素只能是直接故意。尤其是在集团犯罪中，往往亲缘关系、同乡情绪让每一名成员都秉持一种愿意置身其中的"参与"态度。这种积极参与的态度恰恰反

映了当事人"希望"参与共同犯罪的意志因素，行为人如果没有"希望"的态度，往往无法与其他共犯人达成共同实施毒品犯罪的共同意志。

三、参与意思是共同犯罪成立的必要条件

共同犯罪是复合主体经意思联络形成合意，共同参与某一毒品犯罪。其中意思联络是形成共同故意的关键。大家通过意思交流，彼此接受与认同各自的行为，相互融合与依赖，共同形成有机结合的犯罪整体。特别是毒品集团犯罪中，各成员分工细致，有的负责采购制毒原料或购买毒品，有的负责运输，有的负责存储，有的负责提供制造场地，有的负责寻找技术工人，有的负责联系下家贩卖，有的负责财务管理分配毒赃……这些成员可能在不同的地方各自行动，但共同的犯罪故意将其行为联络起来，成为一个犯罪集团。这种共同的犯罪故意表现为行为人愿意与他人合作共同实施犯罪，并且也愿意事后平分利益的态度，这种参与意思是毒品共同犯罪成立的前提条件。制毒的人犯罪行为实施完毕，还会对后续的贩卖毒品活动负责，反之亦然。鉴于各行为人的参与意思，使得全体集团成员共同构成贩卖、制造毒品罪。

实践中，行为人表示参与意思的形式多种多样。行为人可以事先积极参与犯罪的准备、组织与谋划，也可以是在犯罪过程中被动接受，认可并配合他人的行为。可以是用语言明示参与犯罪，也可以用协助配合的行为默认参与犯罪。但无论哪种表达方式，均体现出行为人愿意与他人结成一体，共同实施犯罪的参与意思。如果行为人缺少参与毒品共同犯罪的意思，意味着彼此之间没有达成共同意志，即使行为人的活动轨迹相同，仍然难以认定共同犯罪。例如，韩某与李某结伴从沈阳去广东购买毒品，而后二人又乘坐同一辆大巴车回沈。即使两人同行、同车、同吃、同住，但由于二人各筹毒资，各自安排销售渠道，既没有参与到对方犯罪中的意思，也没有与对方共分利润的意图。那么在法律上，二者属于同行运输毒品，不能构成运输毒品罪的共同犯罪。

案例7：2017年9月×日，被告人周某以900元价格租借被告人郭

某的"快车"从A市前往B市购买毒品。郭某按照周某的行车路线将其送到购毒地点，当周某与"朋友"在车中交易时，郭某主动下车回避。而后，郭某驾车送周某返回A市。二人在返程途中于收费站被警方查获，当场于车上搜缴冰毒600克。[①]

对本案的郭某是否构成运输毒品罪，有三种截然不同的观点：

第一种观点认为，二人构成运输毒品罪的共同犯罪。理由在于，郭某之前曾经两次驾车运送周某前往B市交易毒品，到达B市后，郭某下车，周某在车上与毒贩交易毒品。而后，周某再搭乘郭某的车回到A市。其间，周某的反常行为已经让郭某怀疑其从事毒品交易，但郭某仍然愿意护送周某前往，这意味着郭某与周某就运输毒品行为形成合意。每一次郭某主动下车回避交易，而后又主动护送周某运输毒品回A市。郭某主观上具有与周某共同运输毒品的犯罪故意，客观上为周某提供运输服务，有帮助周某实施运输毒品的行为，二人构成运输毒品罪的共同犯罪。

第二种观点认为，郭某成立贩卖、运输毒品罪的片面共犯。周某作为实施毒品犯罪的正犯与帮助者郭某间缺乏意思联络，欠缺共同的犯罪故意而未能成立共同犯罪。但郭某应当知道周某实施毒品犯罪（从其下车回避的行为中可以推断出其明知），仍然为其提供运输服务，帮助他人的犯罪行为。这种在缺乏共同故意的情形下，一方行为人单方协助他人犯罪的行为符合片面共犯特征，可以认定为帮助犯。

第三种观点认为，郭某主观上没有参与毒品犯罪的意思，与周某没有共同犯罪的意思联络，不符合共同犯罪的主观要件。客观上，郭某从事的运营职业属于中立行为，郭某仅按照市场价格收取运输费用。在周某与毒贩交易时，郭某下车回避是基于乘客要求，其间也没有实施望风和藏匿毒品等帮助行为。在郭某返程时，遇到检查没有实施弃车逃跑或抗拒检查等反常行为。因此，郭某的行为属于正常的运输行为，不构成运输毒品罪。

笔者赞同第三种观点，因为郭某欠缺参与意思，所以他不构成运输毒品罪的帮助犯。在整个事件中，即使郭某承认已猜测到周某

---

① 案例来源于梅传强、张嘉艺：《论毒品犯罪的共犯认定思路》，载《西南政法大学学报》2019年第3期，第135页。

可能实施毒品犯罪，这种"明知"也是郭某单方面猜测的结果，从未得到周某的印证，不符合片面共犯的特征。郭某收受费用符合正常的运营活动收入，他事先和事中未与周某达成共同犯罪的意思联络，事后也没有从周某的犯罪活动中收益，很难认定他与周某构成贩卖、运输毒品罪共犯。

可见，没有参与共同犯罪的意思表示，未达成共同犯罪合意，二人不成立共同犯罪。彼此之间行为独立，仅对自己行为负责。

四、共犯合意内容是认定共同犯罪的核心要素

共同犯罪中，行为人彼此之间存在意思联络，认识到自己是与他人共同实施犯罪，同时行为人在意志自由的前提下，仍然愿意选择加入共同犯罪。共犯合意是成立共同犯罪的基础，但合意的范围与内容又是行为人承担刑事责任的内在根据。实践中，行为人尽管认识到并且愿意与他人共同实施某一犯罪，但有时候达成的共犯合意内容并不一定相同。共犯合意内容的不同，决定了共同成立范围的不同。

我国刑法学界定义共同犯罪时，并未对单独犯罪与共同犯罪进行精细区分，而是直接将犯罪故意理论引入主体为二人以上的共同犯罪中，于是共犯理论略显粗糙与笼统。在考察单独故意犯罪时，只要把握行为人的认识因素与意志因素往往就可以判定该行为人的主观态度。共同犯罪属于二人以上复合主体的行为，共同犯罪故意反映的是多个主体的复数意志，分析各个共犯参与人的主观故意时，必然要根据共同犯罪的特点考虑每一个行为主体的参与态度，考虑共犯人集体认识与意志。考虑不同主体间认识的内容与意志的范围是否一致，否则，认定共同犯罪就会出现偏差。

案例8：2018年7月，被告人孙某与蒋某商量共同出资，由孙某前往四川购买甲基苯丙胺，由蒋某负责在本地联系下家，进行贩卖。二人还邀请孙某的同乡沈某帮助运输毒品，承诺事成后向沈支付5000元报酬。同年11月，孙某携带着与蒋某共同筹集的12万元，前往四川购得甲基苯丙胺280克。而后，孙某与沈某在宾馆会面，让沈某将毒品吞入体内。由于沈某仅能吞服200克毒品，于是孙某将余下

的 80 克毒品藏匿于自己的行李箱内。二人乘坐大客车回 A 市，在宾馆沈某排出毒品，交给孙、蒋二人。沈某从二人手中获得 4000 元报酬。

本案争议的焦点：被告人沈某与孙某、蒋某是否存在共同犯罪，成立何罪的共犯以及沈某运输毒品的数量是多少。

一种观点认为，沈某与蒋某、孙某事先有通谋，就运输毒品达成犯罪合意。继而各自着手贩卖、运输毒品的犯罪行为，故各被告人均对共同实施的贩卖、运输毒品罪承担刑事责任。涉案的毒品数量为 280 克。

第二种观点认为，尽管沈某与孙某、蒋某事先就毒品犯罪达成共识，但三人的共犯合意内容并不相同。孙某与蒋某共同出资购买毒品，出售毒品后二人平分利润，贩毒并获利属于孙、蒋二人的合意内容。沈某只是被邀请运输毒品，仅就运输毒品行为与孙、蒋二人达成合意，并且沈某仅收取运费，故不应当对贩卖毒品行为承担刑事责任。涉案毒品数量 280 克。

笔者赞同第二种观点。实践中，毒品犯罪形式各式各样，特别是贩卖毒品与运输毒品、制造毒品与贩卖毒品往往交织发生，增添了毒品犯罪的复杂性。只有全面考察共犯参与人的合意内容，才能准确界定共同犯罪成立的范围。本案中，沈某与孙某、蒋某事先就毒品犯罪达成合意，但三人共谋的范围并不相同。对于沈某而言，他参与共同犯罪仅限于帮助孙、蒋二人运输毒品，获取利益。至于孙、蒋二人是否为贩卖而运输，还是帮助他人运输，均不在沈某认识范围内。沈某并未与孙、蒋二人达成贩卖毒品的犯罪合意，沈某不构成贩卖毒品罪。

此外，孙某让沈某运输毒品时，由于沈某仅将其中的 200 克毒品吞入体内，而孙某也没有再将余下的毒品向沈某出示。沈某仅就运输 200 克甲基苯丙胺的犯罪事实与孙某达成合意，而且孙某支付给沈某的运费为 4000 元，也不是当初商议的 5000 元，意味着沈某并未从该 80 克毒品中获利。因此，应当认定沈某成立运输毒品罪的共犯，运输毒品数量为 200 克甲基苯丙胺。他只在收取报酬范围内承担责任，运输余下 80 克毒品的行为属于孙某的个人行为。

综上所述，在毒品共同犯罪中共犯合意的内容往往决定了共犯的成立范围，也体现了共同犯罪人之间不同的刑事责任。

第三节　共犯行为之归责要素分析

一、因果关系是判断共犯行为的必要条件

共同犯罪中，行为人彼此之间的犯罪合意只是共犯成立的内在依据，客观上还要求各共犯人的行为相互联系、密切配合，形成统一的犯罪活动整体，共同促使犯罪目的得以实现。实践中，认定毒品共同犯罪成立，除了需要考察各行为人是否达成共犯合意外，还应当考察各共犯人是否实施了相互协助，共同促进犯罪结果发生的行为。如果部分共犯人与他人只存在事先的共谋，并未参与后续犯罪的实行行为，之前的"共谋"最终也未对犯罪结果产生实质影响，此时仍然遵循部分行为全体责任的认定方式，未免不甚妥当。在"因果共犯论"观点看来，刑法之所以惩罚共犯，是因为各共犯人之间的行为相互配合，共同引起法益侵害的后果。所谓共犯，是指直接参与或以他人为媒介间接实施侵害法益的行为。[①]共同正犯是共同引起法益侵害，教唆犯、帮助犯与片面共犯是通过正犯间接引起法益侵害，间接正犯是利用他人引起法益侵害。无论哪一种共犯类型，法益侵害结果与共犯行为之间应当存在物理上或心理上的因果性。甲用乙筹集到的毒资前往毒源地购买毒品运输回来贩卖，乙的行为与法益侵害结果之间具有物理的因果性。乙在甲贩卖毒品时负责望风，而后甲顺利完成毒品交易。乙的行为与法益侵害结果之间具有心理的因果性。虽然每一位共犯人与侵害结果之间的因果性并不同质，但是因果性应当作为判定共犯成立的关键性要素。例如甲与乙商议从金三角地区向中国云南境内走私毒品海洛因。二人计划先由甲驾驶空车过境，由甲负责在边防查缉站观察武警人员检查车辆的位置，而后将情况通报给乙。根据甲提供的信息，乙将毒品放入常规检查忽略的货车盲区部分，最后乙顺利将毒品走私入境。尽管该

---

① 梅传强、张嘉艺：《论毒品犯罪的共犯认定思路》，载《西南政法大学学报》2019年第3期，第139页。

案中，乙的走私行为最终实现了毒品犯罪目的，直接引起法益侵害后果，但甲的行为与法益侵害结果之间同样存在着因果性，甲与乙应当构成走私毒品罪的共同犯罪。乙是实行正犯，甲为帮助犯。当正犯行为不法时，认定帮助共犯是否成立，意味着判断帮助行为是否通过介入正犯的不法行为对法益造成侵害结果。仍然是上述情形，甲将边防武警的查缉情形通报给乙，但乙选择乘坐长途客车走私毒品入境。甲的行为与乙走私毒品行为之间不再具有因果性，也就不能认定甲对乙的走私毒品行为承担刑事责任。由于犯意支配下的行为与危害结果间存在着因果关系是处罚正犯的事由，那么将危害结果归责于帮助犯也应当基于因果关系。

近年来，以共犯的因果关系解决共同犯罪问题的呼声在学界日渐增高，这也是德国刑法学理论的通说观点。德国有学者在检讨共犯因果关系论的基础上提出"创造不被允许的危险论"[1]，只有当参与者实施的行为直接（或间接地）引起结果发生不被允许的危险，才能主张成立可罚的共犯。该理论下，即使正犯创造了"不被允许的危险"，这一结论并不必然地导出其他共犯人的行为也创造了该"危险"，共犯人的违法行为可以独立于正犯的违法行为。如蔡枢衡教授指出，各个共犯人随着各自在共犯中的地位和主观情况区分罪责的大小轻重承担应负的罪责。[2]因此，基于对违法相对性的坚持，在考虑共犯参与人各自的主观罪过基础上，判断其参与行为造成的危害结果是否属于"不被允许的危险"。共犯的参与行为往往存在两种情形，当参与行为仅有"单纯地促进犯罪的意义"而无其他用意时，只要行为帮助正犯行为实现构成要件，就可以认定成立共犯。但如果行为还具有其他有用意义（如中立行为），则不能直接认定属于共犯行为。

运用"创造不被允许的危险"理论来认定毒品共同犯罪，从根本上讲，就是以行为与危害结果之间的因果关系判断毒品犯罪的共犯关系。例如，在案例4中，乙虽然提供了制毒工艺图，但是他的帮助行为并未在甲的制毒活动中真正发挥作用。共犯的特点在于各

---

[1] [日]丰田兼彦、王昭武：《论共犯的一般成立要件》，载《法治现代化研究》2018年第6期，第180页。

[2] 蔡枢衡著：《中国刑法史》，武汉大学出版社2005年版，第200页。

行为并非简单相加，而是形成一个有机综合体，每个人的行为均为犯罪结果加功，由此各个共犯人才承担起整体共同犯罪的罪责。本案中危害结果的发生并非群策群力的结果，而是甲一人的行为。乙虽然有帮助甲制造毒品的故意和行为，但他提供制毒工艺图这一行为与甲制造出毒品的犯罪结果之间缺少物理性联系，同时乙也未从心理上强化甲的犯意，乙对甲的制造毒品行为不承担刑事责任。

而对于案例5而言，丙利用丁的帮助实施贩毒行为，虽然丙因年龄未满14周岁不负刑事责任，但不能就此免除丁的刑事责任。对于丁而言，其主观上具有帮助丙实现贩卖毒品的故意，客观上，丁也通过丙的行为实现了他的主观故意。作为共犯丁，他的帮助行为具备了"单纯地促进犯罪的意义"，因此丁应当对贩卖毒品罪既遂承担刑事责任。这既符合了主客观相一致原则，也契合罪责自负原则。

二、阻止义务是共犯过限归责的核心要素

共犯过限，又称作共同犯罪中的过剩行为，是指共同犯罪中，行为人的一方实施了超出共同犯罪故意的行为。例如甲、乙二人共同替丙运输毒品，在运输途中，乙临时起意，从运输的毒品中盗窃一部分后用于贩卖。这其中，乙的盗窃行为以及后续的贩卖行为超出了他与甲的共同犯罪的故意范围，即为共犯过限行为。

实践中，毒品犯罪中共犯过限的问题还可能存在其他情形：

第一种情形是部分共同犯罪人实施了超出预谋范围的毒品犯罪或是临时起意实施其他毒品犯罪。如上例中乙的盗窃行为与贩毒行为就属于共犯过限问题。

第二种情形是部分共犯人实施了超出共同犯罪故意的行为，另一部分共犯人目睹却以不作为的方式放纵了该过限行为。

案例9：丙经营茶楼，丁租借丙的茶楼卖糕点。丙与丁合谋，在茶楼里单独开设几间房供他人吸食毒品，每次丁都负责帮忙望风赚取好处费。偶尔丁还会偷偷向吸毒者贩卖少量毒品。丙心知肚明，默许其行为。

第三种情形是部分共同犯罪人在合谋范围内实施了结果加重的犯罪。

案例10：戊与己合谋报复老板，于是二人打算在一次聚会时，偷偷在老板的女儿庚（未成年人）的饮料里放入致幻剂，让其当众脱衣服出丑。但己在投放毒品时，擅自加大了投放的剂量，最终导致庚昏迷造成脑损伤。

可见，共犯过限问题多种多样，学界与实务界对共犯过限的场合下共同行为人的归责处理也存在截然不同的观点。刑法学的主流观点认为，如果存在共犯过限，那么只追究过限行为实施者的刑事责任，其他共同犯罪人无须对过限行为承担责任。因为共犯过限是部分共同犯罪人实施的超过共同犯罪范围的行为，由于该犯罪行为属于超出共谋范围的临时起意，因此惩罚的对象也只能是形成新的犯罪故意的部分犯罪嫌疑人。但也有学者持不同意见。如陈兴良教授就指出，"虽然过限行为人系临时起意，但其他同案人并非全然不知，在明知状态却采取一种容忍的态度，表明过限行为并不违反其意志，故应当对过限行为承担责任。"[1]

共犯过限问题其实在讨论部分共同犯罪人实行行为过限，另一部分共同犯罪人是否负有犯罪阻止义务，是否可以依据过限行为造成的结果对没有实施过限行为的共犯人进行追责。如果实行犯超出合谋范围实施了过限行为，其他共犯人无法也不可能预见到实行犯的过限行为，由于共同犯罪人之间的犯意联络中断，那么其他共犯人就不需要对超出共同故意范围的行为承担责任。在共犯过限问题下，过限共犯问题、结果加重犯过限问题和非过限行为实行者的不作为问题又涉及更为复杂的情形，需要进一步研究。

"共犯过限"与"过限共犯"是两个不同意义的概念。所谓过限共犯，又称作临时起意的共同犯罪或共同犯罪故意的转化[2]，是指全体共同犯罪人形成了新的共同犯罪故意，共同行为都超出了事先预谋的或临时协议的共同犯罪，意味着原来的共同犯罪发生扩展，形成了新的共同犯罪。二者的主要差别在于实施过限行为的主体不再

---

[1] 陈兴良著：《共同犯罪论》，中国人民大学出版社2006年版，第346页。

[2] 赵秉志主编：《中国刑法案例与学理研究》，法律出版社2001年版，第121页。

仅限于部分共同犯罪人，而是全体成员。仍以甲、乙二人共同替丙运输毒品为例，在运输途中，甲与乙临时合谋，共同从运输的毒品中盗窃一部分后用于贩卖。这就属于过限共犯。在这种情形下，由于全体共犯人达成新的共犯合意，共同实施了新的犯罪行为，因此认定共同犯罪不成问题，只是罪名与之前有所不同而已。

不作为的共犯过限只能存在于不作为犯罪中。案例9中，丙与丁在容留他人吸毒范围内成立共同犯罪，由于丙欠缺与丁共谋贩卖毒品的意思联络，同时丙也未参与丁的实行行为，毒品犯罪没有不作为犯，因此不能认定丙与丁成立贩卖毒品罪的共犯。

出现结果加重犯的共犯过限情形时，要看非实施过限行为人有没有阻止义务，进而判断该过限行为的结果是由全体共犯人承担，还是部分共犯人承担。我国刑法中规定了结果加重犯，是指在故意犯罪中行为造成了超出基本犯罪构成要件的加重结果，而刑法对这一超出限度的结果规定加重法定刑的犯罪。[1]据此，结果加重犯的共犯过限可解释为：在实施某一共同犯罪中，部分共同犯罪人因故意或过失地产生了某一更为严重的犯罪结果，且该结果超出了共同犯罪的范围而形成的一种过限情形。[2]刑法理论上规定结果加重犯的共犯过限既可以是行为人基于故意也可能是过失，但毒品犯罪中只能是故意，即共同犯罪人在共同实施犯罪中，一部分共同犯罪人基于故意使得犯罪出现更为严重的危害结果。此情形下，全体共犯人仍然是基于共同的犯罪故意实施共同犯罪行为，只是部分行为人的具体行为可能发生变化。以案例10为例，戊与己合谋偷偷在庚的饮料里放入致幻剂，共同实施欺骗他人吸毒行为。但是己投放的毒品剂量过强，导致庚重伤，出现严重的犯罪后果。在考察戊是否对加重的犯罪结果承担责任时，需要判断戊有没有可能预见己的失当行为，以及戊是否有阻止己投放过量毒品的义务。向庚的饮料中投放毒品是戊、己二人经协商决定，那么戊就有义务保证投放的毒品合乎剂量。如果戊在现场看到己投放的剂量有超出限度之嫌，戊就有阻止己的义务。否则，说明戊对己的失当行为采取了一种放任和容忍的

---

[1] 马克昌主编：《犯罪通论》，武汉大学出版社1999年版，第652页。

[2] 肖本山：《共犯过限与共犯减少》，载《政治与法律》2010年第2期，第30页。

态度，属于间接故意，那么戊也需要对加重的犯罪结果承担责任。但如果投放的毒品本身就是戊提供的，而己觉得该毒品的剂量强度不够，擅自增加或更换毒品。那么戊对己的失当行为不可能预见，更遑论阻止义务，也就不属于共同过限行为，只能按照己的单独过限处理。

共同犯罪中，每一位共犯人原则上均对共同行为造成的危害结果承担刑事责任，但是广泛地要求共犯人彼此之间存在着犯罪阻止义务显然又不够现实。如果共犯人担负着保护法益免受侵害的先行义务，而法益面临危险的局面又是由共犯人先前的共同行为（既可以是犯罪行为，也可能是合法行为）引起，此时对被害法益的保护又必须依赖其他犯罪同伙，那么可以认定其他共犯人对实施的过限行为负有阻止义务。例如案例9中，丙、丁二人在容留他人吸毒罪的范围内形成合意，构成容留他人吸毒罪的共同犯罪。一次丙发现丁在提供给吸毒者的茶点中掺放大麻，欺骗他人吸毒。由于吸毒者是基于丙提供的吸毒便利而来茶楼吸毒或其他餐饮消费，那么丙作为茶楼的经营者就负有保障吸毒者食品安全的义务，基于职业行为丙也就负有刑法上的先义务。一旦同伙人实施过限行为且发生危害结果具有高度盖然性，丙也就负有阻止丁实施犯罪义务。如果丙有能力阻止却放任不管，可以认定丙以间接故意对危害结果承担刑事责任。

三、限缩适用是解决明知共犯司法悖论的关键性要素

毒品的危害性不言而喻，随着化学合成毒品滥用呈持续上升趋势，其产、供、销日渐一体化，犯罪变得更加隐蔽和复杂，传统刑法应对当今的毒品犯罪难免捉襟见肘。立法者设置"明知型共犯"规则实属迫不得已，在犯罪嫌疑人、被告人拒绝供述犯罪事实的情形下，直接援引也情有可原。但是，这种立法宜限缩适用不宜扩张，更不能因为该立法规则的存在就随意降低证明标准。

限缩适用表现在认定行为人明知的标准需要提高。本书第二章已经对"明知"问题进行了详细阐述，在此不再赘述。尽管实践中可以采用推定方式认定犯罪嫌疑人、被告人的"主观明知"，但《刑

法》第三百五十条规定的"明知"只可以用证据证明，而不能采取推定方式认定。同时，"明知他人制造毒品"不仅要求行为人对毒品明知，还要对他人行为的违法性（犯罪）具有确定的明知。认定"明知"既要考虑行为人自身的认识能力，又要结合客观事实情况。即使被告人供述其"明知"，也不能当然地认定，还应当结合其他客观证据，综合判定行为人的明知。

应当客观评价具有中立性的帮助行为。有时，司法实践中认定的"帮助犯"可能是化工厂、制药厂等单位，或者是某些从事销售、运输活动的业务员，他们从事的生产、运输、买卖化学品行为也属于日常生活中正常的业务行为。这类表面看似没有社会危害性，却对侵害法益的行为起到了辅助、促进作用的行为被称作"中立帮助行为"。依据通说下的共犯理论，只要行为人主观上存在罪过，实行的帮助行为与危害结果间具有因果关系，那么行为人便能被认定为帮助犯。但是，传统的共犯理论没有考虑中立帮助行为的特殊性，实际上大部分中立帮助行为具有行为的日常性和帮助者主观心理的模糊性。有时候，帮助者主观上可预见的帮助犯罪行为恰好与其业务行为重合，这也是中立帮助行为的可罚性至今仍无定论的原因。因此，应当结合帮助者的个人经验、行为特征与行为本身的危险性，综合判断其行为应否受到刑罚。正如周光权教授认为，中立行为可否成立共同犯罪，要从行为是否具有法益侵害性、行为本身对法益造成的危险程度综合判断。①

"明知型共犯"的限缩适用还体现在，如果认定非法生产、运输、买卖制毒物品罪更为妥当时，就不要运用明知共犯条款认定制造毒品罪共犯。即使要运用明知共犯条款，也应当增加类似"明知他人制造毒品而提供制毒物品，且被帮助者实施了制造毒品的行为"的表述，为犯罪构成要件增加限制条件。"以共犯论处"要求被帮助者事实上实施犯罪为前提，这也是刑法中成立帮助犯的应有之义。即使存在着"明知型共犯"的立法规定，事实裁判者仍然尽量查明提供便利者与实行正犯之间的合意情形，以恢复刑法典原有的"与人通谋"之特定要求。案例6中，仅凭"乙明知甲制造毒品并提供制

---

① 周光权：《客观归责方法论的中国实践》，载《法学家》2013年第6期，第5页。

毒物品"这一条件尚不足以认定二人构成制造毒品罪共犯，还应当有证据证明乙参与甲的制造毒品行为并为其提供帮助，或者甲已着手制造毒品，补强证明证据。

第六章

毒品犯罪的罪数问题

罪数是指犯罪的单复或个数，刑法理论上涉及一罪与数罪。我国刑法分则中并没有涉及毒品犯罪罪数问题的相关规定，只是在总则中确定了数罪并罚的刑罚制度。随着毒品犯罪立法日渐严密，犯罪行为日趋复杂多样，《2016年毒品犯罪司法解释》第十四条规定：利用信息网络，设立用于实施相关涉毒违法犯罪活动网站、通讯群组，或是发布违法信息情节严重的，以非法利用信息网络罪定罪处罚。行为人在涉嫌非法利用信息网络罪、帮助信息网络犯罪活动罪的同时又构成贩卖毒品罪、非法买卖制毒物品罪、传授犯罪方法罪等犯罪时，从一重处罚。司法解释的新规定带来了毒品犯罪罪数认定的新问题，一罪与数罪并不是像计算数学题那么简单。犯罪形式千姿百态，法律规定错综复杂，在出现牵连犯或竞合犯的情形下，被告人构成一罪还是数罪并罚，如果构成一罪应为何罪。这些问题关系着科学的定罪标准与正确的量刑幅度，需要认真加以研究。

第一节　与选择性罪名相关的罪数问题

一、对同宗毒品实施两种以上行为的认定

《刑法》分则第三百四十七条规定的"走私、贩卖、运输、制造　　**159**

毒品罪"在刑法理论上属于选择性罪名，即行为人在上述四种并列行为中选择实施其中一种或几种，以一罪认定处罚。

毒品犯罪是一种从制造到销售的链条型犯罪，犯罪分子往往以团伙或集团形式作案。行为人往往先是制造毒品，而后又实施运输、贩卖毒品行为。也有一些犯罪团伙先将境外的毒品走私入境，而后在境内组织其他成员运输、贩卖毒品。当上述行为涉及同一宗毒品时，认定罪数较为简单，只是在罪名认定上公安与检察院、法院的工作人员可能存在不同见解。例如，行为人以贩卖为目的的运输毒品，该运输行为是否需要单独评价，即最终确定的罪名究竟为"贩卖、运输毒品罪"还是"贩卖毒品罪"。

主张吸收犯论者认为，贩卖毒品行为是将源头毒品向吸毒者扩散，那么贩卖行为的实现就不可能一蹴而就，中间必然经过不同环节。虽然这些中间环节都是不被法律允许的，但往往蕴含在整个贩卖过程中，此时以最高阶段的行为之罪名定罪处罚更为妥当。[1]实践中贩卖毒品往往伴有运输行为，运输者亦是毒品的所有者，这与为赚取运费而帮助他人运送毒品的运输者截然不同，后者并不具有毒品的所有权。因此，这一类运输行为从属于"贩卖"毒品的主行为，本身不具有独立性，从行为可以直接依托主行为进行处理，因为它并不符合刑法设置"运输毒品罪"之目的，所以不需要单独评价。如果行为人的主观目的为贩卖毒品，为贩卖毒品而实施的走私、运输等行为，先实施的走私、运输行为显然是为了后面的贩毒行为服务，那么根据"后行为吸收前行为，高度行为吸收低度行为"规则，对其可直接以"贩卖毒品罪"论处。

上述这一观点得到公安法制部门工作人员的广泛认可。笔者曾经于2009年在S市公安局禁毒支队参加公安实践锻炼，当毒品犯罪嫌疑人在运输毒品过程中被抓捕，如果有证据证明运输毒品是为实现贩卖毒品目的，案件往往以"××贩卖毒品罪"移送起诉。然而，这种案件定性并非没有反对声音。犯罪分子制造毒品，其最终目的是为了拿到消费市场贩卖，从中牟取巨额收益。刑法设

---

① 司冰岩：《毒品犯罪疑难问题研究》，载《法律适用》2015年第12期，第85页。

置"走私、贩卖、运输、制造毒品罪"旨在对促进毒品非法流通的每一环节予以规制，走私、贩卖、运输每一种行为都是在帮助毒品从源头向消费终端扩散，从这一意义上讲，每种法定行为均应纳入刑法的打击范畴内。运输毒品的法益侵害性并不比贩卖毒品的法益侵害性小，甚至贩卖行为往往要借助成功的运输行为才得以实现，二者危害性质旗鼓相当，因此也就无所谓主行为吸收从行为，重行为吸收轻行为。由于立法设置"走私、贩卖、运输、制造毒品罪"时，运输行为本身就是选择性罪名的选项，那么它应当与其他关联行为共同体现在罪名中，反映出行为人贩卖、运输毒品的整体行为。实践中，犯罪分子为贩卖毒品而制造毒品，为贩卖毒品而运输毒品以及为走私毒品而运输毒品的情形并不少见。正是由于刑法设置了选择性罪名，使得这种目的与手段的牵连行为不再需要运用牵连犯理论予以解释，而是直接依照实行的行为确定罪名。"大连会议纪要"对此也作出规定，走私、贩卖、运输、制造毒品罪的罪名不以行为实施的先后排列，而是以刑法条文规定的顺序表述。对同一宗毒品有证据证明实施两种以上行为的，并列确定罪名，如行为人对同一宗毒品制造后又走私的，以走私、制造毒品罪定罪。

二、对不同宗毒品实施两种以上行为的认定

当行为人对不同宗毒品实施两种以上行为，通常是指行为人替甲运输毒品之后又替乙贩卖毒品，或者受丙委托帮忙走私毒品而后又受丁委托运输毒品的行为。由于两行为涉及不同数量的毒品且二者之间没有因果关系，如何认定行为人的毒品犯罪行为？争议的焦点为是否需要分别确定罪名实施数罪并罚。

有学者主张并罚论，认为两个犯罪行为各自独立，行为人是在两种不同犯意支配下实施的不同行为。两宗毒品数量不同，毒品数量需要分别计算进而确定刑罚幅度，因此需要数罪并罚。但这似乎又与刑法设置选择性罪名的立法本意不符。选择性罪名的意义在于基于刑法明文规定，将数个存在内在联系又彼此相对独立的犯罪行

为，概括成一个独立的犯罪形态。即使行为人实施的毒品犯罪是针对不同宗毒品，但均未超出一个构成要件的范围，理论上仍应当以一罪论。实践中行为人并不是在第一次实施毒品犯罪时即被发现、查获，如果实施数罪并罚，意味着对行为人的每一起毒品犯罪均需要数罪并罚，必将导致量刑程序更加烦琐，人为地将诉讼程序复杂化，不利于司法审判工作。"大连会议纪要"规定对不同宗毒品分别实施不同种犯罪行为的，应在罪名的确定中予以反映，并列确定罪名。这一规定显然符合立法本意，并便利诉讼。

三、走私、贩卖、运输、制造毒品 同时非法持有毒品行为的认定

非法持有毒品罪通常被视作走私、贩卖、运输、制造毒品罪的兜底性罪名规定在刑法中。当行为人持有毒品数量达到刑法规定中的数量较大，同时没有证据证明行为人有实施其他毒品犯罪的故意，往往以非法持有毒品罪对行为人立案追诉。众所周知，走私、贩卖、运输、制造毒品行为发生的同时必然伴随有非法持有毒品，根据吸收犯理论，此时，仅以走私、贩卖、运输、制造毒品罪对行为人定罪处罚即可，无须再追究其非法持有毒品的刑事责任。但实践中，往往还会有这样的情形，运输毒品的行为人本身为吸毒人员，在帮助他人运输毒品后，运输者截取部分毒品作为酬劳，且该部分毒品数量已达到刑法规定的数量较大，此时如何认定运输者的非法持有毒品行为？

如果孤立地看待行为人的非法持有毒品行为，属于运输毒品行为后另起犯意，即行为人在非法持有毒品的犯罪故意支配下，实施了非法持有毒品的行为，且毒品数量较大，符合非法持有毒品罪的构成要件，应当单独定罪。但事实上行为人本身还是吸毒者，雇佣者事先许诺将部分毒品作为运费支付运输者，于是运输者在替他人运输毒品的同时还以个人吸食为目的持有部分毒品。通常，这种收取毒品折抵运费的行为认定为"牟利"，已被评价在运输毒品罪中。尽管运输者对运输在途的毒品持有两种故意，一种是为他人运输毒

品的犯罪故意，另一种是为个人吸食而非法持有毒品的犯罪故意，但不宜认定构成数罪。行为人的运输毒品行为与持有毒品行为发生在同一时空下，运输毒品行为完成后必然要持有毒品，持有毒品作为运输毒品的目的存在，无法将其与运输行为分割，此时应按照事后行为不单独处罚的原则来处理非法持有毒品的行为。即仅以运输毒品罪追究行为人的责任，对非法持有毒品行为不再单独定罪。此外还会有这样的情形，有吸毒情节的贩毒者在贩卖毒品同时，留存一部分毒品（已达到数量较大）持有并供个人吸食。此时，只需以贩卖毒品罪对其定罪处罚即可，而不再以贩卖毒品罪和非法持有毒品罪实施数罪并罚。在其家中查获的毒品数量可直接计入贩毒数量，但量刑时需要考虑其吸毒情节。当然，这种认定数量的方式属于推定，允许当事人反驳。

第二节　牵连犯形态下犯罪认定问题

一、实践中处理牵连犯问题的困境

牵连犯，是指以实施一个犯罪为目的，其方法行为或结果行为又触犯其他罪名的犯罪形态。刑法理论通说中，牵连犯处理不实施数罪并罚，往往采取"从一重处罚"或"从一重从重处罚"。因为牵连犯实质上属于数罪，对社会有较大危害性，所以"从一重从重处罚"原则更能体现罪刑责相适应的刑法基本原则。

但是，毒品犯罪司法实践中的"牵连犯"问题往往呈现出另一种复杂局面，对其认定和解决也远非"处断的一罪"这么简单。特别是我国现行刑事法律规范中欠缺关于牵连犯的相关规定，导致实践中司法裁判不一致，不同法院对相似案例适用不同处理原则的现象十分普遍。此外，刑法理论界关于牵连犯的观点亦不甚相同。行为人实施的数行为外观上表现为原因与结果、手段与目的的牵连关系，同时触犯了不同的罪名，能否就此认定数行为成立牵连犯，值得思考。牵连犯问题不仅事关刑法定罪量刑功能的发挥，而一旦错误适用将为司法审判工作带来不必要的麻烦与混乱。"周某贩卖毒品罪"一案恰是当下司法实践中牵连犯认定难的缩影，其中涉及牵连犯成立、处理原则以及理论适用的诸多探讨。

罗某因贩卖毒品罪一审被判处死刑，为了伪造立功情节能在二审中获得改判，罗指使其妻周某找来刚刚刑满释放的王某。周某以高额报酬为诱饵，唆使王某与其共同贩卖毒品海洛因 2000 克。周某在安排好毒品交易的时间、地点后，指使王某携带 30 万元现金替自己与毒贩当面交易。随后，周某趁探望罗某之际，将即将发生的毒品交易告诉罗某，包括交易的具体时间、地点，拟交易毒品数量等。罗某将"犯罪事实"报告公安机关，而后交易中的王某和贩毒分子被事先部署的侦查人员人赃并获。公安机关在讯问中了解，王某是在周某授意下前去交易毒品，而且购买毒品的钱款均由周某提供。

最终，法院认定周某构成帮助伪造证据罪、贩卖毒品罪（既遂）的牵连犯，以贩卖毒品罪（既遂）定罪。因涉案毒品数量特别巨大，判处周某死刑，缓期二年执行。[①]

本案法官认定周某构成帮助伪造证据罪与贩卖毒品罪牵连犯，采取从一重原则论处。但该判决是否理由充分，需要进一步论证。其实本案在处理时，法官面临的选择不止一种：一是根据牵连犯理论处理周某的教唆贩毒行为与帮助伪造证据行为。因为周某是以虚构立功情节为目的教唆他人实施贩卖毒品的行为，帮助伪造证据是目的行为，是本罪；贩卖毒品行为是为了便于本罪的实行而实施的行为，是手段行为。目的行为与手段行为之间存在牵连关系，依据从重处断原则以贩卖毒品罪（既遂）定罪处罚。二是不采用牵连犯理论，既然刑法及司法解释均未对此情形予以明确规定，那么依据《刑法》分则规定判断行为人的两个行为是否符合各罪的犯罪构成，如果均符合，对周某以帮助伪造证据罪、贩卖毒品罪（既遂）数罪并罚。三是基于周某教唆他人购买毒品用于贩卖的行为属于未遂教唆，具有不可罚性，因此不构成贩卖毒品罪，单独以帮助伪造

---

① 王开武：《牵连犯原理司法适用困境研究——以一类特殊的毒品犯罪为研究起点》，载《社科纵横》2015 年第 2 期，第 71 页。

证据罪定罪处罚。四是鉴于王某在购买毒品时即被查获，应认定为周某与王某构成贩卖毒品罪（未遂）共犯。周某的帮助伪造证据行为与贩毒行为间存在牵连关系，但由于毒品数量大，贩卖毒品罪（未遂）的刑罚重，所以对周某以贩卖毒品罪（未遂）处罚。五是认定周某只实施了教唆他人贩卖毒品的行为，不存在所谓的牵连关系，应按贩卖毒品罪（既遂）处罚。从形式上看，问题的关键在于法官如何在上述诸多选项中作出选择，但从实质上讲，牵连犯的构成条件及适用原则才是法官考虑问题的出发点。尽管在处理罪数问题时牵连犯理论具有重要的法律价值与功能，但立法规定的模棱两可常常让法律适用无所适从，需要对牵连犯理论进一步分析、解构。

二、牵连犯的结构特征与判断标准

一般认为，牵连犯具有如下结构特征：行为人实施了两种以上行为，而且每个行为可单独构罪，由此与想象竞合犯相区别；每个行为可单独构成犯罪，意味着行为人存在着两种犯罪故意；数行为之间存在方法与目的、原因与结果的牵连关系；[1]数个行为触犯罪名不同。牵连关系的存在是成立牵连犯的前提，判断牵连关系就非常重要。目前，学界在认定牵连关系时，存在着主观说、客观说、折中说与类型说的分歧。主观说主张对牵连关系的认定依据行为人的主观认识；客观说强调两行为之间客观上存在手段与目的、原因与结果的联系即可认定牵连关系；折中说认为，认定牵连关系应当将行为人的主观认识与数行为的客观形态综合起来考查；类型说认为，并非所有手段与目的、原因与结果的关系都是刑法意义上的牵连犯

---

① 传统观点中，成立牵连犯还需要另一个条件，即必须出于一个犯罪目的。可参见高铭暄、马克昌主编：《刑法学》（第五版），北京大学出版社、高等教育出版社2011年版，第194页。但张明楷教授认为该条件不具有合理性，他认为其中犯罪目的是指直接故意的意志因素，而牵连犯行为人并非只有一个故意，而是存在两个以上的故意。可参见张明楷著：《刑法学》（第四版），法律出版社2011年版，第439页。

关系，只有当两种关系经常伴随而生类型化时，才可认定存在牵连关系。①由此可见，评判的标准不同，周某案件的裁判也就产生截然不同的结果。周某教唆王某贩卖毒品的目的是为了伪造罗某的立功情节，显然她主观上将贩毒行为作为伪造证据行为的手段行为，在主观说观点下，两个行为间具有牵连关系。但若是以客观说、折中说或类型说的标准来评价这两个行为，则得出不同的答案。通常情形下，帮助伪造证据不一定以教唆贩毒的方式实现，二者之间并没有密切的因果关联性。牵连犯要求作为手段或结果的行为应与目的行为、原因行为间存在密切的因果联系，偶然存在的因果关系不能认定为刑法意义上的牵连关系。类型说将这种关系概括为"通常"联系，即认定牵连犯，应是某种手段行为是通常用于实施某一犯罪的前提行为，某种原因行为通常能导致某种结果行为发生。那么周某案件中，贩卖毒品行为与帮助伪造证据行为又不宜认定为牵连关系。

上述四种学说中，主观说最不可取。因为人的主观意图具有难证性，而且坚持主观说，对两个完全相同的行为，由于人与人之间的主观意图不同，就可能在某些场合下认定存在牵连关系，有时就认定不存在，有损法律的一致性。如果在肯定牵连犯理论存在价值的前提下，那么必然是客观上具有通常的因果关系时才可认定牵连关系。如果两行为之间没有特定的类型化联系，不宜认定为牵连犯。

牵连犯下的行为人应是存在两种以上的犯罪故意，对应着两种以上的犯罪行为，侵犯了不同的犯罪客体，每种行为都可单独构成犯罪。但案中周某的情况似乎又有所不同。周某由始至终都只有一个犯罪目的，即帮助丈夫罗某伪造立功证据。实际上她也只实施了一个行为，就是唆使他人贩毒然后将信息通过罗某报告给公安机关。这样看周某的行为似乎又像是想象竞合犯。想象竞合犯是指行为人在一个犯意下实施的行为触犯了数个不一定具有包容与交叉关系的法条。刑法理论通说认为，想象竞合犯虽然侵犯了数个法益，但所

---

① 甘添贵著：《罪数理论之研究》，台北元照出版有限公司2006年版，第212页。

有的法益侵害是由一个行为导致，行为具有不可分割性，是在行为人基于一个意思决定下发出，行为人不存在重新进行意思决意的机会，因此其可非难性较数个行为的情形有所减轻。而牵连犯则不然，牵连犯必然涉及复数行为，如行为人伪造公章是一个独立的行为，而后利用公章诈骗是另一个行为，行为人在每个行为初始均有重新进行意思决定，选择合法与违法的机会，这与想象竞合的情况显然有别。也有学者提出异议，认为本案中的周某存在两种犯罪故意，直接故意是伪造证据，教唆王某以贩卖为目的的购毒行为是在间接故意下实施，两种故意对应两个行为，分别构罪，不符合想象竞合犯的认定条件。笔者对此有不同意见：本案中，周某并不具有实施贩毒行为的间接故意。恰恰相反，她本意是不希望毒品交易顺利完成，否则如果公安机关没有抓获王某等人，就无法为罗某制造立功的机会。周某的帮助伪造证据行为与贩卖毒品行为并不是基于行为人重新意思选择的结果，而是行为人在一个犯罪故意下实施的行为同时侵犯了两个犯罪客体，涉及两项罪名。由于牵连犯与想象竞合犯在结构上的重大区别，使得后者具有"从一重处罚"的基础而牵连犯并不具备。刑法设立想象竞合犯，旨在对行为人基于一行为却侵害数法益的事实进行全面概括，无须再科处数个刑罚。即使一行为造成数法益侵害的主观恶性较之数行为造成数法益侵害要小，在罪责内容上应做出比数行为较轻的评价，但也必须用恰当的法律观点判断它。

因此，本案的法官依据想象竞合犯处理案件更为妥当。即周某构成帮助伪造证据罪与贩卖毒品罪（未遂）[1]的想象竞合犯，从一重处罚。

三、不宜认定为牵连犯的解决方法

当前，适用牵连犯理论解决某些毒品案件时，往往因法律规定

---

[1] 本案中周某的行为其实可用"未遂教唆"理论予以认定，即"行为人一开始就以指使被教唆者陷于未遂的目的教唆"。"未遂教唆实际就是在共同犯罪中教唆犯构成未遂犯"。

欠缺而导致处理实质的数罪过轻，或是将实质的一罪认定存在牵连关系，尽管理论界不乏废除牵连犯的呼吁，并且有些原本对牵连犯理论有着深入研究的国家业已在立法中将其删除[①]。牵连犯作为刑法理论中一种重要的罪数形态，固然不能轻易就废除，但在毒品犯罪司法实践中适用牵连犯理论，仍需格外慎重。特别是立法机关对于何种情形下适用牵连犯未作出明确规定时，许多具有牵连犯外观的行为其实可以采取其他方式处理。

（一）按想象竞合犯处理

如前所述，想象竞合犯的数罪名之间也可能存在目的与手段或原因与结果关系。那么对于行为单数只是一行为触犯的罪名具有因果关系的情形，纳入想象竞合犯范畴处断。

需要澄清的是，不采用牵连犯概念而是依想象竞合犯处断并不意味着原本应当判断为复数的行为被强行解释为单数行为。而是事实上本就是一个行为，只是将其误归入行为复数的牵连犯关系下处理，此时只是还原了事实的本来面目。

（二）按共罚的事前或事后行为处理

牵连犯概念的存在是为了解决复数行为不并罚的问题，但是也并非不使用牵连犯概念，所有的复数行为就必须数罪并罚处理。有时，共罚的事前事后行为之间也存在着牵连关系。毒品犯罪中最为典型的就是非法持有毒品行为与其他毒品犯罪行为之间目的与手段之间的联系。例如行为人以欺骗他人吸毒或强迫他人吸毒为目的的非法持有毒品行为，此时行为人可能触犯了欺骗他人吸毒罪、强迫他人吸毒罪与非法持有毒品罪，且两罪之间存在牵连关系，属于对同一法益的侵犯。行为人在实施欺骗他人吸毒行为或采取暴力手段实施强迫他人吸毒行为时，自己往往要持有毒品。由于前行为或后行为之不法内涵已经包括在主行为的处罚之中，所以可根据共罚的事前或事后行为的处断原则处理该情形。

---

① 日本刑法改正案已将牵连犯规定加以删除。参见陈子平著：《刑法总论》，中国人民大学出版社2008年版，第466页。

（三）按数罪并罚处理

除上述两种情形外，一些原本属于牵连犯外延范畴的行为，可纳入数罪的范畴，依照数罪并罚原则处断。应当说，大多数原属于牵连犯外延范畴的行为，事实上就是数罪，应当依照数罪并罚制度处理。只是因为行为人在实现最终犯罪目的时，选择的手段行为又触犯了其他罪名，让这两种行为相继发生，那么法官可在数罪并罚时斟酌具体情形予以量刑上的考量因素。实践中，在毒品犯罪高发区，往往存在以贩卖毒品为目的的盗窃、抢夺、抢劫毒品行为，且在部分地区该行为具有常态化，有被类型化的可能性。但在毒品犯罪司法审判中，法官对这类行为仍然以"数罪并罚"作为处断原则。如"大连会议纪要"就规定了"盗窃、抢夺、抢劫毒品后又实施其他毒品犯罪的，对盗窃罪、抢夺罪、抢劫罪和所犯的具体毒品犯罪分别定罪，依法数罪并罚"。可见，实践中也认同并非所有的具有牵连犯外观的行为均要按"牵连犯的一罪"处理。

综上所述，应当通过立法或司法解释对适用牵连犯理论处理案件做出明确规定，否则将会导致对犯罪行为的认定过于随意，无章可循，造成要么轻纵罪犯，要么加重对被告人惩罚的不当结局。

第三节　想象竞合犯形态下的犯罪认定问题

当前，我国互联网涉毒犯罪案发数量与模式日渐升级，据相关数据显示，2016年上半年公安部在全国范围内的第一次互联网涉毒专案集群收网行动中，侦破部级目标案件23起，抓获网络涉毒违法犯罪嫌疑人员8819名。[①]网络涉毒犯罪发展的严重态势催生禁毒立法，《2016年毒品犯罪司法解释》增设条款，对实践中利用互联网设立违法活动网站、通讯群组，在网上发布涉毒违法犯罪信息且情节

---

① 《公安部：今年第一次互联网涉毒专案集群收网行动》，大律师网：http://www.maxlaw.cn/p-bjxshzxlaw-com/artview/860068061841.最后访问日期：2019年9月1日。

严重的行为予以规制。行为人在实施网络犯罪同时又涉嫌实施贩卖毒品、非法买卖制毒物品或传授犯罪方法等其他犯罪的，从一重处断。当前，互联网已经成为人们生活的重要组成部分，网络涉毒违法犯罪也应运而生。司法解释的新规定对打击繁杂多变的网络涉毒犯罪行为具有极强的正向效应，但也引发一些思考与争议。如何为犯罪行为准确定性，不仅是司法人员工作需要，也是刑法理论研究者应当思考的问题。

一、想象竞合犯认定之司法现状

样本选取自中国裁判文书网，以"非法利用信息网络罪"、"贩卖毒品罪"，或"帮助信息网络犯罪活动罪"、"贩卖毒品罪"为关键词，限制时间段为从2016年9月至今，检索得到刑事裁判文书26篇。尽管样本数据不多，但仍然可以从中透视分析当前我国对网络涉毒犯罪的司法审判样态。

在评析司法审判现状之前，先对实践中的网络涉毒行为进行分类。通常，网络涉毒行为包括以下两种类型：

利用网络实施的毒品犯罪行为。这类行为以网上贩卖毒品和网上教唆、引诱他人吸食、注射毒品为代表。与传统毒品犯罪相比，利用网络实施的毒品犯罪在行为方式上又出现一些新变化。行为人通过开设网站，建立组群，在网上或组内发布信息，向不特定人群发出贩卖毒品的邀约。毒品交易双方利用微信、QQ等聊天软件事先沟通价格，商议交易方式，而后通过网络下单、网上支付等方式完成毒品交易。与线下交易相比，这一类行为更具有隐蔽性和便捷性，为公安机关的取证工作增加难度。如果行为人利用互联网实施教唆、引诱他人吸毒的行为，借助网络的影响力，该行为的传播速度更快，社会危害性更大。

利用网络帮助实施毒品犯罪的行为。这类行为主要指为他人实施的涉毒违法犯罪行为提供网络技术支持，如帮助他人发布贩毒、制毒或是其他毒品违法犯罪信息，帮助贩毒人员支付结算。有时，吸毒者在网上建立视频聊天室，在聊天室内从事示范吸毒、教唆吸毒等违法犯罪活动。帮助行为人为其提供互联网接入、通信传送及网络信息存储等技术支持。

当前，针对上述涉毒违法犯罪，各地的司法机关在处理方式上不约而同地呈现出趋同特征。

案件认定方式单一，保守适用司法倾向突出。例如在贩卖毒品案件中，只要行为人实施的贩卖毒品行为涉及网络，要么抛开网络因素不谈，即使认定行为人存在着非法利用信息网络罪与毒品犯罪的想象竞合关系，在"从一重处罚"的原则下，也均认定行为人构成贩卖毒品罪。①对行为人以非法利用信息网络罪定罪的情形可谓凤毛麟角。这一点从样本数量上即可看出，在为数不多的样本里，最终以网络犯罪定罪的又是少之又少。

情节严重标准追诉阙如。根据刑法规定，只有当行为人的网络帮助行为属于"情节严重"时，方可构成帮助信息网络犯罪活动罪。但由于"情节严重"的标准尚未出台，法官难以准确把握尺度。何种情形下可以认定网络服务提供者构成犯罪，在司法审判中并无定论。仍以检索样本为例，在上述样本中涉及"贩卖毒品罪"与"帮助信息网络犯罪活动罪"的案例共3篇，这与实践中毒品犯罪网络帮助行为的高发态势形成鲜明对比，显示出法官在认定该行为时所持的严谨态度。

二、想象竞合犯认定之实践路径

想象竞合犯的根本问题在于基于一个犯罪实施了一个行为却触犯了数个犯罪构成，应当如何确定刑罚。当行为人实施的犯罪行为同时触犯毒品犯罪与网络犯罪的相关条款时，要么以相关的毒品犯罪论处，要么定性为非法利用信息网络罪或帮助信息网络犯罪活动罪，但无论哪一种判断，其背后均应有其理论依据。

---

① 参见［2017］苏0506刑初791号、［2018］浙0281刑初31号、［2017］鄂0203刑初40号司法判决书。

（一）利用网络实施的毒品犯罪行为之认定

当传统的毒品犯罪搭上互联网的便车，其行为方式发生改变，毒品交易的便捷性增加，案发速度以及涉案范围较之以往均有所提高。行为人通过设置群组、建立网站、发布毒品图片或价格信息，让以往在线下实施的活动变成网络行为，如将传统的电话联络变成网络聊天工具联络，一手钱一手货的资金交易变成利用网络支付工具收受转账，传统的利用居间人发布贩毒信息变成网上发帖。互联网发展为通信、支付、交流带来便利，毒品犯罪分子愿意利用互联网络实施更为便利的犯罪活动。于是，在《刑法修正案（九）》与《2016年毒品犯罪司法解释》颁布后，行为人的网络贩毒行为可能同时触犯《刑法》第二百八十七条之一规定的"非法利用信息网络罪"与《刑法》第三百八十七条规定的"贩卖毒品罪"两项罪名，符合想象竞合犯罪形态。根据法律规定，如果行为同时触及两项罪名，依照处罚较重的规定定罪处罚。这一表述通常被视作想象竞合犯"从一重处罚"原则的具体适用。但重罪与轻罪的区分具有相对性，如何认定"贩卖毒品罪"与"非法利用信息网络罪"孰重孰轻，这一方面取决于判断的方法，另一方面也受限于具体情形。

当前，在判断"重罪"问题上，存在着"法定刑标准"与"宣告刑标准"两种学说。前者是指重罪与轻罪的判断中，以规定较重的法定刑为标准确定。[1]例如贩卖毒品罪最高法定刑为死刑，显然该罪为重罪。后者是指法官先对触犯的数罪分别判处刑罚，再从数罪中选择处刑最重的一个刑罚为宣告刑。仍以贩卖毒品罪和非法利用信息网络罪为例，由于贩卖毒品罪在量刑时需要考虑毒品的数量，如果查获的毒品数量极少，法定刑就低。如果行为人非法利用信息网络实施的犯罪行为情节严重，可能量刑上会重于贩卖少量毒品的贩毒行为。那么根据"宣告刑标准"，行为人应当以非法利用信息网络罪论处。有学者还将上述两种方法总结为"先比后定法"与"先

---

[1] 张爱晓著：《犯罪竞合基础理论研究》，中国人民公安大学出版社2011年版，第157页。

定后比法"。[1]

客观地说，法定刑重者，在案件的实际审理中不一定量刑就重。如果先对数罪中的每一犯罪决定刑罚，比较罪之轻重，以重者最后执行刑罚，看似更符合"从一重"宗旨。然而实践中，当行为人一行为同时涉及贩卖毒品罪与非法利用信息网络罪两项罪名时，司法人员几乎都选择了以贩卖毒品罪定罪处罚。即使有些案件中最终查获的毒品数量并不多，但案件定性仍然是贩卖毒品罪。这也似乎表明我国司法人员偏好以法定刑为标准判断重罪与轻罪的做法，当然该标准的合理性值得探讨。

从本质上讲，"法定刑标准"更符合诉讼效益原则。如果以宣告刑为标准，法官要对每一个罪名从法定刑到宣告刑进行几番思忖衡量，最后才能确定哪一个是重罪。如果以法定刑为标准，只需要比较几个罪名的法定刑就可以初步确定重罪。显然与"先定后比法"相比，"先比后定法"更具诉讼便宜性，不会增加法官太多的实质性工作。

另外也是最重要的一点，"法定刑标准"依然可以达到罪刑均衡的要求。刑法中规定的犯罪都有其确定的法定刑，无论单一量刑幅度，还是多个量刑幅度，都有一定的量刑范围。即使以法定刑为标准确定的重罪与以宣告刑为标准确定的重罪略为不同，但法官会在选择重罪并确定宣告刑的基础上，继续斟酌考量行为人涉及的其他罪名的轻重以及是否含有加减情节，最后确定一个与罪质、罪量相当的刑罚。例如，依法定刑标准比较非法利用信息网络罪与贩卖毒品罪，后者属于重罪。但实践中也有如下情形，行为人利用网络实施贩毒行为，但贩卖的毒品数量较少，量刑区间应在有期徒刑一年以下。如果有证据证明行为人非法利用信息网络行为属情节严重，量刑区间应在有期徒刑一年以上三年以下，此时以"宣告刑标准"判断重罪似乎更为恰当。事实上，以"法定刑标准"判断重罪也能达到与"宣告刑标准"相当的结论。根据刑法规定，贩卖少量毒品处三年以下有期徒刑、拘役或者管制。虽然案中查获的毒品数量少，

---

[1] 吴振兴著：《罪数形态论》，中国检察出版社2006年版，第72页。

依据法律规定量刑较轻，但是行为人非法利用网络发布与毒品犯罪相关信息时，往往发布时间长，信息量大，影响面广，网上回复人数较多。可以判断行为人实际贩卖毒品的数量应当大于查获的数量，那么在量刑时也可以结合非法利用信息网络的犯罪情节，做出恰当的刑罚。通过这样的裁判过程得到的最终量刑与以宣告刑为标准得到的量刑情况不会有太大差别。

当某一罪具有从轻、减轻或免除处罚情节时，由于刑法规定的加减情节是法定本刑之规定，此时还要考虑应在加减之后再比较还是先比较确定了重罪后再考虑加减情节。此时可采用通说观点，刑法规定的加减情节属于科刑范畴，不影响法定刑的轻重，所以不应在加减后再比较。

（二）利用网络帮助实施毒品犯罪的行为之认定

利用网络帮助实施毒品犯罪的行为主要指网络服务提供者为他人实施的网络涉毒违法犯罪活动提供技术支持的行为。这种利用网络帮助实施毒品犯罪的行为人具体又分为两类，一类是毒品犯罪行为人的共犯，其帮助行为是在共同犯罪故意支配下实施，目的是帮助他人实现毒品交易或是促使其他毒品犯罪行为顺利进行。另一类人通常为网络平台提供者或网络服务商，在外观上，行为人主观上欠缺实施毒品犯罪的故意，但事实上行为人实施的行为却对毒品违法犯罪活动起到实质性帮助。后一类人实施的行为往往也被称作"中立帮助行为"，这类行为看似符合帮助犯要件，但其日常业务属性使得刑法对这一类行为的惩戒理由不足。理论上饱受争议，实践中难以认定。

对于第一类行为人原则上可以按照毒品犯罪的帮助犯处理，在共犯理论下确定行为人触犯的毒品犯罪罪名。学界通说观点认为，《刑法》第二百八十七条之二的规定是针对中立帮助行为的可罚性提出，并非肯定"帮助犯正犯化"之条款，[1]因此这一类行为不是本节探讨的范围。

---

[1] 参见张明楷：《论帮助信息网络犯罪活动罪》，载《政治与法律》2016年第2期，第6页。

　　毒品犯罪司法实践中的争议表现为如何认定第二类行为人利用网络实施的帮助行为，争议的焦点在于：第一，行为人作为网站的管理者或是提供网络技术服务的从业者，能否基于其"明知他人利用信息网络实施毒品犯罪且提供了网络服务"，就可以认定其构成"帮助信息网络犯罪活动罪"？只有当一行为同时触犯两罪名才符合想象竞合犯特征，如果行为人实施的犯罪行为仅符合一个犯罪构成，就没有进行罪数探讨的必要。第二，当行为人只实施了一个行为却同时触犯帮助信息网络犯罪活动罪与贩卖毒品罪两个罪名时，应认定为何罪，如何量刑处罚？

　　尽管根据我国《刑法》第二百八十七条之二的规定，某些中立的网络服务行为可以被界定为中立帮助行为进而具备刑事可罚性，但这并不意味着所有的中立帮助行为都能入罪。根据刑法条文规定，可罚的前提之一是行为人"明知他人利用信息网络实施犯罪"，这也是行为人罪的主观条件。当然这一标准仍然过于抽象，比如有学者就提出对于网络平台提供者而言，对网上发布信息进行审核与管理根本不具有作为的可能性。①换言之，即使法律明文规定了明知，行为人仍然可以其"不知他人实施犯罪"为由逃避法律追究。因此，在认定行为人能否构成"帮助信息网络犯罪活动罪"时，有必要进一步明确入罪的客观标准。行为人不仅明知他人利用信息网络实施犯罪，同时为犯罪人提供的帮助行为属于刑法明确规定的行为类型，如此方可认定犯罪成立。置言之，行为人入罪不仅要求其主观具有有责性，同时客观行为存在义务违反性。根据《刑法修正案（九）》规定，当行为人实施"为犯罪提供互联网接入、服务器托管、网络存储、通讯传输等技术支持，或者提供广告推广、支付结算等帮助，情节严重的行为"时，才能认定构成犯罪。即如果已有证据证明行为人存在明知他人利用网络实施毒品犯罪的犯罪故意，同时行为人为毒品犯罪分子提供的帮助行为符合法律限定的网络服务类型且属于情节严重，就构成"帮助信息网络犯罪活动罪"。

---

　　① 付玉明：《论刑法中的中立帮助行为》，载《法学杂志》2017年第10期，第71页。

实践中，行为人原本是网络运营商，或是网站管理者，但明知他人利用网络实施贩毒行为，但仍然帮助贩毒人员利用网上银行转移毒资，或提供贩毒信息的推广等，此时该行为就同时触犯了贩卖毒品罪与帮助信息网络犯罪活动罪两个罪名，符合想象竞合犯特征。原则上，如果上述两行为均有确切证据证明时，根据想象竞合犯"从一重论处"的原则处理。但实践中，毒品犯罪隐蔽、证据收集难已是公认事实，特别是证明网络服务商与贩毒人员之间存在共同犯意联络的证据往往不可得。有时，实施贩卖毒品实行行为的正犯都可能因证据不足不能定罪，而网络服务商作为共犯，那么基于共犯的从属性理论，对其亦不能以贩卖毒品罪定罪。此时就无须再考虑如何"择重论处"，直接以"帮助信息网络犯罪活动罪"对其定罪即可。

第七章

几种特殊的争议行为认定

第一节　贩卖毒品罪若干争议问题辨析

无论是理论研究还是司法实践，走私、贩卖、运输、制造毒品罪均被视作毒品犯罪中的核心罪名，其他相关的罪名均以此为核心而衍生出来，且《刑法》第六章第七节的类罪亦直接以该罪命名。这是一个选择性罪名，对同一宗毒品相继实施了包括制造、走私、贩卖及运输等两种或两种以上行为的，通常直接按照查证属实的犯罪行为并列确定罪名，不实施数罪并罚。众所周知，犯罪分子从事任何毒品犯罪，其最终目的均是牟取巨额利润。因此，贩毒行为作为终端行为，也是缉毒实践中出现频率最高、打击力度最大的罪名。鉴于贩卖毒品罪在司法实践中的特殊地位，各国刑法亦均将其作为打击的重点，因此对该罪司法适用中一些疑难问题的研究工作亦显得格外的重要。

一、"以牟利为目的"之辨析

贩卖毒品罪的成立是否以贩毒者"牟利"为前提，或者说贩卖毒品罪的主观方面是否需要"以牟利为目的"，该问题在理论研讨与司法实务中均存在争议。如果查阅现行法律条文，不论是《刑法》第三百四十七条的规定，还是1994年最高院《关于适用〈全国人民代表大会常务委员会关于禁毒的决定〉的若干问题的解释》（以下简称"1994年毒品犯罪司法解释"），以及2012年《立案追诉标准（三）》中的规定，均无法直接得出贩卖毒品行为入罪的主观要件须以"牟利为目的"这一结论。但受语言模糊性影响，法条用语并不当然地具有确定性。虽然刑法规范中欠缺关于"牟利性"的表述，但并不妨碍通过司法解释将"牟利"作为犯罪目的要素，从而才能揭示其描述的事实、表达的价值判断及法律条文背后的应然观念。通常而言，"犯罪目的"是一种比直接故意的意志要素更为复杂与深远的心理态度，它是故意之外追求某种结果、利益、状态、行为的内在意向，所以它们被叫作超主观要素或纯主观要素。①由于这种带有特定犯罪目的的故意犯罪在主观心理上更具恶性，因此刑法设置"目的犯"旨在惩罚这种更具严重社会危害性的行为。因此，关于贩卖毒品罪的主观方面是否是"以牟利目的"的探讨，事关如何合理解读贩卖毒品罪的犯罪构成，以及司法人员认定贩毒行为入罪是否需要做扩大解释或限缩解释，可谓具有理论与实践双重价值。

（一）问题缘起："贩卖"是否涵括"牟利"之争议

关于"贩卖"行为是否必然包含着"牟利"要素，学者观点见仁见智。如有学者对此持肯定态度，认为"认定贩卖毒品罪需要行为人具有牟利目的"②，"贩卖毒品"应当包括"以贩卖为目的收购毒品或者是有偿转让毒品"③的行为。在这里，有偿转让是指行为人将毒品转让给他人时须从中获利，所获取的对价可以是金钱或其他物质利益。肯定说持有者的论据有三：

首先，文义解释是法律解释的基础。根据《现代汉语词典》的解释，"贩卖是商人买进货物再卖出以获取利润"的行为。④显然，

①包涵：《贩卖毒品罪的主观方面之辨——目的犯视角下"以牟利为目的"的批判与改良》，载《中国人民公安大学学报》（社会科学版）2015年第4期，第92页。

②具体参见谢秋凌、高巍：《贩卖毒品罪之目的》，载《云南大学学报》（法学版）2006年第1期，第72页。

③张明楷著：《刑法学》（第四版），北京法律出版社2011年版，第1007页。

④中国社会科学院语言研究所词典编辑室编：《现代汉语词典》（第5版），商务印书馆2008年版，第382页。

"获取利润"是贩卖过程中重要的一环。

其次，从刑法体系的统一性出发，贩卖毒品罪应当包括"以牟利为目的"①。如《立案追诉标准（三）》的第一条规定，有证据证明行为人以牟利为目的为他人代购用于吸食、注射的毒品，对代购人以贩卖毒品罪立案追诉。不以牟利为目的……以非法持有毒品罪立案追诉。在该解释中明确规定了"以牟利为目的"是构成贩卖毒品罪的前提，与此类似的还有《刑法》第三百五十五条第一款规定，"……以牟利为目的向吸食、注射毒品的人提供……麻醉药品、精神药品的，依照本法第三百四十七条（贩卖毒品罪，笔者注）的规定定罪处罚"。既然上述规定均提到"以牟利为目的"是认定贩卖毒品罪的前提，那么同一刑法体系内的立法语言应前后协调，贩卖毒品罪主观构成要件要素当然包含着"牟利"目的。

再次，贩卖毒品罪属于目的犯，属于法定目的犯。通常，法定目的犯是指刑法分则中明确规定"以……为目的"，或者从该罪的罪状描述中可解读出犯罪主观方面的目的要素。②无论是"1994年毒品犯罪司法解释"，还是2012年的《立案追诉标准（三）》，均明确规定了"以贩卖为目的"是贩卖毒品罪的主观构成要件要素，这是明确在法律条文中的，因此贩卖毒品罪属于典型的目的犯。由于贩卖毒品包括"有偿转让毒品或者以卖出为目的而非法收购毒品"两种行为，后者在法条中明示了犯罪目的，前者则为隐含的犯罪目的。由于贩卖指有偿转让，否则即为无偿赠予毒品的行为，后者并不构成贩卖毒品罪。

（二）问题剖析："牟利目的"不应视作超主观要素

肯定说强调了"贩卖"的有偿性，以期将贩卖毒品行为与非以牟利为目的的赠予毒品行为以及吸毒者之间免费提供他人吸食、注射毒品的行为相区别，但其解释的理由却值得商榷。

首先，贩卖毒品罪中的"贩卖"一词显然不能局限于文义解释，

① 冯志远：《贩卖毒品罪中"贩卖"的含义探析——兼论两种特殊涉毒行为的定性》，《山东商业职业技术学院学报》2016年第1期，第103页。

② 付立庆：《中国刑法中的典型的法定目的犯——描述、追问与评价》，载《法学杂志》2006年第1期，第43页。

因为这一解释与该罪的立法目的不符。前文已述，贩卖毒品罪中"贩卖"一语不仅指"先买后卖"这一情形，而且还包括"以贩卖为目的"购买这一行为，这说明，文义解释下的"贩卖"的外延要小于法律规定中的"贩卖"，而后者已经明确地写在司法解释条文中。

其次，有论者站在体系解释角度，认为贩卖毒品罪应当包括"以牟利为目的"，但这一观点也难免遭人诟病。代购毒品行为与非法提供麻醉药品行为本身是具有独立性的一类涉毒违法犯罪行为，其行为方式与贩卖毒品截然不同，并且实施这一类行为的行为人往往存在着不同的行为目的。立法者之所以要将带有特定犯罪目的上述行为规定为"贩卖毒品罪"，是为了对具有相同行为外观但具有不同目的的情形予以区分，旨在惩罚主观心理上更具恶性的行为人，进而在法条中添附了"以牟利为目的"这一主观要件，因此不能将对"个别"行为的解释推及"普遍"行为。而且体系解释下，论者的标准不同，得到的结论也可能相悖。例如有学者就指出，"刑事立法把走私、贩卖、运输、制造毒品放在同一法条里面，表明四种行为的危害性相当，主观要件亦当相同。而其中的走私、运输、制造毒品并没有要求以牟利作为目的，贩卖毒品如果必须以牟利为目的，意味着为贩卖毒品罪设置了更高的门槛，有违刑法体系的统一……无疑与立法宗旨是相悖的"①。可见，同样基于体系解释，但得到的结论却截然相异。

再次，贩卖毒品罪属于目的犯，但基于司法解释我们只能得出"贩卖毒品的主观方面是以'贩卖'为目的"这一结论。尽管有论者提出，"贩卖"往往为附有"牟利"性质的行为，但二者之间并无一一对应关系。反观刑法条文，其中并不乏将"以牟利为目的"作为"贩卖"主观方面要素予以规定的条文。最有力的例证就是《刑法》第三百六十三条的规定，该条文是这样表述："以牟利为目的，制作、复制、出版、贩卖、传播淫秽物品的……"如果贩卖行为天然地涵摄"以牟利为目的"，那么该罪状描述时就无须增添类似的表述，而此处之所以要单独规定主观构成要件中的犯罪目的，显然说明了仅凭借"贩卖"一词不足以得出具有"牟利目的"的结论，否

---

① 石魏：《贩卖、运输毒品罪疑难问题解析》，载《上海政法学院学报》（法治论丛）2013年第3期，第76页。

则"制作、复制、出版、贩卖、传播淫秽物品牟利罪"也不需要单独规定"以牟利为目的"。

综上所述，即便承认贩卖毒品罪是目的犯，那么行为人主观方面的特定目的也通过构成要件行为本身在犯罪过程中自然实现了。具言之，在贩卖毒品罪实行过程中，行为人的"牟利目的"已经通过其交易毒品的行为得以实现，无须再设置超出"犯罪故意"的额外目的——"牟利"。因为立法者设置贩卖毒品罪的意图在于控制毒品的非法流通，将促进毒品非法流通的行为犯罪化，显然立法者并不关注行为人是否有从毒品犯罪中获取利益，自然立法的意图不仅限于惩罚以牟利为目的的贩卖毒品行为。因此，行为人在主观上也不需要具备牟利目的，否则理论上会增加该罪的构成要件要素，不利于相应毒品犯罪行为的评价。

（三）归纳总结：再看贩卖毒品罪中的"牟利目的"

尽管前文否定了在构成要件意义上要求行为人主观上具有"牟利目的"，但若一味地强调行为人主观上不需要具备"牟利目的"，也会背离客观现实，毕竟贩卖毒品的行为人具有"牟利"目的才是司法实践之常态。进言之，对贩卖毒品罪中的"牟利"可从以下几方面予以理解。

首先，"以牟利为目的"可作为认定贩卖毒品罪成立的充分条件，而非充要条件。如果有证据证明行为人有偿转让毒品，那么转让者可直接以贩卖毒品罪予以定罪。即使行为人并未从转让毒品中获得"金钱或其他物质性利益"，也不能直接排除贩卖毒品罪的成立。归根到底，惩罚毒品犯罪的目的在于控制毒品的流通与扩散，而并非惩罚行为人的牟利目的与其是否牟利的结果。这一点从我国刑法罪名的设置上可见一斑，贩卖毒品行为与走私、运输、制造行为并列在同一选择性罪名中，足以证明刑法设置毒品犯罪是出于维护社会管理秩序之目的，动用刑罚手段以惩处不当的扩大毒品非法流通行为。如果对贩卖毒品罪添设"以牟利为目的"主观要件，显然人为地提高了贩卖毒品罪的入罪门槛，对打击毒品犯罪十分不利。

其次，"牟利"不仅限于获取金钱或财物等物质利益，也包括一部分非物质性利益。综观《刑法》条文，虽然其中多处对罪名的罪状描述时使用"牟利"一词，但刑法本身并未对其给予确切的解释。有学者对"牟利"的定义为，"是指行为人意图通过一定行为获取非法利益，可以是金钱和财物，也可以是其他的物质性利益"。①也有学者将"以营利为目的"与"以牟利为目的"比较分析，认为前者是中性词，后者为贬义词，但在刑法上均指"通过犯罪行为谋求利润，而这里的利润为物质利益，而不包括非物质性利益"，因此二者含义相同。由上述观点可见，多数学者将"牟利"一词的核心含义解读为"获取金钱或财物等物质性利益，不包括非物质利益"。当然，也有学者提出异议，认为如果将获取非物质性利益抛除在"牟利"之外，那么就无法对以毒品为对价进行性交易或获取非物质性利益的其他违法行为进行客观而公正的评价，容易造成实质意义上的犯罪行为非罪化，不利于打击毒品犯罪行为。②诚然，仅将"牟利"理解为"获取物质利益，包括金钱或财物，但不包括非物质性利益"的观点固然不可取，但如果将其解释为"牟利= 物质性利益+ 非物质性利益"亦有失偏颇。例如有学者主张将以毒品为对价进行性交易或行贿等获取非物质性利益的情形也纳入"牟利"范围内。③对此笔者认为，"牟利"包括获取物质性利益及一部分非物质性利益，这里的一部分非物质性利益仅指"可货币化的非物质性利益"，如合法的债权、正当的劳务费等，而其他不能货币化的非物质性利益——如性服务等，不宜划入"牟利"范畴内，否则有类推解释之嫌，难免有违反罪刑法定之诟病。此外，还需要强调的是，毒品虽然不是商品，但在通常情形下可充当等价物用于交换，所以行为人截留毒品作为报酬的行为可以认定为贩毒并"牟利"。但行为人如果以免费吸食毒品作为劳动报酬或好处费，那么这种"获得非物质性利益"的行为亦不宜认定为"牟利"。

再次，正如贩卖毒品罪的实行行为不仅包括"出售毒品或以卖为目的的购买毒品"行为，有偿性地提供麻醉药品、精神药品行为、

---

① 王作富主编：《刑法分则实务研究》（第二版），中国方正出版社2003年版，第1870页。

②③ 冯志远：《贩卖毒品罪中"贩卖"的含义探析——兼论两种特殊涉毒行为的定性》，载《山东商业职业技术学院学报》2016年第1期，第105页。

有偿为吸毒人员代购毒品行为以及以买卖关系为内核的互易毒品行为等，在现行司法框架下均被视作贩卖毒品罪。"以牟利为目的"不是构成一般贩卖毒品罪的主观要件，并不意味着认定"贩卖毒品罪"时无须考量行为人的"牟利"目的。否则可能会导致贩卖毒品罪的犯罪客体与非法持有毒品罪或非法提供麻醉药品、精神药品罪的客体错综混乱。如果合法使用、存储、运输麻醉药品或精神药品的行为人向吸毒人员提供麻醉药品或精神药品，不具有牟利目的，或者代购者为吸毒人员代购毒品并未从中牟利的，则将以非法提供麻醉药品、精神药品罪或非法持有毒品罪论处。在此情形下，"牟利目的"是认定犯罪嫌疑人主观方面的重要条件。

二、互易毒品行为定性

司法实践中，交换毒品是一种普遍且常见的获取毒品方式，吸毒者之间交换毒品以体验不同的吸毒感受，或者用毒品换取手机、皮包等贵重物品的行为时有发生。所谓互易是指以物换物，是当事人双方约定以货币以外的财物进行交换的行为。尽管司法实务中将这一类行为以贩卖毒品罪论处，但这并不意味互易毒品行为已经在现行刑法理论中得到妥当解决。例如，有学者就基于罪刑法定原则质疑将互易毒品行为完全纳入贩卖毒品罪中予以规制的合理性。[①]刑法理论总是在应对挑战中发展，互易毒品行为的定性与解决涉及对贩卖毒品罪实质的理论追问，需要对二者之间的关系进一步厘清与探讨。

（一）问题提出：互易毒品的规范含义

互易毒品是否属于贩卖毒品，对该问题的回答又涉及"贩卖"与"互易"之间的关系。前文已述，"贩卖"一词在词典上的释义系指买进货物再卖出并从中获取利润，但显然刑法规范中"贩卖"的含义要复杂得多。现有司法解释将"贩卖毒品"解释为明知是毒品而非法销售或者以贩卖为目的而非法收买毒品的行为，其中，卖是

---

① 参见孙万怀：《互易毒品行为的刑法性质评析》，载《法律科学》（西北政法大学学报）2009年第2期，第146–152页。

指有偿转让毒品的行为，买是指为卖而买，即购买行为因依附于卖而构成犯罪，如果不以出卖为目的的购买则不构成贩卖毒品罪。司法实务又进一步对"贩卖"进行解释，将"贩卖祖传毒品""自产自销毒品""以毒品为流通手段交换商品和其他货物""以毒品支付劳务费或者偿还债务""赊销毒品""居间介绍毒犯"等行为纳入贩卖毒品罪予以管制。[①]自此，有学者指出，"以毒品易货，即以毒品为流通手段交换商品或其他货物，或以毒品支付劳务费或偿还债务，是贩卖毒品行为"。[②]上述行为均表现为毒品与货币外的其他物品进行交换，因此互易毒品行为以贩卖毒品罪论处的观点流传甚广。

但实践中的互易行为不仅仅表现为"以毒易物"或者"以毒品支付劳务费"等情形，有时还包括两个吸毒人员互易毒品，以期达到同时吸食两种以上不同种类毒品的享乐目的。此时，如果将二人均以贩卖毒品罪定罪，显然未免牵强。此外，在下列情形中认定贩卖毒品罪仍然存在争议。例如，甲为某富商包养的情妇，向吸毒人员乙提供毒品，但要求乙在每次吸毒过后为自己提供性服务。这样的案例在实践中亦非罕见，[③]能否对甲以贩卖毒品罪定罪处罚？如若不能，那么该行为如何定性？对互易毒品行为展开研究，其实质是为剖析该行为与贩卖毒品罪之间的关系问题，二者是全同关系还是交叉关系，互易毒品行为应当如何予以刑法规制？应当说这是刑法应对毒品犯罪无法回避的问题。

---

① 参见刘家琛主编：《新刑法常用罪认定与处理》，人民法院出版社1998年版，第354页。其中规定贩卖毒品行为包括：（一）将毒品买入后又转手卖出，从中牟利的；（二）将家中祖传下来的毒品卖出牟利的；（三）制造毒品后销售的；（四）毒品为流通手段交换商品和其他货物的；（五）以毒品支付劳务费或者偿还债务的；（六）赊销毒品的；（七）介绍毒犯，从中牟利的；（八）依法从事生产、运输、管理、使用国家管制的麻醉药品、精神药品的单位和人员，违反国家规定，以牟利为目的向吸食、注射毒品的人员提供国家管制的麻醉药品、精神药品的，或明知对方是贩卖毒品的犯罪分子，而向其提供国家管制的麻醉药品、精神药品的。而后司法机关也时常适用上述标准认定贩卖毒品罪，如上海市第一中级人民法院刑一庭倪金龙庭长就持上述观点。

② 王作富主编：《刑法分则实务研究（下）》（第二版），中国方正出版社2003年版，第1759页。

③ 中国台湾亦有类似案例，可参见 http://www.cna.com.tw/ShowNews/Detail. aspx?pNewsID=201005180302＆pTypeSel=0，2010年6月8日访问。

互易毒品行为从表现形式上可分为狭义与广义两种情形，前者是指不同种类、纯度或数量的毒品之间互易，后者表现为毒品与金钱及毒品外的其他物品进行交换。如果进一步细分，狭义上互易毒品与广义上的互易毒品行为还可以一分为二。狭义的互易毒品行为包括单纯的互易毒品行为和等价的互易毒品行为，前者关注的是毒品使用价值，即双方在交换时不考虑给付标的物的价格；后者是指双方交换的标的物价格相当，否则一方不仅须交付标的物，同时还要支付两物之间的差价。而广义上的互易毒品行为指毒品与其他财物之间的交换以及与非物质性利益之间的交换。互易毒品行为的研究关系着贩卖毒品罪犯罪圈划定的大小，对其研究具有重要的理论与实践意义。

（二）狭义的互易毒品行为定性

1. 单纯的互易毒品行为

单纯的互易毒品行为是指当事人双方仅就两种不同种类或相同种类不同纯度的毒品进行交换，其目的主要为追求毒品的使用价值，而不关注各自所持毒品的价格。上海徐某、陈某交换毒品一案就是该种情形。徐某经中间人介绍，以14克甲基苯丙胺晶体（冰毒）交换苏州陈某的50克氯胺酮（粉末）毒品。当陈某携带交换的毒品乘车时，被铁路警方查获。经鉴定甲基苯丙胺净重14.02克。而后抓获徐某时，二人均对上述事实供认不讳，但此时徐某交换而得的50克氯胺酮已被吸食殆尽。最终二人作无罪处理。[①]

对于上述案例亦有人持不同观点，有学者从设置贩卖毒品罪的立法目的是为打击毒品非法流通这一论断出发，认为行为人之间互易毒品的行为起到促进毒品扩散与流通的作用，因此应以贩卖毒品罪论处。该观点亦为"绝对说"的一种表现形式，[②]但显然该观点的

---

① 本案例转引自孙万怀：《互易毒品行为的刑法性质评析》，载《法律科学》（西北政法大学学报）2009年第2期，第146页。

② 所谓绝对说，是指只要是互易毒品的行为，一律主张不作为犯罪处理或一律作为犯罪处理的观点。参见刘艳红、梁云宝：《互易毒品行为定性"相对说"之提倡——兼与孙万怀教授商榷》，载《法律科学》（西北政法大学学报）2011年第1期，第186-187页。

正确性值得商榷：

如果将单纯的互易毒品定性为贩卖毒品行为，则否认赠予毒品行为的存在。单纯互易毒品的行为类似于两个赠予，只是两个赠予行为互为前提或条件，一方赠予另一方不同毒品，双方交换目的在于转移毒品的所有权，显然区别于以价值交换为目的的买卖行为，不能将其视作贩卖。

之所以有学者习惯将互易毒品行为纳入贩卖毒品罪范畴予以打击，是由于我国刑法与联合国"八八公约"的相关规定在衔接上并不严密。该公约的第3条"犯罪和制裁"下第1款对互易毒品行为的法律性质作出了规定："各缔约国应采取必要的措施将下列行为确定为刑事犯罪：违反1961年《麻醉品单一公约》、经修正的《麻醉品单一公约》或1971年《精神药物公约》的规定，生产、制造、配制、提供、兜售、出售……任何条件交付麻醉药品或精神药物。"可见，在公约中提供是与出售并列的行为，其外延应包含有偿转让毒品外的其他提供毒品行为，既包括一方行为人向另一方无偿提供毒品，也应包括双方互相提供毒品，也即为互易毒品行为。由此可见，如果按照公约的解释规定，互易毒品是独立于贩卖之外的一种行为，而不应当完全纳入贩卖毒品罪的概念中。

事实上，将单纯的互易直接解释为"贩卖"，其本身就是对法律概念的冲击，容易损害法律语言的确定性。"法学者是实践着的语言学家"，一旦当解释逾越司法权限进入立法领域，就容易存在滥用司法解释之嫌。特别是我国的司法现状下，罪刑法定原则的根基尚浅，如果将互易毒品行为均纳入贩卖毒品罪论处，那么势必将与非法持有毒品罪、容留他人吸毒罪的犯罪客体发生混乱，造成部分互易毒品行为不当入罪的隐患。

2. 等价的互易毒品行为

二人互易毒品，如果一方除了向对方交付毒品外，还另外支付金钱或可货币化的物质，以补足两物间的差价，那么这种互易方式可称作等价的互易毒品或补足金的互易毒品。[1]实践中类似这样的案

---

① 张洪成：《论几类特殊毒品流通行为的法律认定》，载《周口师范学院学报》2012年第3期，第103页。

例亦比比皆是，例如甲用 10 克纯度较高的冰毒交换乙的 50 粒麻古丸，由于冰毒在毒品市场上的价格为每克 130 元，而 50 粒麻古丸的价格为 500 元，故此甲要求乙再支付 500 元以补足差价。此为典型的等价互易毒品，这一行为固然不同于单纯的互易毒品，但也不同于交付毒品后支付对价的买卖。如果按照"绝对说"观点来看，这一行为仍然不能以贩卖毒品罪论处，因为以冰毒交换麻古丸的行为不具有刑法所要求的贩卖毒品罪的外在表现形式。在等价的互易毒品行为中，毒品本身业已充当了一般等价物，因此才会存在当两种交换物的价值（价格）不等价时，需要一方弥补差价的情形，显然这种互易关系是以买卖关系为基础的物物交换。固然，只要存在"提供毒品、促进毒品流通与扩散的行为就应上升为犯罪"的观点不可取，[①]但若将所有的互易毒品行为均排除在贩卖毒品罪之外，则会不当地缩小了贩卖毒品罪的处罚范围，违反了刑法的法益保护原则。因此最佳认定方案为，对于支付补足金的一方不能以贩卖毒品罪论处，如果其用于交换的毒品数量达到《刑法》第二百三十八条规定的"数量较大"，可能构成非法持有毒品罪，这亦体现出刑法对促进毒品非法流通行为的干预与规制。但对于支付毒品同时又收取补足金的一方而言，应当认定其行为构成贩卖毒品罪，其中涉案的毒赃为 500 元，毒品数量为 10 克冰毒。理由在于这种补足价差的物物交换，本质上与以谋取对价利益为核心的"贩卖"行为在实质内涵上无异，这种以买卖关系为基础的互易毒品行为仍然在"贩卖"的文义"射程"内，故此将其认定为贩卖毒品并不属于刑法的不当扩张。

（三）广义的互易毒品行为定性

广义上的互易毒品行为是指"毒品与其他财物之间的交换"以及"毒品与其他非物质利益之间的交换"。有学者还将后者称为最广义上的互易毒品行为。[②]当行为人以毒品与其他人的财物进行交换时，可以直接用贩卖毒品罪的理论予以解释，无须再借用"互易毒品"概念进行阐释。当前，刑法学界主流学说大抵将贩卖毒品罪中

---

①② 参见刘艳红、梁云宝：《互易毒品行为定性"相对说"之提倡——兼与孙万怀教授商榷》，载《法律科学》（西北政法大学学报）2011 年第 1 期，第 189 页。

的"贩卖"阐释为"有偿转让",其核心是谋取对价利益,换言之,"贩卖"与"互易"行为本身有所交叉,而交叉的部分就是以金钱之外的其他物质利益为限的有偿转让部分。所以在这一层面上再深究互易毒品行为问题已没有意义。

而对于最广义范围上的互易毒品行为,其研究的关键并非是对"互易"行为的认定,而是如何看待"其他涉毒行为"。其实这一类行为并不适宜在"互易毒品行为"范畴下进行研究,尤其是涉毒犯罪在非物质性利益的扩张问题上,刑法须持有格外谨慎的态度。这类涉毒行为可能由非法持有毒品罪,非法提供麻醉药品、精神药品罪等罪名调整,如若统一冠以贩卖毒品罪之名论处,难免弊害重重。

综上,关于互易毒品行为的认定存在如下情形:

对于单纯的互易毒品情形而言,如若双方的互易行为是为对方贩卖毒品提供方便,那么无论是否补足差价,均应以贩卖毒品罪定罪处罚。如果是为了吸食而彼此交换毒品的,因无法齐备贩卖毒品罪犯罪构成诸要件,故无法以贩卖毒品罪论之,司法判例亦昭显该论调,前文案例就是明证。如果互易毒品的双方中,一方需要向另一方补足差价,那么支付差价一方不构成贩卖毒品罪,而收取差价一方应当以贩卖毒品罪论处。

如果行为人间互易毒品,一方的目的是为获取物质性利益,那么可直接认定其构成贩卖毒品罪;另一方根据具体情形可成立非法持有毒品罪等相应犯罪或无罪。而如果一方的目的是为了获取其他非物质性利益,那么则具体情形具体分析。如果有关法律已作出规定,则按照相应的法律规定论处。如果行为人将毒品作为谋取某种帮助或服务的手段,以毒品来行贿,可以采用"附条件的赠予"予以解释。由此也得以证明,有偿性只是贩卖毒品的一个特征,但并非有偿转让毒品即等同于贩卖毒品,二者之间不能画等号。

"互易"行为是否作"贩卖"理解,不能仅仅从形式上,而应从是否达到了值得处罚的程度进行实质的解释。刑法条文赋予贩卖毒品罪的实质内容在于,控制以获取对价利益为前提的毒品流转,因此以买卖关系为基础的互易毒品行为作"贩卖毒品罪"处理。但这并不意味着互易毒品行为与贩卖毒品行为即为一事物的两种称呼，二者并非逻辑上的全同关系，只有对互易毒品行为作实质性分析，结合不同情形作不同处理，才能既贯彻刑法打击毒品犯罪之意图，发挥刑法的法益保护机能，同时又能防止司法权向立法领域的恣意扩张，突显刑法的谦益性特征。

第二节　运输毒品罪若干争议问题辨析

运输毒品罪的概念，学理上阐述颇多，见仁见智。通常将其概括为"采用携带、邮寄、利用他人或使用交通工具等方法在我国领域内转移毒品"。由于我国《刑法》第三百四十七条对运输毒品罪仅从行为的客观方面进行归纳，并未论及行为人的主观目的，而国内一般教材在阐释运输毒品罪的主观方面时，也仅是一般性概述为"该罪的主观方面是故意，过失不构成此罪"。于是，在处理行为外观特征完全相同但行为人目的截然不同的运输行为时，如何从性质上对二者予以区分便成为司法人员的必修功课。

一、以吸毒为目的运输毒品行为认定

当行为人以个人吸食为目的运输毒品，或者他人为吸毒者代购、代收毒品后运输，如果在交通工具上被查获，是否必然以运输毒品罪论处？这一问题值得深究。尽管"武汉会议纪要"明文规定："吸毒者在运输毒品过程中被查获，没有证据证明其是为了实施贩卖毒品等其他犯罪，毒品数量达到较大以上的，以运输毒品罪定罪处罚。"但这并不意味着以吸食毒品为目的的运输行为得以妥当解决。例如有论者指出："由于受大众话语影响，司法实践中往往把一些没有其他毒品犯罪故意但又全然不具备'运输毒品罪'主观要素的行为人，误用运输毒品罪论处……显然，刑法赋予运输毒品罪严重的可谴责性，认为最高可以科以死刑的在依据，并不在于'毒品在运输'中，重要和根本的是行为人为何运输。如系自己吸食，立法者断不会认其'罪可处死'的犯罪行为，不过是非法持有毒品罪的行

为人在'坐火车'在'动'而已！"①由上段论述可见，在对待运输毒品行为时，仅关注行为而忽视行为背后刑法设置该罪名的立法目的，极容易造成罪刑责的失衡。

实践中，运输毒品行为的认定疑难往往出现在行为人毒品犯罪主观意图不明的情形下，即没有证据证明行为人有从事走私、贩卖或替他人运输毒品的犯罪故意，并且行为人供述其运输行为是以满足自身或他人吸食毒品为目的。因此对运输毒品罪进行定性，不能仅将"武汉会议纪要"中规定的"行为+持有毒品数量"作为认定运输毒品罪的"终极标准"，应当在现有证据基础上探查行为人运输毒品之目的，使运输者罪当其罚，发挥刑法的法益保护机能。

首先，应当从法律层面上肯定"动态"非法持有毒品行为，避免对犯罪嫌疑人客观归罪。

将运输毒品行为一概纳入运输毒品罪予以规制始于"武汉会议纪要"的出台，在这之前，2000年出台的《全国法院审理毒品犯罪案件工作座谈会纪要》（简称《南宁会议纪要》）规定，当吸毒者购买、存储或运输毒品中被查获，如果没有证据证明其存在从事其他毒品犯罪的犯罪故意，当毒品数量较大时，以非法持有毒品罪论处。然而该规定在执行时却引发了争议，甚至有地方司法机关对运输千克以上海洛因的吸毒者仍以非法持有毒品罪定案。基于这种司法实践悖论，而后出台的"武汉会议纪要"对吸毒者购买、存储毒品与运输毒品做出区分，在前两个环节中被查获且携带毒品数量较大以上的，以非法持有毒品罪定罪；在运输环节中被查获，则以运输毒品罪定罪。尽管这一规定增强了实践中认定运输毒品罪的可操作性，但相应地否定了动态非法持有毒品行为的存在，甚至根据"武汉会议纪要"的规定，如果行为人为他人吸食毒品而代购并运输毒品的，如果毒品数量达到较大以上，托购人与代购人以运输毒品罪论处。将不具有运输行为外观的托购行为也纳入运输毒品罪范畴予以规制，难免有挑战罪刑法定原则之嫌。认定运输毒品行为时，应当考虑该运输行为是否与运输毒品罪犯罪构成所反映的罪质相当，探求立法者将运输毒品罪与走私、贩卖、制造毒品罪并列在同一选择性罪名

---

① 参见赵秉志、肖中华：《论运输毒品罪和非法持有毒品罪之立法旨趣与隐患》，载《法学》2000年第2期，第87页。

下，适用统一刑格的立法本质。运输毒品罪的恶性在于便利了毒品的流通与蔓延，危害了不特定人群的身心健康。而以吸毒为目的的运输从本质上看，应属于以"自己是被害人的犯罪"，故此这类行为应当交由非法持有毒品罪来调整。即当毒品数量较小时，不认为构成犯罪；毒品数量达到较大以上时，以非法持有毒品罪论处。

其次，将吸毒者运输毒品行为直接认定为运输毒品罪属于司法中的刑事推定，因此应当遵循推定的规则，允许当事人提出反证。

通常，吸毒人员运输毒品可能出于两种不同目的，或是为了个人吸食而非法载运、携带、邮寄或运送毒品，或是意图实施其他毒品犯罪。由于行为人的主观目的无法探查，而实践中运输者在运输毒品时一旦被查获基本均供述为以吸毒为目的进行运输，于是就造成了司法认定的困境。当前，我国刑法未对单纯的吸毒行为进行规制，仅当吸毒者持有毒品数量较大时，可以非法持有毒品罪论处。如果不考虑行为人的运输目的，仅凭在交通工具上查获行为人携带数量较大的毒品就以运输毒品罪定罪，难免让人诟病运输毒品罪的泛罪化趋势，也违背了刑法不处罚吸毒行为的原则。因此，"武汉会议纪要"中关于吸毒者运输毒品行为的规定应属于刑事推定，允许当事人提出反证。如果运输者有证据证明其携带的毒品数量属于其"合理吸食量"[①]且没有证据证明其有其他犯罪意图，这意味着推定事实与基础事实之间的联系未能排除合理性怀疑，那么可酌情认定行为人构成非法持有毒品罪。如果运输的毒品数量大，明显超过合理吸食量，又没有其他证据证明该毒品用于吸食，可认定成立运输毒品罪。此外，还可综合考虑查获的毒品种类、纯度，吸毒人员的瘾癖程度以及当时、当地毒品的价格以及吸毒人员的经济状况等各方面要素，来考察行为人单纯以吸毒为目的运输毒品的概然性。

此外，下列情节亦作为综合考虑的因素，如行为人运输的毒品是否为其惯常吸食的毒品、是否存在受雇运输、从其运输行为中牟

---

①　个体机能不同，吸毒者的吸食量及耐受力亦不同，合理吸食量的界定实属难题。业界观点，纯品海洛因单次用量在0.05—0.08克之间，致死量为0.75—1.2克；纯品甲基苯丙胺的单次用量在0.02—0.03克之间，致死量为1.2—1.5克。具体参见李静然：《非法持有毒品罪的司法疑难问题探析》，载《法律适用》2014年第9期，第16页。

利的情形、行为人是否有其他违法犯罪经历等。如果有证据证明吸毒者具有上述目的，以运输毒品罪定罪处罚；如果吸毒者是以实施走私、贩卖毒品等犯罪目的而运输毒品，依法相应定罪处罚。

二、为他人代购毒品后又运输的行为认定

如今，采取邮寄、快递的方式交付毒品案件日渐增多，实践中，吸毒者常常委托他人代购毒品而后再由代购者通过运输的方式交付毒品；或是吸毒者委托、雇佣第三人（代收者）代为接收毒品而后再由代收者运输交付。新的毒品流通方式带来实践处理上的争论与困惑，需要从理论上予以澄清与解决。

"武汉会议纪要"规定："行为人为吸毒者代购毒品，在运输过程中被查获，没有证据证明托购者、代购者是为了实施贩卖毒品等其他犯罪，毒品数量达到较大以上的，对托购者、代购者以运输毒品罪的共犯论处。"这一规定在技术处理上，与吸毒者以吸毒为目的运输毒品行为的处置如出一辙，即只要行为人在运输状态下（通常是在交通工具上）被查获携带有毒品，并且毒品数量达到较大以上，对行为人均以运输毒品罪论处。支持该观点的论者认为，该行为已实现毒品在空间上发生位移，同时又促进了毒品由上游流向终端消费市场，故应当认定为运输毒品罪。然而随着现代交通工具的普及与发展，许多情形下代购人都要采取运用交通工具运输的方式交付代购的毒品。如若不结合代购毒品的目的和用途，不考察代购行为本身是否具有牟利性，不评价该运输毒品行为的性质与目的，一锤定音地认定为运输毒品罪实乃不妥。在此，应当对代购者代购并运输毒品的行为一分为二处理：

如果运输的毒品数量符合正常吸毒者短期内的"合理吸食量"，除口供外尚有其他证据证明行为人代购运输毒品仅用供他人吸食（或者无法排除合理怀疑行为人代购并运输毒品是供他人吸食），基于吸毒行为本身不构成犯罪，无偿帮助他人获得毒品用于吸食的行为或不作犯罪处理，或者在毒品数量达到较大时，认定代购者成立非法持有毒品罪。

如果行为人以帮助吸毒为目的为他人代购并运输毒品，但同时

有证据证明运输者收取除合理支出外的其他"好处费""辛苦费"等额外费用，那么对托购者以非法持有毒品罪论处，对运输者应以运输毒品罪论处。这里，运输者收取费用的行为可视作托购者支付给运输者的报酬，即运输者的运输目的不仅限于帮助托购者吸毒，而且是从运输行为中牟利。

此处需要注意的是，代购的毒品是否单纯用于吸食，不能仅以毒品的数量、纯度或种类来判断，而是以代购者的认知为限。此处的证据认定标准远远高于根据吸食量判断吸毒者本人运输毒品的行为。

实践中，真正的购毒者往往还会委托或雇佣第三人代为接收毒品，接收者再以运输方式交付毒品。对代收者运输毒品的行为可以分为以下两种情形处理：一是代收者受委托的义务不仅限于代为接收寄递的毒品，还包括将毒品以交通工具送至购毒者处。如果没有证据证明代收者从运输行为中牟利，并且没有证据证明购毒者有从事其他毒品犯罪的犯罪故意，那么对代收者与购毒者以非法持有毒品罪的共犯论处；二是代收者仅仅承诺帮助购毒者接收毒品，而后购毒者又指使其将毒品运送至另一处并额外支付运费的，那么代收者应以运输毒品罪论处，先前的非法持有毒品行为不再重复评价。需要注意的是，在此均要求没有证据证明代收者明知购毒者有实施其他毒品犯罪的主观故意。

三、短距离运输毒品行为的认定

运输毒品罪的成立是否存在运输距离的要求？学者见仁见智。有论者主张距离只是一个相对概念，不能因为距离过近而否定运输的性质；也有人主张，成立运输毒品罪应当有距离要求，过短距离的运输毒品并未实现毒品的扩散，因此不宜认定为运输毒品罪。关于这一问题应当辩证去看待。

首先，运输距离不是判断是否构成运输毒品罪的关键。例如，对于乘飞机运输毒品而言，经过安检通道是至关重要的环节，整个旅途中的风险亦在于此。甲委托乙将毒品带出安检口，乙明知是毒品而接受雇佣同时索取高额报酬。尽管从安检口至登机大厅的距离不足50米，但仍可定乙构成运输毒品罪。在此，运输距离显然不是评价乙运输行为的关键要素。行为人丙以个人吸食为目的购买30粒麻古丸（7克）从广东运至沈阳，虽然距离长，也仍不构成运输毒品罪。由此可见，认为运输毒品罪的关键是该罪构成要件反映出的罪质，与行为人的主观故意内容有关，行为人的主观故意内容是帮助他人运输毒品还是为自身吸食而运输，是为贩卖而运输毒品还是为他人窝藏、转移毒品而运输，行为人是否从运输行为中牟利，同时再结合运输的距离、毒品的数量，才能认定某一行为是为此罪还是彼罪。

其次，行为人短距离运输毒品往往还会存在其他目的，即"为走私、贩卖、运输、制造毒品的犯罪分子转移毒品的行为"。实践中，行为人在帮助毒品犯罪分子转移毒品时，往往表现为同城内的短距离运输。有学者也偏爱用位移的大小来判断转移毒品罪与运输毒品罪之间的区别，[1]距离大的构成运输毒品罪，小的构成转移毒品罪。上文已提及距离从来不是区别罪与罪之间的最佳标准，唯有犯罪构成的差异才是区别两罪的关键。如果行为人以帮助毒品犯罪分子逃避司法追诉为目的短距离运输毒品行为，不仅侵犯了国家对毒品的管理秩序，同时还损害了正常的司法秩序，属于侵犯了双重法益，自然以转移毒品罪对运输者予以论处更为适宜。但需要强调的是，这仅限于行为人事后对走私、贩卖、运输、制造毒品的犯罪分子提供帮助，如果运输者与毒品犯罪分子事先存在通谋，承诺事后帮助其完成转移毒品的行为，那么运输者与被帮助者则构成相应毒品犯罪的共同犯罪。

综上，由于运输毒品罪入罪门槛低，处断严苛，最高量刑规格可至死刑，因此警示司法人员在认定运输毒品罪应当如履薄冰，格外谨慎。即使存在着"武汉会议纪要"这样的规范性文件引导，也不能仅从运输行为本身来认定运输毒品罪。在判断该罪时，应当从实质上判断行为人的运输行为是否有将毒品进一步推向流通领域进而威胁不特定群众身心健康之性质，应当谨慎运用刑事推定认定运输毒品罪。对于不具备运输毒品罪罪质属性的运输行为应当以法定

---

① 刘鸿儒：《运输毒品犯罪疑难问题研究》，载《中国人民公安大学学报》（社会科学版）2015年第3期，第139页。

刑较轻的非法持有毒品罪和转移毒品罪论处。特别是在该罪的量刑上，应当贯彻宽者宽、严者严的"宽严相济"刑事政策。

第三节 制造毒品若干争议问题辨析

制造毒品罪是与走私、贩卖、运输毒品罪并列的，在整个毒品犯罪中属于较为重要的一个罪名，其行为本身具有严重社会危害性。经过若干年对制造毒品罪的研究，刑法学界围绕该罪的犯罪构成及量刑研究已进行了多角度探讨，对该罪的概念业已达成一定的共识。但是，随着社会的发展，新型毒品种类层出不穷，司法实践中不断出现制造毒品罪认定疑难的棘手问题。制造毒品罪的行为特征应当为何，显然刑法并未给出一个显而易见的答案。

一、"制造"行为的内涵揭示

（一）关于"制造"一词展开的争议

由于我国《刑法》条文并未对"制造"毒品行为的内涵作过多描述，因此，有关"制造毒品罪"的概念多为刑法学界诸多学者的理论总结。例如，有学者指出，"制造毒品，是指利用毒品原植物和制毒材料依一定方法非法加工、提炼、配制毒品的行为。它包括利用毒品原植物作原料，提炼或者制造成毒品，或者利用化学合成方法将精制毒品提炼、加工、合成为另一种精制毒品等行为方式……同时应注意不能简单地将分装毒品一概以制造毒品罪论，应当具体分析。"[1] 该观点认为，类似分装毒品这样的行为不具有独立成罪的属性，需要依附于其他犯罪行为（制造毒品罪）才能判断其是否构成犯罪。这是运用刑法基本理论分析和认定具体行为时得出的结论，认为分装毒品行为只能基于帮助犯理论而论罪，与实行行为本身是存在差别的。

有学者在论及制造毒品罪时提出："制造通常指使用原材料而制

---

[1] 刘艳红编著：《刑法学各论》，北京大学出版社2004年版，第288页。

作原材料以外的物。制造毒品不仅包括使用毒品原植物制作成毒品，也包括以改变毒品成分和效用为目的的加工、配制行为。"[①]同时，张明楷教授还将"制造"进一步细分为下述六种情形：一是利用毒品原植物提炼制造毒品，如将罂粟制成鸦片；二是毒品的精制，如将海洛因提纯，除去不纯物使之成为纯度更高的毒品；三是使用化学方法使一种毒品变成另一种毒品，如使用化学方法使吗啡变成海洛因；四是使用化学以外的方法使一种毒品变成另一种毒品，如将盐酸吗啡粉加入蒸馏水，使之成为注射液；五是运用混合等物理方法加工、配制毒品，如将甲基苯丙胺或苯丙胺类毒品与其他毒品混合成麻古丸或摇头丸；六是非法按照一定处方针对特定人的特定情况调制毒品。[②]该论点综述了制造毒品的诸多情形，既包括化学方法合成毒品，同时也将一些物理方法纳入制造范畴，应当说基本涵盖了实践中绝大多数的制毒手段，具有全面性。但论者在论及物理混合方法时，并未区分具体情境，而是不加区分地归类为制造，难免又有过于武断之嫌。

也有学者固守传统，仍然认为化学合成毒品才是制造毒品罪的当然归宿。"如果行为人只是对毒品的形态、包装加以变换，例如将糊状的鸦片进行干燥处理成为固态，将粉状海洛因压缩成块状等，并没有改变毒品的性质，未生产出新的毒品，其行为不属于制造毒品的行为。"[③]随着制毒犯罪日渐猖獗，毒品的种类愈加丰富，制毒手段不断翻新，如果将"制造"行为仅限定在化学方法，将物理方法彻底排除在外，显然不适合当前打击毒品犯罪的实践需要。在复杂的制造毒品过程中，化学合成方法属于核心行为但不是唯一行为，单纯处罚核心行为——化学合成毒品的行为，显然过于片面。

上述学者从各自论点出发，论述何为"制造"毒品行为。争议的焦点在于能否将化学方法以外的其他方式纳入制造行为的范畴下。如果依据"大连会议纪要"规定的"制造毒品……也包括以改变毒品成分和效用为目的，用混合等物理方法加工、配制毒品的行为"

---

①② 张明楷著：《刑法学》（第五版），法律出版社2016年版，第1144页。

③ 郑蜀饶编著：《毒品犯罪的法律适用》，人民法院出版社2001年版，第97页。

来看，物理方法属于"制造行为"。但这仍然需要放在具体的环境下分析具体行为，例如吸毒者将购得的氯胺酮粉末状药品兑入蒸馏水制造氯胺酮溶液后滥用，于是对该吸毒者以制造毒品罪定罪，显然会引起争议。具体的物理行为是否要纳入制造的外延，应当结合制造毒品罪的直接客体——社会管理秩序来界定。如果行为人采用物理方法加工、配制毒品的行为是侵害国家对毒品的管理秩序的行为，那么理应将该物理行为认定为制造毒品罪中的行为。但需要注意的是，要与行为人以帮助他人走私、运输、贩卖以及吸食为目的的制造行为区分开。

（二）域外刑事法律对"制造"行为的界定

毒品犯罪是国际犯罪，打击制毒行为是世界各国乃至国际社会的普遍立场。研究其他国家或地区关于毒品"制造"行为的规定，可了解不同法域下国家打击制造毒品犯罪的态度，对我国亦有一定的借鉴意义。

根据联合国"八八公约"第三条规定，制造毒品行为是指生产、制造、提炼、配制麻醉药品和精神药物的行为。[1]由此可见，在国际公约中，毒品的非法制造行为主要限定在产生新毒品这一范畴内。而以改变物质形态为主的调剂、混合等物理方法并不属于公约规定中的"制造"行为。

俄罗斯刑法在规制毒品犯罪时，同时提出生产与加工两种与"制造"相关的行为，[2]仍然是在"化学方法"范畴下理解"制造"行为。而日本刑法对"制造"持广义上理解，将制造行为分为"使用化学方法将毒品原料制成毒品""不使用化学方法对毒品调剂、混合""将毒品进行分割装入容器"三种行为方式。[3]由此可见，日本刑法规定的"制造"外延较为宽泛，对打击日渐猖獗的制毒犯罪有

---

① 联合国禁止非法贩运麻醉药品和精神药物公约(1988) //https://www.un.org/zh/documents/treaty/files/UNODC-1988.shtml

② 在俄罗斯刑法原文中，生产（изготовление）的含义接近汉语中的"制造"一词，而加工（переработка）的含义接近汉语中的"精制"、"提炼"。

③ 张明楷著：《外国刑法纲要（第二版）》，清华大学出版社2007年版，第654页。

益。我国香港地区的刑事法律规定："所谓制造，是指以制作、掺杂、提纯、混合、分离或以其他方法处理毒品的行为。"①同时为制造毒品犯罪设置了"制造毒品罪"和"准备制造毒品罪"两个罪名。我国香港刑事法律关于制造毒品罪的规定中，将掺杂、混合、分离等物理方法均纳入"制造"行为范畴，而且从定义列举的这些方法来看，与国际社会普遍将化学方法作为"制造"核心手段的处理方式大相径庭。

（三）"制造"行为的本质

制造毒品罪向来是司法实践中的高发罪名，特别是近年来实践中涌现出较多新的犯罪方式。例如行为人从缅北购得麻古丸（甲基苯丙胺片剂），先将其全部压碎，而后掺入其他毒品（也可能是非毒品）成分、人工色素及香料，利用压片机将粉末重新塑形，制作成新的毒品片剂。一部分片剂供个人吸食，余下片剂另行贩卖。那么这种对毒品再加工的行为是否构成制造毒品罪？而这些问题也令司法人员感到疑难。

张明楷教授曾明确指出，制造应当指使用原材料而制作出原材料以外的物。②制造的本质在于产生新物，行为人制造毒品不仅仅将毒品的外观形态进行改变，而且通过制造行为让毒品发生了内在的质的变化，造成这种变化的手段从性质上属于物理还是化学范畴均可在所不问。同时，还应当考虑客体要素，制造毒品罪侵害的客体是国家管理秩序与不特定公众的身心健康，在上述案例中，行为人为满足个人吸食需要而"制造"毒品的行为，显然无须进行刑法意义上的评价。而其为了贩卖而"制造"毒品更适合解释为向毒品掺杂其他物质。而根据司法解释，掺杂、掺假行为均不能认定为制造。因此，制造毒品犯罪行为原则上可理解为：利用毒品原植物或其他制毒前体物，依据化学方法非法加工、提炼、配制毒品或用混合、调剂等物理方法加工、配制毒品的行为。

---

① 张洪成、黄瑛琦著：《毒品犯罪法律适用问题研究》，中国政法大学出版社2013年版，第144页。

② 张明楷著：《刑法学》（第五版），法律出版社2016年版，第1144页。

二、制造毒品罪中几类特殊行为的认定

（一）分装毒品行为的认定

所谓分装毒品，是指将毒品予以分割并装入一定容器（量的精制）。有学者提出，分装行为应包括在制造毒品之中，属于"制造"的广义解释。理由在于"分装毒品是犯罪人经常实施的行为，在犯罪集团中，有人甚至专门从事这一活动。但这一行为既不是走私也不是贩卖和运输，如果认为它不是制造，则只能认定它是共同犯罪中的一种帮助行为，但这既不符合现实，也不利于打击这种犯罪"。[①]诚然，这种认识是对走私、贩卖、运输、制造毒品行为的关联性予以关注，将分装毒品行为放在整个毒品犯罪的链条中予以考查，具有全面性。但缺陷也显而易见，在对行为人的主观故意并未查明的前提下，仅凭借其分装毒品的行为就定为制造毒品罪，未免过于武断。如果行为人出于自身吸食毒品的需要而分装毒品，就要定为制造毒品罪，未免有违刑法的谦抑性原则。而且分装毒品行为往往发生在行为人持有毒品数量达到较大以上的情形下，根据我国现行法律规定，此时该行为持有者（吸毒者）构成非法持有毒品罪，并不存在放纵犯罪之嫌。

认定分装毒品行为，应当结合案件具体情形，在准确认定行为人主观方面的前提下，综合判断其是否构成制造毒品罪。如果行为人是在制造毒品过程中分装毒品，那么该分装行为属于制造毒品行为的一部分，那么此时不宜认定该分装毒品行为独立成罪，而是将其作为制造毒品的辅助行为予以判断。如果毒品已被制造成功，那么该分装毒品环节属于与实质性生产过程紧密联系，不可分割的一部分，仍然是制造毒品行为。

对于单纯的分装毒品行为不宜以制造毒品罪论，因为这种分装行为除了产生毒品量的减少这种后果外，未使毒品发生任何质的改变。而且这种行为并没有对法益产生任何新的危害。如果将这种行为认定为制造毒品罪，无疑会产生新的司法争议。如零星贩毒人员将欲出售的毒品予以分装的行为，吸毒者为了储存和吸食方便，将

---

① 张明楷著：《刑法学》（第四版），法律出版社2011年版，第1009页。

非法持有的毒品予以分装的行为等，均没有再以制造毒品罪处罚之必要。如果在贩卖毒品罪、非法持有毒品罪之外再并罚制造毒品罪，显然造成定罪量刑与行为性质不均衡，有失刑法之公平。

（二）混合毒品行为的认定

混合毒品行为其实包括两种情形：一种是在毒品中掺入外观与其相似的其他物品，改变了毒品的数量与含量，但并未改变毒品的性质，如在海洛因中掺杂去痛粉；另一种掺入的物质具有提高毒品效能之作用，如在冰毒中掺入咖啡因、香料等制成麻古丸。通常，前一种情形不被认作制造毒品行为，理由在于制造毒品的本质应当是改变毒品的性质，单纯地增加或减少毒品的量的行为不是制造毒品罪的必然外延。而后一种情形应当以制造毒品论，理由在于混合后的毒品效应性提高——包括抽象效应性的提高和具体效应性的提高，从而增加了毒品的危险性。

上述观点为学界与司法界认定混合毒品行为的普遍观点，有一定的可取之处，但亦不绝对。实践中既存在为增加毒品数量而混合毒品的情形，也存在制毒过程中为研制新毒品而混合毒品的情形，既存在为个人吸食而混合毒品，也包括为贩卖而混合毒品。所以认定混合毒品行为，必须要结合具体案件来进行，不能一概而论。

如果混合行为作为制造毒品过程中的一个环节而存在，显然可以直接纳入制造范畴。如果行为人在贩卖毒品过程中，为了增加贩毒的数量而在毒品中混入其他成分，那么该行为不作违法性评价，而是直接定贩卖毒品罪。其中贩毒数量以混合后的毒品数量计算，不以纯度计算。如果吸毒者出于吸食需要而在自己的毒品中混合其他物质，那么该混合行为也不宜再作评价，而是看其所持毒品数量是否超出《刑法》第三百四十八条规定的标准，如果符合"数量较大"的，对行为人以非法持有毒品罪论，而不是以非法持有毒品罪与制造毒品罪并罚。因为行为人无论是为了个人吸毒而混合毒品，还是出于其他目的进行混合毒品，要么提高了毒品的效用，增大毒品危害性，要么增加毒品数量，均为侵犯社会管理秩序的行为。将其认定为制造毒品亦是刑法设置该罪的立法目的。在此可借用"社会相当性"理论解释为何不定为贩卖、制造毒品罪或是制造毒品罪与非法持有毒品罪数罪并罚。社会相当性理论最初是作为刑法理论中阻却行为违法性的一般原则出现的，按照日本学者大谷实的观点，它是指"对于现存的社会秩序的存续、发展来说是相当的"。对于吸毒人员而言，如果想获取更好的吸毒体验，在自己购买的毒品中添加其他成分，提高其效用是一种符合人之常情的做法，而贩毒者在贩卖的毒品中混入其他成分以增加贩毒的数量，更完全符合一般的经济规律。由于这些行为符合习惯法上的正当事由，所以对于这样的制造行为完全没有必要单独处理。

如果行为人自身以混合毒品为业，或是雇佣其他不知情的人从事混合毒品行为，那么这种行为与走私、贩卖、运输毒品无异，均在侵犯社会管理秩序的同时，进一步增加了毒品传播、扩散的机会，例如冰毒制作成麻古丸后更受年轻人青睐，那么这种行为可以定为制造毒品罪。此外需要注意的是，混合行为可能导致毒品完全变质，如掺入过多杂质后导致毒品不能再使用，那么此时不宜再认定为制造毒品罪，至少不能以制造毒品罪既遂论，因为此时毒品已不存在危害社会之可能性，该物质也很难再界定为"毒品"。

（三）提纯与稀释行为的认定

通常，将粗制毒品予以提纯，制成精制毒品的过程，属于制造毒品范畴。[①]但反之，稀释毒品是否属于制造毒品行为，实践中对此并无定论。稀释与提纯实际上属于互逆过程，但提纯需要依赖化学方法完成，而稀释通常是在物理过程中进行。但是依然回归"以改变毒品成分或提升效用为目的的物理方法仍然属于制造毒品行为"这一结论中，那么就不能对稀释毒品行为一概否认其为制毒行为，仍然需要结合具体情形具体分析。辽宁省朝阳市一带曾经较为盛行制造"海洛因勾兑液"，犯罪分子专门组织一部分当地人，为吸毒者配制海洛因溶液。通常，如果有证据证明行为人勾兑海洛因是为贩毒者贩卖毒品提供便利，基于共犯理论，可以认定勾兑者构成贩卖毒品罪的帮助犯，以贩卖毒品罪定罪。这一观点从日本刑法理论中也可以找到出处，如因果共犯论（惹起说）理论提出，共犯与正犯

---

① 肇恒伟主编：《禁毒法教程》，中国人民公安大学出版社2015年版，第154页。

的违法性结果之间具有因果关系。如果行为人是帮助采取的勾兑行为，或者行为人以勾兑海洛因溶液为业牟取利润，那么该稀释行为也可以被认定为制造毒品罪。认定依据可参照日本刑法规定的，非法按照一定的处方针对特定人的特定情况调制毒品，属于制造毒品罪的一种。[①]如果行为人的勾兑行为是针对不特定人，属于贩卖、制造毒品的前行行为或后续行为，则宜以具体的实行确定罪名。

第四节　强迫他人吸毒行为的认定

《刑法》第三百五十三条第二款规定的强迫他人吸毒罪，来源于《关于禁毒的决定》，其第七条第二款规定："强迫他人吸食、注射毒品的，处三年以上十年以下有期徒刑，并处罚金。"而后，1997年《刑法》直接将该罪名吸收进法典并且未作修改。该罪属于毒品犯罪中较为生僻的罪名，司法实践运用少，尽管该罪名已历经数十载的司法实践检验，但仍然存在许多值得研究和思考的争议性问题，并且尚未能从立法角度达成共识。矛盾焦点主要集中在犯罪客观方面，如本罪中"强迫"行为方式如何理解，因强迫他人吸毒而造成他人重伤或死亡时如何认定，强迫他人吸毒罪与引诱、教唆、欺骗他人吸毒罪的辨析等。上述问题的正确解决不仅是对理论的进一步厘清，同时对实践中的毒品犯罪司法认定工作具有较大助益。

一、强迫他人吸毒罪的行为方式

强迫他人吸毒罪的客观方面主要表现为违背他人意志，使用暴力、胁迫或者其他强制手段迫使他人吸食、注射毒品的行为。根据这一定义，本罪的行为方式限定为"强迫"，具体而言就是使用了暴力、胁迫或其他强制性手段，最终使被害人吸食、注射毒品。然而，"强迫"一词在刑法学中具有广泛的外延，因为不同方式、不同程度的强迫可能造成不同的法律后果，从而影响行为的定性。如日本刑

---

① 张洪成、黄瑛琦著：《毒品犯罪法律适用问题研究》，中国政法大学出版社2013年版，第144页。

法中严格地区分了强迫罪和强盗罪，二者即因为行为主体采用暴力的程度不同，使得行为可能分别符合不同的犯罪构成要件，从而影响行为的法律定性。①同理，在我国刑法中，强迫的限度也决定了行为的性质，只有正确地理解了强迫他人吸毒罪中的"强迫"一词的内涵及外延，才能正确地认定该罪。

一般而言，在理解本罪客观方面规定的"强迫"行为时，需要澄清两个关键：强迫的手段和强迫的强度。

（一）强迫的手段

我国《刑法》分则中涉及"强迫"的罪名还是颇多的，其中一类犯罪是直接采用"强迫"的措辞，比如《刑法》第二百二十六条的强迫交易罪，第二百四十四条的强迫职工劳动罪，第三百五十三条的强迫他人吸毒罪，第三百五十八条的强迫卖淫罪等；另一类犯罪是罪名中虽未直接提及"强迫"一词，但该罪的成立必然要有行为人的强迫行为，否则就直接影响罪名的成立，最为典型的即《刑法》第二百三十六条规定的强奸罪，《刑法》第二百六十三条规定的抢劫罪。我国刑法在描述强迫的行为方式时，通常采用下列三种描述方式：暴力、胁迫或其他手段。

1.暴力

所谓"暴力"，是指直接对被害人身体实施殴打、伤害、捆绑、拘禁等足以危及其人身安全和自由的行为，使其不敢反抗或不能反抗，从而迫使其吸毒。暴力手段一般是使被害人丧失反抗能力，即不能反抗，当然也可能是造成被害人出于对暴力的恐惧而不敢反抗。在所有涉及强迫的犯罪中，对暴力的要求几乎是一致的，但对于暴力的程度和后果的要求在不同罪名中有着本质的差别。例如在抢劫罪中，法条明文规定，对暴力抢劫的程度和后果是不加限制的，即使抢劫行为造成被害人重伤或死亡，也不需要与故意伤害罪或故意杀人罪并罚，这是因为该罪的最高法定刑足以实现对重伤或死亡结果的处罚。诸如此类的还有强奸罪、绑架罪等。而其他的强

① ［日］大冢仁著：《刑法概说》（各论），冯军译，中国人民公安大学出版社2003年版。

迫型犯罪，由于缺乏法条的相应规定，而且其法定刑的配置明显不足以处罚致人重伤或死亡的结果，所以该"暴力"只能以重伤以下为限。如果造成被害人重伤或死亡结果的，就需要另外再以《刑法》第二百三十二条或第二百三十四条的故意杀人罪或故意伤害罪再行评价，即此类罪名中的"暴力"概念的外延不能涵盖被害人重伤或死亡的情形。

2.胁迫

通说认为，胁迫手段是指犯罪分子通过对被害人实施威胁、恫吓，达到精神上的强制，使被害人不敢反抗进而吸毒的行为。其本质在于，行为人所实施的胁迫足以使对方产生恐惧心理，达到精神上的强制。

关于胁迫的内容，较为常见的有以损害生命、健康、财产、名誉、揭露隐私等相威胁。用来要挟的对象，既可以是被害人本人，还可以是被害人的近亲属或是与其有密切关系的利害关系人。如，行为人既可以以被害人自身的生命或健康相威胁，也可以以其子女或是恋人的生命或健康相威胁。

在判定本罪的客观方面时，胁迫的强度是争议的焦点，即行为人的胁迫行为须达到何种程度才符合本罪的客观构成要件。有论者将"胁迫"作了如下认定，"所谓胁迫，是指足以使一般人恐惧的危害相通告，对方要认识到有这种通告存在，但不以其实际上产生恐惧为必要。判断是胁迫还是未到胁迫程度而只不过是使人讨厌的行为，应当考虑通告的内容，对方的性别、年龄、周围的状况等因素。根据判例的解释，尖锐对立的双方中的一方给另一方邮寄明信片，尽管对方没有遭受火灾却写上，对您遭遇火灾深表同情，这就属于足以使一般人产生恐惧的胁迫行为。"[1]这一论断认为，胁迫的成立不以对方实际产生恐惧为必要。而且对于恶害的程度采取特殊评价而非一般评价，即存在特定关系的二人之间，只要通告的恶害让对方感到恐惧足矣，并不需要恶害本身所包括的内容足以让一般人感到恐惧。

构成强迫他人吸毒罪客观方面的"胁迫行为"，应当有其特定的内涵。行为人所提出的加害内容应当足以使被害人产生精神强制，

---

① ［日］西田典之著：《日本刑法各论》，刘明祥、王昭武译，武汉大学出版社2005年版，第48页。

使其出于恐惧而实施一定的作为或不作为。如果没达到这种程度，也就构不成刑法意义上的"胁迫"。但对这一程度的判断并不简单，需要根据通告的内容、当时的客观情形、被害人的心理状态，再结合一般人对该通告内容的反应，进行综合判断。一般地说，以下几种情形可以认定足以使对方产生恐惧心理：（1）行为既足以使一般人产生恐惧心理，事实上也使被害人产生了恐惧心理。（2）行为足以使一般人产生恐惧心理，但事实上未使被害人产生恐惧心理。这种情形仍可认定为胁迫，但如果被害人不是基于该胁迫，而是出于好奇等其他心理状态而履行一定行为时，则不宜认定是胁迫对其产生的心理影响。（3）行为不足以使一般人产生恐惧心理，但事实上对被害人产生了恐惧心理。在这种情形下，应当结合行为人自身的心理状态和客观情形综合判断。例如，被害人具有严重的恐高症，而行为人特别地针对其这一特殊情况进行威胁，则应当认定该行为足以使行为人产生心理影响，从而承认胁迫的成立。

3.其他手段

其他手段是指除了暴力、胁迫手段外，采取的其他足以致使被害人无法反抗、不知反抗的一切手段。如利用或致使他人醉酒、昏迷、病重等状态，而使他人吸食毒品的。但是，这里的其他方法造成的结果，必须限定在造成他人重伤或死亡结果以外。

有学者认为，在强迫他人吸毒罪中强迫方式还可进一步细分为间接强迫和直接强迫。其中直接强迫的社会危害性更大，在量刑时应当予以考虑。①然而笔者认为，无论是直接强迫或是间接强迫，均是通过强制性手段使被害人失去相应的意志自由，最终使毒品进入体内。本罪的行为目的已然达到，其社会危害性相当。但由于直接强迫可能造成被害人出现诸如重伤、死亡等其他后果，这时才需要从刑法角度对行为结果进一步评价。

（二）强迫的强度

我国《刑法》第三百五十三条规定，强迫他人吸食、注射毒品

---

① 张洪成：《强迫他人吸毒罪争议问题探讨》，载《西部法学评论》
2012年第1期，第70页。

的，处三年以上十年以下有期徒刑，并处罚金。可见，强迫他人吸毒罪的最高法定刑仅为十年有期徒刑，因此本罪中强迫的强度应当限制，否则可能造成量刑上的不均衡。如行为人通过强迫的方式迫使他人吸食、注射毒品，但行为的手段却造成他人重伤或死亡的结果，最终仍按强迫他人吸毒罪来定罪处罚，明显罪刑责不均。因为从强迫他人吸毒罪的客观危害性看，该行为的最终结果是让毒品损害被害人的身体健康，有可能造成被害人的机体受损或死亡，此时的重伤或是死亡只是可能发生的结果，并且不是"强迫"行为带来的直接后果。但如果行为人的行为方式能够直接造成他人重伤或是死亡，并且行为人持放任态度，那么这种"强迫"的行为方式将不能再认定为强迫他人吸毒罪中的强迫行为，因为它已远远超出了该罪所承担的危害结果。

实践中还存在这样情形，被害人因为经济利益或是感情因素而屈从于他人的"强迫"，因而吸食毒品。例如，在一笔涉及几千万标的的商业交易中，被害人为了拿下项目因而吸食毒品。又或是被害人为了表达自己对爱情的"忠心"而吸毒。在此情形下，是否可将被害人的吸毒行为归结为行为人的"强迫"？在分析该问题时，可借用刑法理论上的"期待可能性"予以分析。显然，上述情形中的"强迫"并不具备刑法意义，因为被害人的选择并未丧失期待可能性。最终被害人选择吸毒，该行为仍然是基于自由意志而进行选择的结果。强迫他人吸毒罪的强迫强度不能无限度扩张，否则既可能轻纵一部分犯罪人，也可能扩大了犯罪。

二、强迫他人吸毒致人重伤或死亡行为的认定

如果行为人以强迫他人吸食、注射毒品的方式，欲直接达到致人重伤或是杀死他人的犯罪目的，应当以故意伤害罪或故意杀人罪论处，此处的强迫吸毒不过是犯罪的手段而已。

实践中存在的争议往往是、如果行为人的目的是为了强迫他人吸毒，但采取的手段却导致他人重伤或是死亡，应当如何认定该加重的行为结果？有论者认为，"如果所采取的暴力手段导致被害人重伤或者死亡的，应当分别认定本罪和故意伤害罪或是故意杀人罪，

实行数罪并罚。"①还有论者认为，此种情形，"实际上就是一个牵连犯，按照牵连犯的处理原则，从一重处断即可"。②即按照故意杀人罪或是故意伤害罪从重处罚。在上述情形中，使用暴力的行为是强迫他人吸毒的手段行为，强迫他人吸毒是暴力行为的目的行为，当手段行为也构成了犯罪——强迫造成重伤或是死亡的情况下，该行为的外观构造显然符合牵连犯的结构特征。但如果仔细分析，就会发现按照牵连犯处理问题却存在漏洞。在强迫他人吸毒罪的法定刑中包括了罚金刑，即对犯罪人处以徒刑的同时应当并处罚金。而如果对行为人以故意杀人罪与故意伤害罪论处，虽然法定刑升格，但却失掉了处以罚金刑的可能。毒品犯罪侵犯的客体是复杂客体，即国家毒品的管制制度和他人的身心健康权利，罚金刑主要适用于与财产相关的犯罪，或少数社会管理秩序的犯罪，目的是剥夺犯罪分子继续犯罪的经济条件，预防其再次犯罪。显然在此情形下，单纯以"从一重处断即可"原则并不能真正实现罪刑责相适应。

如果被害人吸食毒品后因中毒导致重伤或是死亡的，还需要结合行为人对毒品的认识程度、行为人给被害人使用的毒品剂量以及被害人的身体状况因素综合分析。如果行为人熟悉毒品的种类和性质，在使用超量的毒品强迫他人吸毒，并且在能够认识该行为危险性又采取放任态度时，行为人的主观故意应当属于杀人或是伤害的间接故意，从而认定其构成故意杀人罪或者故意伤害罪。如果使用的毒品是寻常剂量，行为人仅仅对强迫行为有明确认识，但无法预见被害人身体耐受性较一般人差，最终导致被害人出现中毒死亡或重伤，由于行为人欠缺对该情形的预见可能性，那么对其也只能以强迫他人吸毒罪从重处罚。如果行为人有着丰富的毒品知识，在故意的支配下强迫他人吸毒，适用的毒品剂量也为常规剂量，最终仍然导致被害人出现重伤或是死亡的结果。原因在于被害人作为初次吸毒者，即使使用常规剂量的毒品也能导致严重的危害结果发生。于是有论者提出，此时行为人的主观方面应为过失，属于应当预见

---

①高铭暄、马克昌著：《中国刑法解释》，中国社会科学出版社2005年版，第2477页。

②张洪成：《强迫他人吸毒罪争议问题探讨》，载《西部法学评论》2012年第1期，第73页。

而没有预见到吸毒的危险性，或者轻信能够避免造成他人重伤或者死亡的结果，应当对其以过失致人重伤罪或者过失致人死亡罪论处。但是这种认定方式显然不妥。刑法分则明文规定，过失致人重伤罪和过失致人死亡罪的最高法定刑为三年以下有期徒刑，显然刑罚规格远远低于强迫他人吸毒罪。本着从一重论处的原则，还应当对行为人按照强迫他人吸毒罪定罪处罚。

三、强迫他人吸毒罪与欺骗他人吸毒罪的界限

所谓欺骗他人吸毒，是指隐瞒真相或是制造假象，使他人吸食、注射毒品的行为。例如，将毒品夹在香烟中以敬烟为名使人吸毒；或是在食品或是饮料中掺杂毒品欺骗、出售给他人食用；又或是以吸毒能治疗某种疾病等迷信邪说欺骗他人吸毒，等等。

所谓强迫他人吸毒，是指违背他人意志，使用暴力、胁迫或者其他强制手段迫使他人吸食、注射毒品的行为。

通常情形下，两罪的区分还是比较明显的。对于欺骗他人吸毒罪的被害人而言，他是应当能够认识行为人让其从事一定行为的性质的，虽然不要求被害人明知吸毒行为的性质和后果，但至少对行为人所让其做的事情的外在性质是有认识的。如用敬烟的方式欺骗他人吸毒，虽然被害人不知道香烟中掺杂了海洛因，但至少对吸烟行为是有认识的。如果被害人根本没有认识能力，失去了认识的可能性，在这种情形下，由于被害人吸毒是欠缺自由意志的，与强迫他人吸毒罪的本质相同，该行为则应当认定为强迫他人吸毒罪。如医师故意将普通止痛片替换成吗啡欺骗病人吸毒，或者犯罪人欺骗无行为能力人吸毒等。理论界已有学者主张强迫他人吸毒罪的"强迫"还包括药物强迫，即行为人掩饰毒品这一事实，使他人在全然不知的情况下吸食、注射了毒品。如将毒品混在食品或一般药品中令他人服用，致使他人对毒品产生了依赖而成瘾，最后不得已走上了吸食、注射毒品的道路。可见，欺骗他人吸毒罪应当以行为人具备一定的意志自由为前提，否则欺骗行为也就无从谈起。当行为人欠缺认识能力及认识可能性后，根据行为的社会危害性，按强迫行为来处理，更符合刑法的立法目的，体现刑法的罪刑均衡原则。

第五节　容留他人吸毒行为的认定

容留他人吸毒罪本是刑法中一个小众罪名，但随着明星涉毒丑闻的连续曝光以及禁毒战役的持续深入，该罪逐渐成为社会公众关注的焦点。为保证该罪名适用的正确性，提高禁毒教育水平，有必要对容留他人吸毒罪进行梳理，为解决实践中疑难问题提供有益思路。

一、间接故意是否构成容留他人吸毒罪

案例11：张某和李某合租一套公寓，二人平常交往不多。一天，张某带着3个朋友来到合租房聚众吸毒，李某下班回家后看到张某房间里的情形，打了个招呼径直走进自己房间。事后案发，张某和李某涉嫌容留他人吸毒罪被拘留。

案例12：王某和宋某系好友，王某为庆贺宋某20岁生日，在本市KTV包下一包间，邀请10名朋友前来"玩耍"，其间，王某拿出一包毒品供众人享用。在吸食过程中，KTV经理路过发现包房内有吸毒行为，推开门后未予阻止，只说了句"注意点，别被发现了"，并安排两名KTV服务生在门口通风报信。

上述两个案例都涉及间接故意容留他人吸毒的行为，所谓间接故意容留他人吸毒，是指明知为他人吸毒提供了容留等便利条件，而对他人吸毒的行为持放任的心理态度。常见的有出租车司机放任乘客在车上吸毒、合租者放任租友吸毒、娱乐场所发现有人在包房吸毒后不制止等情形。对于放任型的容留他人吸毒行为，是否要进行刑法评价，要具体问题具体分析。主要参考标准是行为人是否具有法定的义务，也就是说要看行为人是否具有法律法规赋予的制止义务，有制止义务，则容留他人吸毒罪成立，无义务则排除责任。案例11中，合租者李某并没有法定的制止义务，苛求其阻止租友吸毒也并不现实，其主观上没有主动实施容留行为的意愿，客观上的"不作为"也未达到刑事处理的要求，因此从刑法谦抑性的角度，不应认定李某构成容留他人吸毒罪；而对于案例12而言，娱乐场所工

作人员对于违法犯罪活动具有举报和阻止的法律义务，其必须要依法履行相应义务，KTV经理发现有人聚众吸毒的行为，应及时报告当地公安机关，但他的默认、放任行为违反了法律规定，也造成了一定的社会危害，因此案例12中应认定娱乐场所的KTV经理构成容留他人吸毒罪。

二、"容留场所"界定问题

案例13：王某系电脑爱好者，2011年在玩电脑过程中发现网络吸毒者的帖子，于是利用电脑技术，开设多个网络视频聊天室供吸毒者在网上交流吸毒感受。每个聊天室有单独的登录密码，王某有权添加或删除成员，成员需缴纳一定的"会费"才能进入。

容留场所的界定问题，在司法实践中存在不少争议。有人认为场所应限定于行为人具有支配控制权的空间，如自用住宅、长期租住的房屋等；有人认为临时支配的空间也符合"场所"的要求，例如钟点房、KTV包房等。目前随着网络技术的发展，网上开设聊天室供人吸毒的行为也成为"时尚"，网络空间是否也符合容留他人吸毒罪的"场所"要求？在理论和实践中存在不同声音。

正确、科学地界定"场所"，要从容留他人吸毒罪的立法本意和现实毒情综合考虑。之所以将容留他人吸毒行为规定为罪，主要是考虑容留行为纵容吸毒行为，有扩大吸毒危害性，致使毒情进一步恶化的危险性。就我国现实毒情而言，容留他人吸毒的行为呈上升趋势，并且往往伴随着贩毒、制毒等犯罪行为。为此建议对"场所"进行广义理解和扩张解释，即只要行为人提供的空间能够给吸毒者带来一定的隐蔽和方便，使吸毒者比较放心地吸食毒品，就足以满足"场所"的要求，租用他人的房间、隐蔽的帐篷、钟点房等都是此类"场所"。

上述案例中，利用网络开设聊天室供他人吸毒的行为，其行为本质并未变化，只是涉及容留场所的转移。就网络聊天室而言，其也是通过加密手段且只有限定人才能进入，符合"给吸毒者带来一定的隐蔽和方便"的要求。基于其泛滥程度和危害性，应适时将网络空间认定为容留他人吸毒罪的"场所"，这样有利于打击网络涉毒违法犯罪活动。案例13中，对王某以容留他人吸毒罪定罪处罚并不违反罪刑法定的原则，是比较妥当的处理方式。

三、共同吸毒与容留他人吸毒的区分

案例14：某大学宿舍中，6名同学皆为"瘾君子"，一日在微信群中一同学提议去校外宾馆吸毒，大家一拍即合。随后其中3人负责购买毒品，另外3人负责订宾馆，6人在宾馆内聚众吸毒，最后毒品费用与房费由6人平摊。

案例14中的情形在司法实践中比较常见：多人相约吸毒，一般没有明确的召集人，费用实行AA制。针对这种情况，是否可以按照容留他人吸毒罪定罪处理，存在不同意见，有人认为可以将提供身份证开房者或者第一召集人按照容留他人吸毒罪处理，也有人认为此种行为本质上是共同吸毒，属于行政处罚范畴。

上述问题的争议焦点可以归结为共同吸毒与容留他人吸毒行为如何区分。正确地区分二者应从行为人主观认识、行为作用程度、客观行为表现等方面入手。主观认识上，共同吸毒行为人主观认识是参与吸毒，容留他人吸毒则对"容留"存在认识，行为人提供吸毒便利场所的意识也比较明显；行为作用上，共同吸毒人在吸毒过程中起的作用较为平均，而容留他人吸毒行为中各行为人所起的作用一般具有主次之分；此外，共同吸毒行为与容留他人吸毒行为最为明显的区分还表现在"为他人提供场所"这一客观要件上，单纯共同吸毒并无此要求，容留他人吸毒则符合"为他人提供场所"的要求。

基于上述分析，如果在共同吸毒过程中，有人发挥了主要的作用，如逐个召集、在家设局、自掏腰包支付房费等，对他人吸毒提供了隐蔽和便利，那么可以按照容留他人吸毒罪定罪量刑；但如果各个行为人AA制，聚到一起吸毒，各个行为人所起的作用相当，不存在"为他人提供场所"的特征，此种情形不宜追究吸毒人员的刑事责任。案例14中对6人给予行政处罚即可，不能以容留他人吸毒罪追究各自的刑事责任。

参考文献

一、中文文献

（一）专著类

1.刘建宏编：《外国禁毒法律概览》，人民出版社2015年版。

2.王志祥著：《犯罪既遂新论》，北京师范大学出版社2010年版。

3.蔡枢衡著：《中国刑法史》，武汉大学出版社2005年版。

4.崔敏主编：《毒品犯罪发展趋势与遏制对策》，警官教育出版社1999年版。

5.陈兴良著：《共同犯罪论》，中国人民大学出版社2006年版。

6.陈一云、王清新著：《证据学》（第6版），中国人民大学出版社2015年版。

7.褚福民著：《刑事推定的基本理论——以中国问题为中心的理论阐述》，中国人民大学出版社2012年版。

8.邓子滨著：《刑事法中的推定》，中国人民公安大学出版社2003年版。

9.冯军著：《刑事责任论》，法律出版社1999年版。

10.甘添贵著：《罪数理论之研究》，台北元照出版有限公司2006年版。

11.高巍著：《贩卖毒品罪研究》，中国人民公安大学出版社2007年版。

12.高铭暄、马克昌主编：《刑法学》（第五版），北京大学出版社、高等教育出版社2011年版。

13.黄荣坚著：《刑法问题与利益思考》，中国人民大学出版社2009年版。

14.黄永著：《刑事证明责任分配研究》，中国人民公安大学出版社2006年版。

15.何荣功著：《毒品犯罪的刑事政策与死刑适用研究》，中国人民公安大学出版社2012年版。

16.张文显主编：《法理学》（第三版），法律出版社2007年版

17.贾宇著：《罪与刑的思辨》，法律出版社2002年版。

18.张明楷著：《刑法学》（第四版），法律出版社2011年版。

19.江伟主编：《证据法学》，法律出版社1999年版。

20. 康怀宇著：《刑事主观事实证明问题研究》，法律出版社2010年版。

21. 施红辉、李荣文、蔡燕强主编：《毒品成瘾矫治概论》，科学出版社2009年版。

22. 秦宗文著：《自由心证研究——以刑事诉讼为中心》，法律出版社2007年版。

23. 林钰雄编著：《新刑法总则》，中国人民大学出版社2009年版。

24. 刘之雄著：《犯罪既遂论》，中国人民公安大学出版社2003年版。

25. 郦毓贝编：《毒品犯罪司法适用》，法律出版社2005年版。

26. 黎宏著：《刑法总论问题思考》，中国人民大学出版社2007年版。

27. 林山田著：《刑法通论》（下册），北京大学出版社2012年版。

28. 刘斯凡著：《共犯界限论》，中国人民公安大学出版社2011年版。

29. 江溯著：《犯罪参与体系研究》，中国人民公安大学出版社2010年版。

30. 陈家林著：《共同正犯研究》，武汉大学出版社2004年版。

31. 马克昌主编：《犯罪通论》，武汉大学出版社1999年版。

32. 马克昌著：《比较刑法学原理》，武汉大学出版社2006年版。

33. 张明楷著：《刑法原理》，商务印书馆2011年版。

34. 袁建伟著：《共犯罪数问题研究》，武汉大学出版社2014年版。

35. 肇恒伟主编：《禁毒法教程》，中国人民公安大学出版社2015年版。

36. 褚宸舸著：《中国禁毒法治论》，中国民主法制出版社2016年版。

37. 张云鹏著：《刑事推定论》，法律出版社2011年版。

38. 郑蜀饶编：《毒品犯罪的法律适用》，人民法院出版社2001年版。

39. 张洪成、黄瑛琦著：《毒品犯罪法律适用问题研究》，中国政法大学出版社2013
    年版。

40. 张爱晓著：《犯罪竞合基础理论研究》，中国人民公安大学出版社2011年版。

41. 赵秉志主编：《中国刑法案例与学理研究》，法律出版社2001年版。

42. 赵秉志、于志刚著：《毒品犯罪》，中国人民公安大学出版社2003年版。

43. 王作富主编：《刑法分则实务研究（下）》（第二版），中国方正出版社2003年版。

44. 吴宏耀著：《诉讼认识论纲——以司法裁判中的事实认定为中心》，北京大学出版社
    2008年版。

45. 徐宏、李春雷著：《毒品犯罪研究》，知识产权出版社2016年版。

46. 徐光华著：《犯罪既遂问题研究》，中国人民公安大学出版社2009年版。

47. 张明楷著：《刑法学》（第五版），法律出版社2016年版。

48. 张明楷著：《外国刑法纲要》（第二版），清华大学出版社2007年版。

49. 张明楷著：《刑法分则的解释原理》，中国人民公安大学出版社2004年版。

50. 姚建宗主编：《法理学》，科学出版社2010年版。

51. 杨春冼、杨敦先主编：《中国刑法论》，北京大学出版社2000年版。

52. 周光权著：《刑法总论》（第三版），中国人民大学出版社2017年版。

53. 周光权著：《刑法各论》，中国人民大学出版社2011年版。

54. 吴振兴著：《罪数形态论》，中国检察出版社2006年版。

55.陈子平著：《刑法总论》，中国人民法学出版社2008年版。

（二）译著类

1.[德]安塞尔姆·里特尔·冯·费尔巴哈，J.C.米特迈尔著：《德国刑法教科书》（第14版），徐久生译，中国方正出版社2010年版。

2.[德]莱奥·罗森贝克著：《证明责任论》，庄敬华译，中国法制出版社2002版。

3.[英]罗伊·波特、米库拉什·秦希著：《历史上的药物与毒品》，鲁虎等译，商务印书馆2004年版。

4.[德]李斯特著：《德国刑法教科书》，徐久生、何秉松译，法律出版社2000年版。

5.[意]加罗法洛著：《犯罪学》，耿伟、王新译，中国大百科全书出版社1996年版。

6.[德]卡尔·马克思著：《资本论》（第1卷），人民出版社1975年版。

7.[德]汉斯·海因里希·耶赛克、托马斯·魏根特著：《德国刑法教科书》，徐久生译，中国法制出版社2001年版。

8.[美]乔恩.R.华尔兹著：《刑事证据大全》，何家弘等译，中国人民公安大学出版社1993年版。

9.[德]约翰内斯·韦塞尔斯著：《德国刑法总论》，李昌珂译，法律出版社2008年版。

10.[美]O.瑞、C.科塞著：《毒品、社会与人的行为》，夏建中、孙屹等译，中国人民大学出版社2000年版。

11.[德]恩施特·贝林著：《构成要件理论》，王安异译，中国人民公安大学出版社2006年版。

12.[日]前田雅英著：《刑法总论讲义》（第四版），东京大学出版会2006年版。

13.[日]高桥则夫著：《共犯体系和共犯理论》，冯军、毛乃纯译，中国人民大学出版社2010年版。

14.[日]田口守一著：《刑事诉讼法》，刘迪等译，法律出版社2000年版。

15.[日]大谷实著：《刑法总论》，黎宏译，法律出版社2003年版。

16.[日]山口厚著：《刑法总论》（第二版），有斐阁2007年版。

17.[俄]E.П.伊申科著：《刑事侦查学》，张汝铮译，中国人民公安大学出版社2014年版。

18.[日]大塚仁著：《刑法概说》（总论），冯军译，中国人民大学出版社2003年版。

19.[法]埃米尔·涂尔干著：《社会分工论》，梁东译，生活·读书·新知三联书店2000年版。

20.[美]E.博登海默著：《法理学：法律哲学与法律方法》，邓正来译，中国政法大学出版社2004年版。

21.[美]约书亚·德雷斯勒著：《美国刑法精解》，王秀梅等译，北京大学出版社2009年版。

22.[美]格雷戈里·D.李著：《全球缉毒：实用侦查技术》，郭颖译，中国人民公安大学出版社2015年版。

（三）期刊论文类

1. 包涵：《规范视野下毒品定义要素的批判与重构》，载《公安学研究》2019年第3期。

2. 卢关伊，吴宁：《药物成瘾强迫性用药及其神经机制研究进展》，载《中国药理学与毒理学杂志》2018年第8期。

3. 陈京春：《控制下交付案件中犯罪既遂与未遂的认定——以贩卖毒品罪为研究对象》，载《法学论坛》2012年第4期。

4. 包涵：《论毒品的定义要素与授权列管原则》，载《北京联合大学学报》2017年第7期。

5. 褚福民：《证明困难的解决模式——以毒品犯罪明知为例的分析》，载《当代法学》2010年第2期。

6. 褚福民：《准法律规定——事实推定与法律推定的中间领域》，载《当代法学》2011年第5期。

7. 高洁峰：《毒品犯罪的犯罪学定性》，载《犯罪研究》2009年第4期。

8. 蔡庆：《贩卖毒品罪既遂标准的理性思辨与去情绪化》，载《黑龙江省政法管理干部学院学报》2017年第3期。

9. 郭松：《被追诉人的权利处分：基础规范与制度构建》，载《法学研究》2019年第1期。

10. 古加锦：《明知毒品的推定风险与证据证明》，载《西南政法大学学报》2017年第2期。

11. 管馨宇：《短缩二行为犯中特定目的的地位问题研究——以"快播案"为切入点》，载《中国财经政法大学研究生学报》2017年第4期。

12. 陆诗忠：《对我国"犯罪既遂标准说"的反思——"犯罪对象侵害说"之倡导》，载《安徽大学学报》（哲学社会科学版）2012年第4期。

13. 包涵：《贩卖毒品罪的主观方面之辨——目的犯视角下"以牟利为目的"的批判与改良》，载《中国人民公安大学学报》（社会科学版）2015年第4期。

14. 冯志远：《贩卖毒品罪中"贩卖"的含义探析——兼论两种特殊涉毒行为的定性》，载《山东商业职业技术学院学报》2016年第1期。

15. 胡海：《对贩卖毒品罪既遂标准之从严刑事政策的审视与重构》，载《学术界》2016年第2期。

16. 靳澜涛：《论毒品定义要素的立法选择》，载《江南大学学报》2017年第6期。

17. 吴宁：《药物成瘾强迫性用药及其神经机制研究进展》，载《中国药理学与毒理学杂志》2018年第8期。

18. 梁坤：《毒品犯罪主观明知推定规则之实证检讨——以2000—2015年间的14份办案规范为考察对象》，载《证据科学》2018年第5期。

19. 徐冉：《论毒品数量计算方式的完善——基于98例裁判的文本分析》，载《中国人民公安大学学报》（社会科学版）2018年第6期。

20.张小虎：《犯罪概念形式与实质的理论建构》，载《现代法学》2005年第3期。

21.劳东燕：《推定研究中的认识误区》，载《法律科学》2007年第5期。

22.劳东燕：《认真对待刑事推定》，载《法学研究》2007年第2期。

23.李姗：《毒品犯罪主观"明知"认定难的应然出路》，载《福建警察学院学报》2016年第1期。

24.李静然：《非法持有毒品罪的司法疑难问题探析》，载《法律适用》2014年第9期。

25.柳忠卫：《中国共同犯罪立法模式的归属与选择——"双层递进式"共犯立法模式的提倡》，载《政法论丛》2017年第2期。

26.刘红艳：《短缩二行为犯目的要素研究》，载《政治与法律》2014年第7期。

27.张云鹏：《准法律推定质疑——与褚福民先生商榷》，载《辽宁大学学报》2013年第5期。

28.刘艳红：《入罪走向出罪：刑法犯罪概念的功能转换》，载《政法论坛》2017年第5期。

29.梅传强、张嘉艺：《论毒品犯罪的共犯认定思路》，载《西南政法大学学报》2019年第3期。

30.马聪：《论正犯与共犯区分之中国选择》，载《山东社会科学》2018年第3期。

31.邱帅萍：《明知型共犯立法反思——以骗购外汇罪为视角》，载《政治与法律》2017年第5期。

32.阮齐林：《论盗窃罪数额犯的既遂标准》，载《人民检察》2014年第19期。

33.孙倩、赵晓耕：《欧洲大陆国家的实质犯罪概念与俄中实质犯罪概念之不同》，载《广西政法管理干部学院学报》2014年第6期。

34.陈明蔚：《邮寄型走私毒品犯罪的既遂标准》，载《人民司法》2016年第2期。

35.司冰岩：《毒品犯罪主观明知之辨析》，载《中共郑州市委党校学报》2016年第1期。

36.司冰岩：《毒品犯罪疑难问题研究》，载《法律适用》2015年第12期。

37.王登辉、罗倩：《贩卖毒品罪若干基础理论辩证》，载《中国刑事法杂志》2016年第2期。

38.田然：《我国的共犯体系为主从犯特殊区分制》，载《海峡法学》2017年第1期。

39.王皇玉：《台湾毒品政策与立法之回顾与评析》，载《月旦法学杂志》2010年第5期。

40.王志远：《我国共犯制度的本体解读及实践困境》，载《佛山科学技术学院学报》（社会科学版）2014年第4期。

41.王开武：《牵连犯原理司法适用困境研究——以一类特殊的毒品犯罪为研究起点》，载《社科纵横》2015年第2期。

42.王太宁：《论制造毒品罪的既遂标准》，载《法学杂志》2011年第4期。

43.魏再金：《司法实务中共犯认定的误区及其出路——论刑法第350条第2款的适用》，

载《甘肃社会科学》2016年第4期。

44.魏东、金燚：《贩卖毒品罪的几个争议问题研究》，载《西南石油大学学报》2016年第5期。

45.温登平：《论贩卖毒品犯罪的既遂与未遂》，载《山东警察学院学报》2018年第3期。

46.吴美满、刘琛：《合成毒品中间体犯罪的定性与规制》，载《华东政法大学学报》2018年第2期。

47.魏汉涛：《分歧与定性：毒品交易中的居间行为》，载《云南社会科学》2017年第6期。

48.许桂敏：《扩张的行为与压缩的解读：毒品犯罪概念辨析》，载《河南省政法管理干部学院学报》2008年第5期。

49.邢志人：《经济犯罪"明知共犯"的解释适用》，载《辽宁大学学报》（哲学社会科学版）2015年第4期。

50.肖本山：《共犯过限与共犯减少》，载《政治与法律》2010年第2期。

51.周光权：《客观归责方法论的中国实践》，载《法学家》2013年第6期。

52.郑泽善：《片面共犯否定说证成》，载《政治与法律》2013年第9期。

53.赵星：《再论违法性认识》，载《法学论坛》2016年第6期。

54.[日]丰田兼彦、王昭武：《论共犯的一般成立要件》，载《法治现代化研究》2018年第6期。

55.张建、俞小海：《贩卖毒品罪未遂标准的正本清源》，载《法学》2011年第3期。

56.张明楷：《论帮助信息网络犯罪活动罪》，载《政治与法律》2016年第2期。

二、外文文献

1. Anna Matveeva, 'Russia's Changing Security Role in Central Asia', 4 European Security 479（2013）.

2.Cornell S.E. and Swanström N., 'The Euroasian Drug Trade：Challenge to Regional Security', 4 Problems of Post-Communism 10（2006）.

3.Michael Tonry and James Q.Wilson, Drugs and Crime, The University of Chicago Press, 1990.

4.Olcott M.B. and Udalova N., 'Drug Trafficking on The Great Silk Road：The Security Environment in Central Asia', Carnegie Endowment for International Peace, 4（2000）.

5. Patrick Gallahue and Rick Lines, 'The Death Penalty for Drug Offences: Global Overview', The Interniational Harm Reduction Assiociation, 13（2010）.

6. Е.П.Ищенко, Криминалистика, Издательство 'Питер', 2014.

7.КноРус, Уголовный кодекс РФ, Издательство 'ООО Проспект', 2013.

8.КноРус, Уголовный процессуальный кодекс РФ, Издательство 'ООО Проспект',

2013.

9. КноРус, Федеральный Закон о наркотических средствах и психотропных веществах, Издательство 'ООО Проспект', 2013.

10. Президиум Верховного Суда Российской Федерации, Обзор судебной практики по уголовным делам о преступлениях, связанных с незаконным оборотом наркотических средств, психотропных, сильнодействующих и ядовитых веществ, Издательство 'Акад.внутр.дел Респ.Белорусь', 2017.

三、学位论文

1. 周鑫一：《制造冰毒犯罪的个案研究——以"谭 A 等人制造毒品案"为例》，西南政法大学 2011 年硕士学位论文。

2. 吴寅：《双效麻醉药方复方丙泊酚-阿芬太尼乳剂的制备及药效学研究》，第四军医大学 2014 年博士学位论文。

3. 王静：《犯罪故意中的明知研究》，吉林大学 2017 年博士学位论文。

4. 张洪成：《毒品犯罪争议问题研究》，武汉大学 2010 年博士学位论文。

5. 赵俊甫：《刑事推定研究》，吉林大学 2008 年博士学位论文。

四、报纸文献

1. 于志刚：《毒品定义应否包含违法性》，载《检察日报》2007 年 5 月 8 日第 3 版。

2. 高贵君、吴光侠：《如何认定毒品犯罪中的主观明知》，载《人民法院报》2008 年 6 月 25 日第 4 版。

五、电子文献

1. 《毒品危害防制条例》，道客巴巴：http://www.doc88.com/p-813902772319.html. 最后访问日期：2019 年 2 月 1 日。

2. 《非法药物折算表》，百度文库：https://wenku.baidu.com/view/ee34d873240c844769eaeef7.html. 最后访问日期：2019 年 4 月 10 日。

3. 《"笑气"不可笑 英国立法禁滥用》，新华网：http://www.xinhuanet.com//2017-07/20/c_1121351314.htm. 最后访问日期：2019 年 4 月 13 日。

4. 《联合国禁止非法贩运麻醉药品和精神药物公约》，道客巴巴：http://www.doc88.com/p-245831966591.html. 最后访问日期：2019 年 4 月 13 日。

5. 《Федеральный закон от 08.01.1998 N 3 - ФЗ (ред. от 26.07.2019) "О наркотических средствах и психотропных веществах"》，ЗАКОНЫ, КОДЕКСЫ И

НОРМАТИВНО－ПРАВОВЫЕ АКТЫ РОССИЙСКОЙ ФЕДЕРАЦИИ：https://lega-lacts.ru/doc/federalnyi-zakon-ot-08011998-n-3-fz-o.最后访问日期：2019年4月13日。

6. 《ШОС： ЗАСЛОН НАРКОУГРОЗЕ》， Центральный Орган Министерства Обороны РФ：http：//old.redstar.ru/2009/05/21_05/3_01.html.最后访问日期：2019年4月13日。

7. 《The Quest for Drug Control：Politics and Federal Policy in a Period of Increasing Substance Abuse，1966—1981（review）》，ResearchGate：https：//www.researchgate.net/publication / 246782143_The_Quest_for_Drug_Control_Politics_and_Federal_Policy_in_a_Period_of_Increasing_Substance_Abuse_1963-1981_review.最后访问日期：2019年4月13日。

8. 《В России запретили "сухой алкоголь".Чем он опасен》，Тасс：https://tass.ru/info/5978462.最后访问日期：2019年4月13日。

9. 《生产氯代麻黄碱（β-氯代甲基苯丙胺）的定性/李×金、杨×忠制造毒品二审刑事判决书》，为你辩护毒品网：http://www.scdplaw.com/zhizaodupinzui/caipanwenshu/2827.html.最后访问日期：2019年9月20日。

10. 《涉毒案件中共同犯罪如何认定/王鼎》，法律资料网：http：//law655.infoeach.com/view-NjU1fDE1NDEzOA%3D%3D.html.最后访问日期：2019年8月1日。

11. 《朱某、倪某等三人制造毒品既遂案件》，毒品辩护律师网：http：//www.dpbh580.com/dupinfanzui/zhizao/20180517/274.html.最后访问日期：2019年5月1日。

12. 《2018 年 中 国 毒 品 形 势 报 告》，百 度 网：https://baijiahao.baidu.com / s? id=1636670722216844198.最后访问日期：2019年11月1日。

13. 《联合国发布"2019年世界毒品问题报告"》，搜狐网：https://www.sohu.com/a/323324556_114731.最后访问日期：2019年11月1日。

后　记

　　本书是在我的博士学位论文《毒品犯罪认定研究》的基础上修改而成。博士阶段的学习，是我一生中最为难忘的时光，让我从而立之年亦步入不惑之际，忆及过往，感慨万千。这段光阴岁月，虽然有知识上的收获，有成长与感动，但其中的迷茫、痛苦、彷徨与挣扎至今仍历历在目。这些既是我人生中重要的精神财富，但也成为一道伤痕烙在我的记忆中。正如伤疤是英勇者的"勋章"，对这段岁月我依然感恩，对于那些帮助过我的人，自然终生难忘。

　　衷心感谢我的论文指导教师郝银钟教授。郝老师引导我迈入法学殿堂，无论是论文选题还是写作过程，都离不开他的耐心指导与帮助，他对学生的真诚关怀让我深深地感动。在我陷入迷茫困境时，恩师帮我指明方向，他的鼓励是我完成学业的最大动力！他渊博的学识、严谨的治学态度以及宽阔的学术视野都是我终身学习的榜样。

　　特别感谢大连海事大学法学院的赵微教授、王世涛教授和阎铁毅教授，聆听他们的精彩授课，汲取丰富的学术营养，才最终成就了摆在读者面前的这本书。感谢王秀梅教授、张旭教授、李海滢教授、邢志人教授、叶良芳教授和王志远教授提出大量宝贵意见，本书的体系框架是在他们的帮助下最终修改完成。而曲晟、姜瀛和刘爱莉老师对我的无私帮助，让我在大连海事大学的法学院感受到家的温暖，在此对所有帮助我的老师由衷拜谢。

　　感谢中国刑事警察学院禁毒学系为我提供的教学与科研平台，感谢肇恒伟教授和关纯兴教授，支持我投身禁毒实践，在工作中加深思考。感谢包涵副教授和刘铭副教授，与我交流学术心得，帮助我破解研究中的困惑，让我受益匪浅。感谢刘昱彤副教授和段卓廷博士，帮助我翻译文献，为我的研究工作助一臂之力。

　　这段学习经历是我人生中最重要的成长阶段，女儿也在这段时光中不知不觉从婴儿长成小学生。感谢公婆对我的鼎力支持，感谢女儿与爱人的体谅与爱护。感谢关心我、帮助我的亲人们，让我在学业、工作以及教育女儿的多重压力下，依旧坚持完成热爱的学术研究。家庭永远是我的坚强后盾！

后

记

本书的出版得到辽宁省社会科学规划与中央高校项目的资助，在编写过程中得到辽宁人民出版社张天恒老师、辽宁科学技术出版社郑红老师及师长的大力支持，在此向给予本书帮助的单位和个人表达诚挚感谢！

2020年12月